JN097722

用語理解と授業改善をつなげるために

道徳教育キーワード辞典

赤堀博行［監修］

日本道徳科教育学会［編著］

東洋館出版社

発刊に当たって

　平成27年（2015）3月の学校教育法施行規則一部改正と小・中学校学習指導要領改正告示によって、道徳が「特別の教科　道徳」（道徳科）となり、『小・中学校学習指導要領解説　特別の教科道徳編』の発行、教科書採択、指導要録の改訂など、道徳科の実施に係る整備が行われた。このことを受けて、多くの学校では、自校の道徳教育推進方針を示す立場にある校長のリーダーシップの下、道徳科の授業研究会を実施したり研修会への参加を促したりしている。その背景には、週1単位時間の道徳科の授業を、全ての学級で、道徳科の特質を踏まえて行われるようにしようという思いがある。大変喜ばしいことである。また、道徳科の授業を行う教員が自らが行ってきたそれまでの道徳授業を見直し、改善に努めようとしているという話もよく聞かれるようになった。

　しかし、このような中にあっても、道徳授業を行う教員から、教科書を使って場面ごとに発問していくと時間内に終わらない、教師用指導書を読んでも学習指導過程がなぜそうなるのかよく理解できない、道徳は専門用語がたくさんあって難しい、などの声が聞こえてくる。例えば、「道徳性」「道徳的価値」「内容項目」「『節度、節制』『規則の尊重』などの内容項目の手掛かりとなる言葉」など、道徳用語の区別に戸惑いを感じている教員も少なくないようである。

　そこで、日本道徳科教育学会では、道徳に関わる用語を平易に解説して道徳科授業実践者の授業改善のお役に立つことを期して、帝京大学大学院の赤堀博行先生の監修を得て、本書を発刊するに至った。

　日本道徳科教育学会は、「特別の教科　道徳」の実施を受けて、道徳科の具体的な授業実践を通して授業改善を図り、子供たちの道徳性を養うことを目指して、平成29年（2017）5月に設立した学会である。会員は、現在またはかつて道徳の授業実践を積み重ねてきた方々である。全国小学校道徳教育研究会の歴代会長や各地の道徳教育研究会をけん引してきた方も多数いる。また、監修者の赤堀博行先生は、かつて東京都内公立小学校での道徳授業実践者であり、前文部科学省初等中等教育局教科調査官として道徳科の実施に係る小学校学習指導要領の改正や『小学校学習指導要領解説　特別の教科道徳編』の作成に深く関わっており、本書の監修に最適な方である。本書の活用を通して、全国の多くの教員が道徳科授業の特質の理解を深め、子供たちが将来にわたって主体性をもってよりよく生きるための基盤となる道徳性を養う道徳授業の改善・充実が進むことを願って結びとする。

令和3年11月　日本道徳科教育学会会長　福田富美雄

はじめに

　平成27年（2015）3月に他教科に先駆けて学習指導要領の一部改正が行われるとともに、学校教育法施行規則の改正により、小学校及び中学校の教育課程の「道徳」が「特別の教科である道徳」に、「道徳の時間」が「特別の教科　道徳（道徳科）」に改訂されました。そして、平成29年（2017）7月に文部科学省から『小・中学校学習指導要領（平成29年告示）解説　特別の教科道徳編』（以下「道徳科解説」と言う）が発行され、各学校における「考え、議論する道徳」を推進するための便覧としての役割を担うこととなりました。全国の小学校及び中学校では、検定を経て採択された教科書を使用して週1時間の道徳授業が行われています。

　ご案内のように、今次の道徳の時間の特別の教科化の契機には、いじめ問題への対応がありますが、それとともに、これまで全国的に量的にも質的にもなかなか充実し得なかった道徳授業を、どこの学校でも、どの教師も週1単位時間、確実に行えるようにするという大きな背景がありました。

　そこで、道徳教育に特化した学習指導要領の改訂に当たっては、道徳教育及び道徳授業について、より分かりやすく示すこととしました。一例を挙げると、これまで道徳の時間の目標に示していた「道徳的価値の自覚を深める」ことを、より具体的に「道徳的諸価値についての理解を基に、自己を見つめ、物事を多面的・多角的に考え」と改められました。

　また、「道徳科解説」を編集するに当たっても、内容項目の解説について、小学校低学年から中学校までの内容項目を列記し、内容項目の概要や発達の段階に応じた指導の要点が見開きで分かりやすく構成されました。このように道徳科解説を全体的にできる限り平明に記し、教職経験の年数にかかわらず、多くの先生方が理解できるようにと配慮がなされました。

　この結果、これまで道徳教育、とりわけ道徳授業をご熱心に研究し、実践されてきた多くの先生方からは「分かりやすくなった」といった感想が聞かれました。しかし、一方で、具体的な授業の進め方が分からない、やはり道徳の用語は難しいなどの声も聞かれました。

　また、道徳授業の転換期に当たって、道徳授業の在り方について本質を押さえることなく指導方法を目的化するような授業や、児童生徒の興味本位に終始する奇をてらったような授業、さらには、児童生徒の直接的な行動変容を求めるような授業も散見されました。道徳授業を構想するに当たっては、先生方が持ち味を発揮して、児童生徒の道徳性を養うべく創意工夫をされることは大切なことです。

しかし、教科には教科の特質があり、それを押さえた上で創意工夫に努めることが何よりも大切です。

そこで、机上の論だけでなく、道徳科の具体的な授業実践を通して授業改善を図り、児童生徒の道徳性を養うことを目指して設立した日本道徳科教育学会において、解説に記されている道徳科の意義や本質、内容項目や具体的な指導方法、配慮事項、評価の在り方、さらには多くの学校で活用されている教材について、より分かりやすく端的に示した用語辞典を編纂することになりました。

学会員の執筆者は、「道徳科解説」参照の上、初任者、あるいは教員を目指す学生の皆さんにも理解していただけるような表記、表現に努めてまいりました。この用語辞典が全国の小学校及び中学校に置かれ、あるいは一人一人の先生方の机上に置かれて、児童生徒が将来において道徳的な問題を自分事として捉え、自ら考え主体的に判断し、適切な行為を選択し実践できる内面的資質としての道徳性を養うために、毎週の道徳科の授業構想、そして授業改善に資する書籍になりますれば幸甚です。

本書を上梓するに当たっては、東洋館出版社の近藤智昭氏に多大なるご尽力を賜りました。ここに心より感謝申し上げる次第です。

令和３年11月　赤堀　博行

目　次

第 4 章
道徳教育の全体計画 ———————— 147

第9章

道徳科の教材 —————————— 245

小学校

A　主として自分自身に関すること

B　主として人との関わりに関すること

C　主として集団や社会との関わりに関すること

第 **1** 章

道 徳 教 育 改 訂 の 概 要

道徳教育

1 「道徳」のもつ二つの側面

「道徳」を構成する「道」と「徳」の字義は、以下の通りである。

> 「道」…人が生きていく上で従うべき原理・原則（＝生き方）。
> 「徳」…「得」と同義。体得すること。身に付けること。

　つまり、「道徳」とは、「ある社会や共同体で共有されている（されてきた）規範や掟（＝道）」そのものを意味しているだけでなく、「その構成員である個々人がその規範を内面化し、体得する（＝徳）」ことであるとも言える。

2 「道徳教育」における二つの潮流

　道徳教育には、大きく分けて、前述した道徳の二つの側面のそれぞれに着目した、思想的・歴史的な潮流がある。

　一つは、道徳教育の「道」と「教」（＝道を教える）を重視した立場である。これは、これまで私たちの社会が築いてきた伝統や文化とともに、規範を子供たちにしっかり教え（躾け）ることを重視する立場である。一方、道徳教育の「徳」と「育」（＝徳を育てる）を重視した立場は、子供の主体性を尊重しつつ、子供自身の良心や判断力を育てることを重視する立場である。

　この二つの立場は、一見対立しているようで、互いに相補的な役割を担っているとも言える。我々は、「行為選択」の基準としての「規範」がなければ、よりよく生きていくことはできない。そういう意味では、しっかりと「人としての生き方・在り方」を子供たちに教えなければならない。しかし、例外的な状況下（例えば危機的状況）では、通常行うことが望ましいと思われる行為とは違った選択を自らが決断せざるを得ないこともある。時代の推移とともに、これまで常識とされてきた規範が、現実の社会にそぐわなくなっている場合には、規範そのものの、より普遍的な在り方も考えていかねばならない。これからの社会を担う子供たちには、単に規範を身に付けるだけではなく、自らの判断で自律的に行動できる主体性も育てなければならないのである。

3 現代に生きる我々が目指すべき「道徳教育」とは？

　現在、我が国の道徳教育は、「学校の教育活動全体を通じて」行われる、いわゆる「全面主義的道徳教育」を原則としつつ、各教科等の道徳教育を「補充、深化、統合」する「道徳科」を要として行われている。現代に生きる我々が目指すべき道徳教育とは、様々な道徳的課題を自らの問題と捉え、「自己を見つめ、物事を多面的・多角的に考え、生き方についての考えを深める」道徳教育である。

我が国の教育の根本理念

Key word 》 2

　「我が国の教育の根本理念」という文言は、現行の『小・中学校学習指導要領（平成29年告示）解説　特別の教科道徳編』（以下、「道徳科解説」）の第1章総説2において、「**教育基本法をはじめとする我が国の教育の根本理念に鑑みれば、**道徳教育は、教育の中核をなすものであり、…（太字、下線は筆者）」、という形で用いられている。

　また、学習指導要領では、「教育の根本精神」という文言で、第1章総則の第1の2の（2）において、「道徳教育は、**教育基本法及び学校教育法に定められた教育の根本精神に基づき**…（太字、下線は筆者）」という形で用いられている。

　教育基本法及び学校教育法の理念（や精神）は、学校で行われる全ての教育活動において、その根拠となるのは当然のことであるが、なかでも、道徳教育は、目標自体が、教育基本法と学校教育法の目的を、その直接の根拠としているという点が重要である。この、「教育の根本理念（＝根本精神）」という文言は、昭和33年（1958）に「道徳の時間」が創設されたときから一貫して用いられてきた文言であり、我が国の道徳教育は、教育基本法と学校教育法に示された目標や人間像に基づいて、行われなければならないということを示しているのである。

1　教育の根本理念①：「人格の完成」

　教育基本法が第1条で述べている「人格の完成」こそが、我が国の道徳教育の根本となるべき理念である。「人格の完成」についての直接的な説明は、Key word❹（P.13）に譲ることとする。

2　教育の根本理念②：「人間尊重の精神」

　「人間尊重の精神」とは、生命の尊重、人格の尊重、人権の尊重、人間愛などの根底を貫く精神である。またそれは、日本国憲法に述べられている「基本的人権の尊重」や、教育基本法が示す「人格の完成」だけでなく、ユネスコ憲章で言う「人間の尊厳」の精神と根本においても共通するものである。道徳教育は、人間尊重の精神を具体的な生活の中に生かす教育であると言える。

3　教育の根本理念③：「生命に対する畏敬の念」

　「生命に対する畏敬の念」とは、人間の存在や生命の意味を問うときに求められる基本的精神であり、生命のかけがえのなさに気付き、生命あるものを慈しみ、恐れ、敬い、尊ぶことを意味する。このことが人間尊重の精神と共に重要なのは、人間尊重の精神が生命に対する畏敬の念に根ざすことによって、より深まりと広がりをもって捉えることが可能になるからである。今日、子供を取り巻く様々な問題の深刻化から、この理念は、道徳教育を行う上で、重要性を増している。

11

教育基本法

　教育基本法は、その名が示す通り、我が国の教育の基本的な在り方を示した法律である。我が国のあらゆる教育関係法令の基本となっていることから、「教育憲法」と呼ばれることもある。

1　旧法の概要

　旧法は、日本国憲法の精神に則り、戦後の新しい教育の在り方を示すために、昭和22年（1947）に制定された。このことは、何よりも、「前文」の「われらは、さきに、日本国憲法を確定し、民主的で文化的な国家を建設して、世界の平和と人類の福祉に貢献しようとする決意を示した。この理想の実現は、根本において教育の力にまつべきものである」という言葉に如実に表されている。

　旧法は、11条の条文から構成されていて、「教育の目的」「教育の方針」「教育の機会均等」「義務教育」「男女共学」「学校教育」「社会教育」「政治教育」「宗教教育」「教育行政」を規定している。

2　新法の概要

　新法は、旧法が制定されて60年が経過し、科学技術の進歩や情報化、国際化、少子高齢化など、時代の進展とともに明らかになってきた新たな課題に対応するため、平成13年（2001）の文部科学大臣の諮問に答える形で、中央教育審議会が平成15年（2003）に出した「新しい時代にふさわしい教育基本法と教育振興基本計画の在り方について」（答申）に基づいて、平成18年（2006）に全面改正されたものである。

　新法は、「教育基本法の目的及び理念」「教育の実施に関する基本」「教育行政」「法令の制定」という四つの章と18条の条文から構成されている。

3　旧法と新法の違い

　新法には、旧法にはなかった「生涯学習の理念」「大学」「私立学校」「家庭教育」「幼児期の教育」「学校、家庭および地域住民等の相互の連携協力」「教育振興基本計画」が追加されている。逆に、旧法にあった「男女共学」については削除された。特に、子供の教育の第一義的責任を有する存在として、保護者を規定したことは、国及び地方公共団体による家庭教育の支援を明記したこととともに画期的なことであると言える。道徳教育については、旧法で触れられていなかった「公共の精神を尊ぶ」ことが前文で、また、第2条で、「教育の目標」として、「豊かな情操と道徳心を培う」ことや「伝統と文化を尊重し、それらをはぐくんできた我が国と郷土を愛するとともに、他国を尊重し、国際社会の平和と発展に寄与する態度を養うこと」が、新法では示されている。

人格の完成

1 道徳教育改訂の概要

2 道徳教育と道徳科の目標

3 道徳科の内容

4 道徳教育の全体計画

5 道徳科の年間指導計画

6 道徳科の指導

7 指導上の配慮事項

8 道徳科の評価

9 道徳科の教材

1　教育基本法が目指す「人格の完成」とは？

　「人格の完成」という文言は、現行の教育基本法の第1条において、教育の目的を表す言葉として、以下のように規定されている。

> 　教育は、人格の完成を目指し、平和で民主的な国家及び社会の形成者として必要な資質を備えた心身ともに健康な国民の育成を期して行われなければならない。（下線は筆者）

　制定当時、文部省は、「人格の完成」について、「個人の価値と尊厳との認識に基づき、人間の具えるあらゆる能力を、できる限り、しかも調和的に発展せしめること」（「教育基本法制定の要旨」昭和22年文部省訓令）と解説している。

　ともすると、「人格」という言葉は、個人に限定された側面から捉えられがちだが、教育基本法では、個人として、また、社会の構成員としても、人としてのあるべき理想を実現した姿として、「人格の完成」が示されている。個人は、同時に「国家・社会」の一員であり、形成者でもあるという「公的な側面」を強調し、人格の完成した個人の具体的な姿として、「平和で民主的な国家及び社会の形成者として必要な資質を備えた心身ともに健康な国民」と、表しているのである。

　旧法では、第1条において、「真理と正義を愛し」「個人の価値をたつとび」「勤労と責任を重んじ」「自主的精神に充ちた」という文言によって、さらに具体的に、人格の完成された理想像が示されていた。しかし、現行法では、単に「必要な資質を備えた」という文言で、省略されている。このことをもって、旧法で示されていたこれらの資質が、現行法で示される「人格の完成」においては必要がなくなったということではない。改正された前文において、「個人の尊厳を重んじ」「真理と正義を希求し」という文言が、また、新設された第2条の教育の目標では、第二項で「自主及び自律の精神」「勤労を重んじた態度」といった文言がそれぞれ挿入されており、旧法以来の「人格の完成」の対する考え方は、基本的には一貫しているのである。

2　「人格の完成」を実現するために

　現行法の第2条には、「人格の完成」を実現するために、旧法の「個人の価値」の尊重等に加え、「豊かな情操と道徳心を養う」ことが重要視され、「生命の尊重」や「自然愛護」「伝統と文化の尊重」「国や郷土を愛する」こと、「国際理解、国際貢献」など、道徳科における内容項目にも通じる内容が明記されている。

学校教育法

学校教育法は、日本国憲法の精神を体現するため、教育基本法とともに、昭和22年（1947）に制定された法律である。

1　概要

戦前の我が国の学校制度は、学校種ごとに勅令（天皇の発した命令）で定められており、修業年限や入学対象者の違う様々な種類の学校種が複数並列する「複線型学校体系」であったが、学校教育法の制定により、我が国の学校制度は、公教育としての学校が一つの法律で規定されることになり、「6－3－3－4制」を基本とする「単線型学校体系」に改められた。

「教育の機会均等」を図るという点において、学校教育法の果たした役割は、極めて大きいと言えるだろう。

学校教育法は我が国の学校教育の根幹を定める法律であり、学校種ごとの目標等が規定されており、さらに、教科の教育内容の大枠を定めるという性格もある。我が国の目指すべき教育像や基本的な枠組みを示した教育基本法と、教科の構成や具体的な内容とを定めた学習指導要領等をつなぐ役割を担っている法律とも言える。

2　構成

本法律は、全13章146条から構成されており、第1章の総則に続いて、第2章では「義務教育」について、第3章～第10章までは、第1条で規定されている正規の各学校（いわゆる一条校）について、学校の目的、教育目標、修業年限、教科、教科用図書、就学義務（小学校、中学校）、教員などについて定められている。

第11章では専修学校、第12条では各種学校等の規定も設けられている。

3　教育基本法の全面改正を受けて

学校教育法はこれまで30回以上にわたって改正されているが、特に、平成19年（2007）の教育基本法の全面改正を受けて、大きな改正が行われた。

この改正で、特筆すべきは、義務教育についての条項が新設され、その目標として、「規範意識や公共の精神に基づき、主体的に社会の形成に参画する態度を培う」といった、道徳教育にも極めて関連のある内容が盛り込まれたことである。

また、盲学校や聾学校、養護学校を特別支援学校に一本化したことや、保護者及び地域住民等が学校の運営状況を評価する学校評価制度の導入などが定められた。

学校教育法施行規則

　学校教育法施行規則は、学校教育についての総則的な法律である「学校教育法」と、その下位法として政府が「政令」の形で示した「学校教育法施行令」を受けて、学校教育制度の具体的な運用について、文部科学省が「省令」として制定したものである。

1　概要

　教育法規には、「法律→政令→省令」の組み合わせによって、それらが一体となって、機能しているものが多い。

　学校教育法もその例外ではない。例えば、学校教育法では、幼稚園、小学校、中学校、高等学校、大学等の各学校の種別や教育目的、教育目標、修業年限等について、その大枠が示されている。それを受けて、学校教育法施行令では、主として認可、届出、指定に関する事項を中心に規定されている。

　そして、学校教育法施行規則では、さらに、学校教育を実際に運用していく上での規則が定められている。例として挙げるならば、校長や副校長、教頭等の資格や職員の職務、教育課程の基準や授業時数等についての具体的な規則である。

　また、教育課程については、この学校教育法施行規則に基づいて、さらに、文部科学大臣が別に公示する「学習指導要領」によって、その詳細が示されている。

2　構成

　学校教育法施行規則は、全12章で構成されている。第 1 章総則に続いて、第 2 章では「義務教育」について、第 3 章から第10章までは、学校教育法第 1 条で規定されている正規の各学校（いわゆる一条校）についての、設備編制、教育課程、学年及び授業日、職員、学校評価等が示されている。また、第11条では専修学校、第12条では雑則が設けられている。

3　道徳科に関わる学校教育法施行規則改正の要点

　学校教育法施行規則では、教育課程編成の基本的な要素である各教科等の種類や授業時数、合科的な指導等について規定している。

　平成26年（2014）の中央教育審議会の答申を受けて、平成27年（2015）に、学校教育法施行規則が改正され、「道徳」が「特別の教科である道徳」と改められた。そして、学校の教育活動全体を通じて行う道徳教育は、これまでの「道徳の時間」から「特別の教科　道徳」を要として行うものに改められたのである。

　それを受けて、学習指導要領の一部改正の告示が公示された。この改正は、平成29年（2017）の学習指導要領の全面改訂にも引き継がれている。

2 道徳教育と道徳科の目標
3 道徳科の内容
4 道徳教育の全体計画
5 道徳科の年間指導計画
6 道徳科の指導
7 指導上の配慮事項
8 道徳科の評価
9 道徳科の教材

　教育課程には、次のような捉え方がある。

　第一に学校教育の領域としての捉え方である。具体的には、以下のように、学校教育法施行規則第50条に規定されている教育課程である。

> 　小学校の教育課程は、国語、社会、算数、理科、生活、音楽、図画工作、家庭、体育及び外国語の各教科（以下この節において「各教科」という。）、特別の教科である道徳、外国語活動、総合的な学習の時間並びに特別活動によつて編成するものとする。（中学校は第72条に規定）

　第二は、教育委員会の管理運営規則に示されている校長が、設置者である教育委員会に届け出る教育課程である。例えば、東京都の港区の港区立学校の管理運営に関する規則には、教育課程について以下のように示されている。

> 第十一条の四　学校は、法に掲げる教育目標を達成するために、適正な教育
> 　　課程を編成するものとする。
> （教育課程編成の基準）
> 第十一条の五　学校が教育課程を編成するに当たっては、学習指導要領及び
> 　　委員会が定める基本方針による。
> （教育課程の届出）
> 第十一条の六　校長は、翌年度において実施する教育課程について、次の事
> 　　項を毎年三月末日までに委員会に届け出なければならない。
> 一　教育目標
> 二　指導の重点
> 三　学年別授業日数及び授業時数の配当
> 四　学校行事

　第三は、『学習指導要領解説　総則編』に示されている教育計画としての捉え方である。教育課程の考え方については、以下のような記述がある。

> 　教育課程の意義については様々な捉え方があるが、学校において編成する教育課程については、学校教育の目的や目標を達成するために、教育の内容を児童の心身の発達に応じ、授業時数との関連において総合的に組織した各学校の教育計画であると言うことができ、その際、学校の教育目標の設定、指導内容の組織及び授業時数の配当が教育課程の編成の基本的な要素になってくる。　　　　　　　　　　　　　　　　　　　　　　（下線は筆者）

　このように、様々な捉え方があるが、学習指導要領で用いている「社会に開かれた教育課程」などの「教育課程」は、上記の第三の意味合いである。

1 道徳教育・改訂の概要

2 道徳教育と道徳科の目標

3 道徳科の内容

4 道徳教育の全体計画

5 道徳科の年間指導計画

6 道徳科の指導

7 指導上の配慮事項

8 道徳科の評価

9 道徳科の教材

学習指導要領

Key word » 8

　学習指導要領は、学校教育法施行規則第52条に規定されている全国どこの学校でも一定の水準が保てるよう文部科学大臣が告示する教育課程の基準である。教科書や時間割は、これを基に作られている。学習指導要領においては、教育課程全般にわたる配慮事項や授業時数の取扱いなどを「総則」として定め、各教科等のそれぞれについて、目標、内容、内容の取扱いを大まかに規定している。

　当初、学習指導要領は、昭和22年（1947）に、アメリカのコース・オブ・スタディーなどを参考にして、「学習指導要領一般編（試案）」として文部省により作成された。この序論には、この書を作成した目的として、学習の指導について述べることとしているが、一定の指導方法等を示すものではなく、新しく児童の要求と社会の要求に応じて生まれた教科課程の生かし方を教師自身が自ら研究する手引きとすることが記されている。

　学習指導要領が、現在のように文部科学大臣（平成13年（2001）以前は文部大臣）の告示という形で定められたのは、昭和33年（1958）からである。その後、義務教育において学習指導要領を基準による教育課程の編成、実施が行われる9年間を考慮して、おおむね10年ごとに改訂されてきた。

　道徳教育を視点に学習指導要領の改訂を概観すると、以下のようになる。

改訂年	概要
昭和33年（1958）	教育課程に道徳を位置付け、年間35単位時間の道徳の時間の授業を行うこととした。
昭和43年（1968）※中学校は翌年	道徳教育の目標を、進んで平和的な国際社会に貢献できる日本人を育成するための基盤としての道徳性を養うことを明示した。道徳の時間は、習慣形成を直接的に目指すよりも「内容」に関する判断力や心情などを養うことを主たるねらいとして目標を改善した。
昭和52年（1977）	総則に示された道徳教育に、道徳的実践の指導を徹底することが加えた。道徳の時間の目標を道徳的実践力を育成するものと明示した。
平成元年（1989）	道徳教育の目標に、「生命に対する畏敬の念」「主体性のある」日本人を加えた。道徳の時間の内容項目を四つの視点で分類した。
平成10年（1998）	道徳教育の目標に、「豊かな心」と「未来を拓く」を新たに加えた。「道徳教育の全体計画と道徳の時間の年間指導計画を作成するものとする」と明記した。
平成20年（2008）	道徳の時間を学校の教育活動全体を通じて行う道徳教育の要とした。道徳教育の目標に「伝統と文化を尊重し、それらをはぐくんできた我が国と郷土を愛し」「公共の精神を尊び」「他国を尊重し、国際社会の平和と発展や環境の保全に貢献し」を加えた。道徳の時間の目標に「自己の生き方についての考え」を加え、「道徳的価値の自覚及び自己の生き方についての考えを深め」とした。中学校は「道徳的価値及びそれに基づいた人間としての生き方についての自覚」として、道徳的実践力を育成するものであることをより明確にした。道徳教育推進教師を明示した。

教育改革国民会議

Key word » 9

　平成12年（2000）3月24日に内閣総理大臣の決裁により設置された内閣総理大臣の私的諮問機関。21世紀の日本を担う創造性の高い人材の育成を目指し、教育の基本に遡って幅広く今後の教育の在り方について検討するため、内閣総理大臣が有識者の参集を求め、同年3月27日から12月22日までの間に13回の会議が開催され、「教育改革国民会議報告－教育を変える17の提案－」が示された。

　「人間性豊かな日本人を育成する」「一人ひとりの才能を伸ばし、創造性に富む人間を育成する」「新しい時代に新しい学校づくりを」「教育振興基本計画と教育基本法」の四つの視点について17の提案がなされた。「人間性豊かな日本人を育成する」の中に、「学校は道徳を教えることをためらわない」を掲げて、「小学校に『道徳』、中学校に『人間科』、高校に『人生科』などの教科を設け、専門の教師や人生経験豊かな社会人が教えられるようにする。そこでは、死とは何か、生とは何かを含め、人間として生きていく上での基本の型を教え、自らの人生を切り拓く高い精神と志を持たせる」ことを提言した。しかし、この提言は直近の実現には至らなかった。

教育再生会議

Key word » 10

　21世紀の日本にふさわしい教育体制を構築し、教育の再生を図っていくため、平成18年（2006）10月10日、内閣に設置された会議である。

　平成20年（2008）1月31日に、「社会総がかりで教育再生を（最終報告）～教育再生の実効性の担保のために～」が示され、道徳教育に関しては、「心身ともに健やかな徳のある人間を育てる」として、徳育を「教科」として充実させ、自分を見つめ、他を思いやり、感性豊かな心を育てるとともに人間として必要な規範意識を学校でしっかり身に付けさせること、家庭、地域、学校が協力して「社会総がかり」で、心身ともに健やかな徳のある人間を育てることが提言された。

　また、こうした提言のフォローアップのチェックリストには、「直ちに実施に取りかかるべき事項」として、徳育の充実（「新たな枠組み」による教科化、多様な教科書・教材）、体験活動の推進（小学校での自然体験・農山漁村体験、中学校での社会体験、高等学校での奉仕活動）、いじめ問題への対応（反社会的行動を繰り返す子供への毅然とした指導）などが挙げられた。

1 改訂の概要 道徳教育

2 道徳教育と 道徳科の目標

3 道徳科の内容

4 道徳科の 全体計画

5 道徳科の 年間指導計画

6 道徳科の指導

7 指導上の 配慮事項

8 道徳科の評価

9 道徳科の教材

教育再生実行会議

Key word » 11

　教育再生実行会議は、21世紀の日本にふさわしい教育体制を構築し、教育の再生を実行に移していくため、内閣の最重要課題の一つとして教育改革を推進する必要があるとして、平成25年（2013）1月15日に開催が閣議決定された会議である。

　この会議は、令和3年（2021）までに12の提言を出している。第1次提言は、平成25年2月26日に出された「いじめの問題等への対応について」であり、道徳の特別の教科化の契機となっている。五つの提言の第一に、「心と体の調和の取れた人間の育成に社会全体で取り組む。道徳を新たな枠組みによって教科化し、人間性に深く迫る教育を行う」として、これまでの道徳教育は、指導内容や指導方法について学校や教員によって充実度に差があり、所期の目的が十分に果たされていない状況にあることから、道徳教育の重要性を改めて認識し、その抜本的な充実を図るとともに、新たな枠組みによって教科化し、人間の強さ・弱さを見つめながら、理性によって自らをコントロールし、よりよく生きるための基盤となる力を育てることが求められるとしたものである。

道徳教育の充実に関する懇談会

Key word » 12

　道徳教育の充実に関する懇談会は、教育再生実行会議の第一次提言を受けて、道徳教育の充実について検討するため、平成25年（2013）3月に文部科学省に設置されたものである。懇談会では、道徳教育の充実は、いじめ問題の解決だけでなく、我が国の教育全体にとっての重要な課題であるとの認識の下、これまでの成果や課題を検証しつつ、「心のノート」の全面改訂や教員の指導力向上方策、道徳の特性を踏まえた新たな枠組みによる教科化の具体的な在り方などについて、10回の会議を行い幅広く検討が行われた。

　同年12月26日には、「今後の道徳教育の改善・充実方策について」報告した。具体的には、道徳教育の充実の必要性について、道徳教育の現状等を踏まえた今後の社会における道徳教育の重要性をまとめたこと、道徳教育の改善の方向性に関して、道徳教育の目標、内容、指導方法、評価について協議し、教育課程上の位置付けを示したこと、道徳教育の改善・充実のため求められる条件整備に関して、教材及び教科書の在り方、教員の指導力向上方策、学校、家庭、地域の連携の強化についてまとめたことなどが挙げられる。

　いじめ防止対策推進法は、いじめがいじめを受けた児童等の教育を受ける権利を著しく侵害し、その心身の健全な成長及び人格の形成に重大な影響を与えるだけでなく、その生命又は身体に重大な危険を生じさせるおそれがあるものであることに鑑み、いじめの防止等のための対策を総合的かつ効果的に推進するため、いじめの防止等のための対策に関し、基本理念を定め、国及び地方公共団体等の責務を明らかにし、いじめの防止等のための対策に関する基本的な方針の策定について定めるとともに、いじめの防止等のための対策の基本となる事項を定めたものである。この法律は、平成25年（2013）6月28日に公布され、3か月後の9月28日に施行となった。

　この法律が成立した直接的な契機は、平成25年2月26日に教育再生実行会議が出した第1次提言「いじめの問題等への対応について」である。この提言は、平成23年（2011）10月に滋賀県大津市の中学校2年生の男子生徒がいじめを苦に自殺するに至った事件を受けて、「いじめは絶対に許されない」「いじめは卑怯な行為である」との意識を日本全体で共有し、子供を「加害者にも、被害者にも、傍観者にもしない」教育を実現するためのものである。「社会総がかりでいじめに対峙していくための法律の制定」を提言し、いじめから、一人でも多くの子供を救うためには、子供を取り巻く一人一人の大人が「いじめは絶対に許されない」「いじめは卑怯な行為である」「いじめはどの学校でもどの子にも起こり得る」との意識をもち、それぞれの役割と責任を自覚して行動しなければならず、この決意を国民全体で共有し、風化させないために、社会総がかりでいじめに対峙していくための基本的な理念や体制を整備する法律の制定が必要とした。

　この法律は、総則において、いじめを「児童等に対して、当該児童等が在籍する学校に在籍している等当該児童等と一定の人的関係にある他の児童等が行う心理的又は物理的な影響を与える行為（インターネットを通じて行われるものを含む。）であって、当該行為の対象となった児童等が心身の苦痛を感じているもの」と定義し、いじめの防止等のための対策の基本理念、いじめの禁止、関係者の責務等を定め、いじめの防止基本方針、基本的施策・いじめの防止等に関する措置、重大事態への対処等を定めている。

　学校におけるいじめの防止のための方策として、「児童等の豊かな情操と道徳心を培い、心の通う対人交流の能力の素地を養うことがいじめの防止に資することを踏まえ、全ての教育活動を通じた道徳教育及び体験活動等の充実を図らなければならない」（第15条）ことが示されている。

1 道徳教育改訂の概要

2 道徳教育と道徳科の目標

3 道徳科の内容

4 道徳教育の全体計画

5 道徳科の年間指導計画

6 道徳科の指導

7 指導上の配慮事項

8 道徳科の評価

9 道徳科の教材

中央教育審議会

Key word » **14**

　中央教育審議会は、文部科学省組織令第75条において設置されている審議会で、第76条で所掌事務が示されている。具体的には、文部科学大臣の諮問に応じて教育の振興及び生涯学習の推進を中核とした豊かな人間性を備えた創造的な人材の育成に関する重要事項を調査審議すること、その重要事項に関して文部科学大臣に意見を述べること、文部科学大臣の諮問に応じて生涯学習に係る機会の整備に関する重要事項を調査審議すること、このことについて文部科学大臣又は関係行政機関の長に意見を述べること、生涯学習の振興のための施策の推進体制等の整備に関する法律、公立の義務教育諸学校等の教育職員の給与等に関する特別措置法、理科教育振興法、産業教育振興法、教育職員免許法、学校教育法及び社会教育法等の規定に基づきその重要事項を調査審議することである。つまり、その守備範囲は、教育に関わる事項の全てとも言える。

　設置の経緯としては、中央省庁等改革の一環として、従来の中央教育審議会を母体として、生涯学習審議会、理科教育及び産業教育審議会、教育課程審議会、教育職員養成審議会、大学審議会、保健体育審議会の機能を整理・統合して、平成13年（2001）1月6日付けで文部科学省に設置された。

　組織は、委員30人以内として、特別の事項を調査審議させるため必要があるときは臨時委員を置くことができること、専門の事項を調査させるため必要があるときは専門委員を置くことができることとしている。

　また、審議会には、教育制度分科会、生涯学習分科会、初等中等教育分科会、大学分科会を置くこととしている。学校教育に関する主な事項は、初等中等教育分科会で審議される。具体的には、初等中等教育（幼稚園、小学校、中学校、義務教育学校、高等学校、中等教育学校、特別支援学校及び幼保連携型認定こども園における教育）の振興に関する重要事項、初等中等教育の基準に関する重要事項、学校保健、学校安全及び学校給食に関する重要事項、教育職員の養成並びに資質の保持及び向上に関する重要事項などである。学習指導要領の改訂に関わる調査審議は、平成10年（1998）の改訂までは、教育課程審議会で行われていたが、平成20年の改訂からは、中央教育審議会の初等中等教育分科会の教育課程部会を中心に行われるようになった。道徳の特別の教科化に関わっては、文部科学大臣から平成26年（2014）2月に「道徳に係る教育課程の改善等について」の諮問を受け、「道徳教育の充実に関する懇談会」の提言も踏まえつつ、初等中等教育分科会教育課程部会の下に、道徳教育専門部会を新たに設け、同年10月21日に「道徳に係る教育課程の改善等について」（答申）を出している。

グローバル化

Key word » 15

　インターネット等の情報通信技術や航空機等の交通技術の発展により、世界が社会的にあるいは経済的に一体化されていく状態を「グローバル化」と言う。かつて自国で生産したものは自国で消費することがほとんどであった。グローバル化により、食やもの、人の行き来も盛んになってきて、自国のもの以外も簡単に手に入る時代になった。人々の交流も盛んになり、一国に多様な民族が存在する状況になっている。私たちの生活は大きく変化している証である。

　私たちが住む日本でも、海外からの食料品の輸入が増え、食の国際化が進んだ。また日本で暮らす外国人の数も増加し、様々な文化をもつ人々が共に暮らす「多文化社会」化も進展している。人、もの、ことの交流により多種多様な文化や民族との交流が広がり深まるというよさが生まれる一方、文化の違いによる軋轢（あつれき）や一国の問題が世界中に影響を及ぼすことにより、協力して問題を解決しなければならない現状もある。このようにグローバル化によって、良くも悪くも私たちの生活は大きく変化していると言える。

倫理観

Key word » 16

　倫理とは社会の慣習として成り立っている「行動規範」や「守るべき秩序」であり、倫理観とは行動規範や守るべき秩序に対する見方・考え方と言うことができる。「あの人は倫理観が高い」という場合、社会秩序を守る思いや行動ができていること、あるいは社会秩序を守ろうとする意識が高いことを示している。

　倫理観は社会の慣習として成立している行動規範や守るべき秩序の総称であるが、道徳観は個人の価値観に依存する善悪の基準と言うことができる。道徳観は倫理観に含まれる概念である。道徳観は人生の中で経験を積みながら形成していくものであるが、倫理観はルールとして教えることもできるものである。個人内を高める道徳観、社会秩序を維持する倫理観、共に身に付けていくべきものである。そして、倫理観は「社会の慣習として成立している行動規範や守るべき秩序」であるため、時代とともに変化していく。「断捨離」などの考え方は一昔前であれば使えるものを捨てる倫理観の低い行為とみなされていたが、現代ではそのような倫理観はなくなりつつある。

1 道徳教育改訂の概要

2 道徳教育と道徳科の目標

3 道徳科の内容

4 道徳科の全体計画

5 道徳科の年間指導計画

6 道徳科の指導

7 指導上の配慮事項

8 道徳科の評価

9 道徳科の教材

規範意識

Key word » 17

　「規範」は行為、判断、評価といったものの、拠るべき規則や基準と言われる。規則や基準には、法や社会通念などがあり、それらを守ろうとするのが「規範意識」である。「電車の中でお年寄りや体の不自由な人を見たら席を譲ろう」「人が大勢集まっている場所では、大声を出さない」などが規範意識に当たる。「集団生活を通じて、喜んでこれに参加する態度を養うとともに家族や身近な人への信頼感を深め、自主、自律及び協同の精神並びに規範意識の芽生えを養うこと」（学校教育法第3章　幼稚園　第23条の2）と述べられている。

　規範意識は先天的に備わっているものではなく、後天的に会得するものである。家庭はもとより、保育所、幼稚園、小学校等の学校教育で集団活動を通して意図的に育てていく必要がある。「ルールを守りなさい」という言葉掛けだけでなく、どうすればみんなが気持ちよく生活していけるのか、場面に応じて指導していき、規範意識を根気強く、繰り返し身に付くような指導が求められる。指導者自身も正しい規範意識をもって生活することが大切である。

葛藤

Key word » 18

　ある行動を起こす際、AにするかBにするか迷う思いを葛藤と呼ぶ。迷いには本人の感情や欲求、動機が大きく作用する。人は常に葛藤を繰り返しながら生活している。よりよく生きたい、よりよくなりたいという人としての高い価値欲求のなせるところである。自分自身を守るために例えばガラスを割ってしまった事実を告げなかったり、正直に事実を告げないことは道徳律に反すると思ったりするところに葛藤が生じる。換言すると、「Aをすることが道徳的に正しいと分かっているが、それを実現できない自分がいる」「道徳的に正しいと判断して行動すると、かえって他の道徳的な価値実現を困難にする」ときに葛藤が起こる。

　道徳教材の中にも『窓ガラスと魚』『手品師』『絵葉書と切手』など主人公が思い悩む教材がたくさん存在する。そうした教材の登場人物に対する共感的な問いを通して、葛藤する心に寄り添い、道徳的価値の正しさや道徳的な価値の実現に向けた行為の選択を促していくことが大切である。これからの道徳科の学習指導では、葛藤する心を、役割演技等を通して、道徳的価値の理解、実現の正しさや困難さを体感させて、道徳性を養うようにしたい。

内省

　内省とは深く自己をかえりみることである。あるいは、自分の心と向き合い、自分の考えや言動についてかえりみることである。内省は反省と似たような意味で使われることがあるが、反省は自己の過去の言動の可否や善悪などを考えることである。一般的に反省は、自分の過ちを振り返ることとして用いられることが多い。それに対して内省は自分自身と向き合い、自分の考えや言動を振り返り、気付くことである。道徳性の養成と内省は深く関わっている。教材に託して深く自分を見つめ、自分の在り方を考える道徳科の学習では、内省は極めて大切な学習となる。教材から離れて自己を見つめる学習段階で、自己を振り返り（内省）、内省から実践へと学習者に強く動機付けていくことが求められる。自己との対話を通して内省する力を育てるという視点も大切である。日常生活でも、行動の結果やその日の終わりに深く自己を見つめ、自己の行動の考え方や方向性を見いだしていく「内省」を重視していくことも必要である。

総則

　小学校学習指導要領の「総則」は、第2章以下に示されている各教科等の目標や指導内容について全体に適用する規定を示したものである。この規定を基に各教科等の指導を進めていく必要がある。総則の内容として、①小学校教育の基本と教育課程の役割、②教育課程の編成、③教育課程の実施と学習評価、④児童の発達の支援、⑤学校運営上の留意事項、⑥道徳教育に関する配慮事項、で構成されている。今次の改訂で強調されている「主体的・対話的で深い学び」は教育活動を進めるに当たっての配慮すべき事項として冒頭で述べられている。これは第2章以下に示されている各教科等の指導全体で実現されるべき事柄となる。また、「学校における道徳教育は、特別の教科である道徳を要として学校の教育活動全体を通じて行うものであり、道徳科はもとより、各教科、外国語活動、総合的な学習の時間及び特別活動のそれぞれの特質に応じて、児童の発達の段階を考慮して、適切な指導を行うこと」と総則第1の2の（2）に述べられているように、全ての教育活動で道徳教育を推進していくことが総則で規定されている。総則は学習指導要領を通底する理念であり、原理原則と言うこともできる。

確かな学力

1 道徳教育改訂の概要

2 道徳教育と道徳科の目標

3 道徳科の内容

4 道徳教育の全体計画

5 道徳科の年間指導計画

6 道徳科の指導

7 指導上の配慮事項

8 道徳科の評価

9 道徳科の教材

1　学力とは何か

　教育基本法第2条第1号は、教育の目標として「幅広い知識と教養を身に付け、真理を求める態度を養う」と規定し、学校教育法第30条2項は、「生涯にわたり学習する基盤が培われるよう、基礎的な知識及び技能を習得させるとともに、これらを活用して課題を解決するために必要な思考力、判断力、表現力その他の能力をはぐくみ、主体的に学習に取り組む態度を養うこと」と規定している。

　この学校教育法一部改正（平成19年）により、学校教育で重視すべき学力の三要素（知識・技能、思考力・判断力・表現力、学習意欲）が法的に明確になり、学校週5日制に対応する平成10年告示の学習指導要領以降のいわゆる「ゆとり」か「詰め込み」かの学力論議に終止符が打たれたと言われている。

　「確かな学力」という言葉は、「確かな学力の向上のための2002アピール『学びのすすめ』」（平成14年文部科学省）で初めて使われ、翌年の中央教育審議会答申で、確かな学力は「生きる力」の知的側面を表すもので、「知識・技能に加え、思考力・判断力・表現力、学ぶ意欲を含めた幅広い学力」と明確にされた。

2　資質・能力と確かな学力

　新学習指導要領では、第1章第1の2（1）で、「基礎的・基本的な知識及び技能を確実に習得させ、これを活用して課題を解決するために必要な思考力、判断力、表現力その他の能力をはぐくむとともに、主体的に学習に取り組む態度を養い、個性を生かす教育の充実に努めること」と示された。

　これは、主体的・対話的で深い学びの実現を目指して、全ての教科等で、授業の創意工夫や教材の改善を引き出していけるよう、「確かな学力」をより広い視点から「育成すべき資質・能力」として、次の三つの柱に再整理したものである。
①「何を理解しているか・何ができるのか」（生きて働く知識及び技能の習得）
②「理解していること・できることをどう使うのか（思考力、判断力、表現力等の育成）
③「どのような社会・世界と関わり、よりよい人生を送るか」（学びに向かう力、人間性等の涵養）

　これらの資質・能力を育成する三つの柱の考え方は、これまでの「生きる力」の理念を継承しながら、新しい時代に必要とされる「育成すべき資質・能力」として捉え直されたものである。したがって、学校教育において重視すべき学力の三要素を踏まえ、内容的には重なり合い共通している。

豊かな心

　教育基本法第2条第1号は、教育の目標として「豊かな情操と道徳心を培う」ことを規定し、また新学習指導要領第1章第1の2の（2）では、「道徳教育や体験活動、多様な表現や鑑賞の活動等を通して、豊かな心や創造性の涵養を目指した教育の充実に努めること」を示している。

　創造性とは、感性を豊かに働かせ、思いや考えを基に構想し、新しい意味や価値を創造していく資質・能力であり、豊かな心の涵養と密接に関わるものである。豊かな心や創造性の涵養は、多様な体験活動や表現活動等の充実を図り道徳教育を中心に、学校教育活動全体として取り組むことが重要である。

　「豊かな心」と同様な言葉で「豊かな人間性」「豊かな情操」が審議会答申等にも使われている。例えば、平成18年（2006）中央教育審議会報告に、「社会の激しい変化の中で、子どもが、豊かな人間性を持ち、感性を高めながら主体的に生きていくことができるようにすることが重要である。そのためには、社会の中で主体的に生きるための基本となる価値観や自主的・実践的態度を形成するとともに、豊かな情操を養う必要がある」と記されている。

　豊かな人間性は、人間らしく生きるための資質であり、豊かな心はそれを支える内面的資質を指している。また、情操とは、美しいものやすぐれたものなどに接して感動する心である。いずれにしても豊かな心や豊かな情操を培うことは、人間尊重の精神と生命に対する畏敬の念をもって、人間らしく生きる基盤となる心を育てることである。

　新しい時代に必要とされる資質・能力の柱の一つに「学びに向かう力・人間性等の育成」が掲げられている。人間性を支えるのが豊かな心であり、特に、内省しつつ物事に主体性をもって向き合う意志や態度と豊かな情操は、確かな学力や健やかな体の基盤となり、「生きる力」を育むために重要なものである。

　豊かな心とは具体的にどのような心かは、学習指導要領第3章特別の教科道徳に示されている道徳教育の内容の四つの視点に着目すると分かりやすい。
①自らを律しつつ、自己の在り方を見つめる（内省する）心
②他者と共生し、異なるものへの寛容、他人を優しく思いやる心
③社会の形成者として進んで公共のために尽くそうとする、開かれた広い心
④命を尊重する心、美しいものや気高いものに素直に感動する心
　これらの心が調和的に培われることによって、豊かな心が涵養される。

健やかな体

1 道徳教育改訂の概要

2 道徳教育と道徳科の目標

3 道徳科の内容

4 道徳教育の全体計画

5 道徳科の年間指導計画

6 道徳科の指導

7 指導上の配慮事項

8 道徳科の評価

9 道徳科の教材

教育基本法第2条第1号は、教育の目標として「健やかな身体を養う」ことを規定し、小学校学習指導要領第1章第1の2の（3）では、「体育・健康に関する指導を、児童の発達の段階を考慮して、学校の教育活動全体を通じて適切に行うことにより、健康で安全な生活と豊かなスポーツライフの実現を目指した教育の充実に努めること」を示している。

心身の調和の取れた発育・発達を図り、健やかな体をつくることは、知・徳・体のバランスの取れた人間を育成する基盤である。また、健康や体力は、人間の活動の源である「生きる力」の根底となるものである。

健やかな体を育てるためには、体力の向上に向けた取組を行うことに加え、子供が自分自身の健康に対する関心を高め、生涯にわたって、主体的に健康を保持・増進しようとする態度を養うことも大切である。

1 体力の向上

体力の向上を図るためには、教科としての体育科において、基礎的な身体能力の育成を図るとともに、学校の教育活動全体を通して効果的に取り組むことが大切である。体力の向上に関しては、すでに平成20年（2008）中央教育審議会の答申で、「体力は、人間の活動の源であり、健康の維持のほか意欲や気力といった精神面の充実に大きく関わっており、『生きる力』の重要な要素である。子どもたちの体力の低下は、将来的に国民全体の体力低下につながり、社会全体の活力や文化を支える力が失われることにもなりかねない」との課題が指摘され、①幼いころから体を動かし、生涯にわたって積極的にスポーツに親しむ習慣や意欲、能力を育成すること、②心身の健康増進活動や日常的なスポーツ活動を促すことにより、生涯にわたり健康な生活を送るための基礎を培うことなどが提言されている。

2 健康・安全に関する指導

健やかな体を育成するためには、運動を通して体力を養うとともに、心身の健康の保持増進を図ることも重要である。心身の成長発達についての正しい知識を習得し、実践的な判断力や行動を選択する力を養うとともに、特に、食に関する正しい理解と望ましい食習慣を身に付けるため「食育」の充実が必要である。

さらに、様々な自然災害や情報化等の進展に伴う子供たちを取り巻く環境の変化など、子供の生活の安全・安心に対する懸念が広まっていることから、安全教育の充実も求められている。

修身科の廃止：戦後、昭和33年（1958）の学習指導要領の改訂により「道徳の時間」が特設されるまで、道徳教育は授業では社会科や全教育活動を通じて行われたり、生活指導が担ったりしていた。昭和20年（1945）8月15日の終戦までの日本の道徳教育の中心は、教育勅語を基本として修身科を中心に行われてきた。内容的には、時代の変遷と共に政治的イデオロギー色の強いものになっていった。終戦を期に、連合国軍総司令部から禁止令「修身、日本歴史及び地理停止に関する件」が出され、修身科は事実上廃止された。新たに「社会科」が設けられ、道徳教育の役割も担うことになった。

昭和22年学習指導要領：「この社会科は、従来の修身・公民・地理・歴史を、ただ一括して社会科という名をつけたというのではない。社会科は、今日のわが国民の生活から見て、社会生活についての良識と性格とを養うことが極めて必要であるので、そういうことを目的として、新たに設けられたのである。ただ、この目的を達成するには、これまでの修身・公民・地理・歴史などの教科の内容を融合して、一体として学ばれなくてはならない（以下略）」と示されている。

昭和26年の改訂：道徳教育について教科の位置付けはなされなかったが、教育の一般目標に「個人生活」「家庭および社会生活」「経済生活および職業生活」を掲げ、内容にはいわゆる道徳教育の目標が示されている。このことは、社会科をはじめ、学校教育のあらゆる機会に指導することを明示したものと言える。

　当時は、まとまった時間の道徳教育を特設し、実施することに対してはまだ強い反対もあった。しかし、道徳教育が不十分ではないかといった社会的な要望から、徐々に道徳授業の必要性は醸成され、徹底を図るため特設することとなった。

昭和33年の改訂：「道徳の時間」の創設（昭和33年9月から授業を開始）。
学習指導要領第1章総則　第3「道徳」には、次のような記述がある。

「学校における道徳教育は、本来、学校の教育活動全体を通じて行うことを基本とする。したがって、道徳の時間はもちろん、各教科、特別教育活動および学校行事等学校教育のあらゆる機会に、道徳性を高める指導が行われなければならない。（中略）道徳の時間においては、各教科、特別教育活動および学校行事等における道徳教育と密接な関連を保ちながら、これを補充し、深化し、統合し、またはこれとの交流を図り、児童の望ましい道徳的習慣、心情、判断力を養い、社会における個人のあり方についての自覚を主体的に深め、道徳的実践力の向上を図るように指導するものとする」とした。ここには、表現は変化しても現在と変わらない道徳の授業の特質を見いだすことができる。

考える道徳

平成26年（2014）10月21日の中央教育審議会答申の１道徳教育の改善の方向性（1）に「考える道徳」が求められる根拠が示されている。「道徳教育をめぐっては、児童生徒に特定の価値観を押し付けようとするものではないかなどの批判が一部にある。しかしながら、道徳教育の本来の使命に鑑みれば、特定の価値観を押し付けたり、主体性をもたず言われるままに行動するよう指導したりすることは、道徳教育が目指す方向の対極にあるものと言わなければならない。むしろ、多様な価値観の、時に対立がある場合を含めて、誠実にそれらの価値に向き合い、道徳としての問題を考え続ける姿勢こそ道徳教育で養うべき基本的資質であると考えられる」とある。これまで一部の授業の中に、教材の内容を読み取るだけのものや教師がいわゆる正解を求めるだけの展開も見られた。これらは道徳教育の本質をよく理解しないままに授業が行われていたことに起因すると考えられる。

道徳教育や道徳科の授業における「考える道徳」とは、子供一人一人がねらいとする道徳的価値やそれに関わる事象を自分自身の問題として捉え、自己の生き方や人間としての在り方を多面的・多角的な視点から考え深めるものである。

議論する道徳

「議論する道徳」というキーワードは、「考える道徳」と同様に中央教育審議会答申を踏まえ「発達の段階に応じ、答えが一つではない道徳的な課題を一人一人の児童が自分自身の問題と捉え、向き合う『考える道徳』『議論する道徳』へと転換を図るものである」に拠る。道徳科の学習では、道徳的諸価値についての理解を基に、自己を見つめ、物事を多面的・多角的に考え、自己の生き方についての考えを深める学習では、道徳的価値を含んだ教材を基に、子供が自分の体験や感じ方、考え方を交えながら話合いを深める学習活動を行うことが一般的である。「議論」は「対話」「話合い」と言い換えられる。それらを通し、物事の多面的・多角的な見方・考え方にふれ、自己の生き方や人間としての在り方を深めることである。授業構想の際、教師指導の一方通行の授業ではなく、対話の場の設定、対話のさせ方、深め方、広げ方について更なる工夫を行うことが肝要である。低学年での話合いの設定は難しいという声も聞く。しかし、学習指導要領に示された「主体的・対話的で深い学び」の実現に向け、学年の発達の特性を踏まえ積極的に対話を取り入れた授業改善を図りたい。

1 道徳教育改訂の概要

2 道徳教育と道徳科の目標

3 道徳科の内容

4 道徳教育の全体計画

5 道徳科の年間指導計画

6 道徳科の指導

7 指導上の配慮事項

8 道徳科の評価

9 道徳科の教材

特別の教科　道徳

Key word » 27

　小学校では平成30年度（中学校は平成31年度）から、「特別の教科　道徳」が全面実施されている。ここでは、小学校の「道徳科解説」を参照し、改訂の経緯を簡潔に述べる。

1　今回の改訂前の我が国の道徳教育、道徳の時間の現状と課題について

　これまでの道徳授業の問題点については、例えば、歴史的経緯に影響され、いまだに道徳教育そのものを忌避しがちな風潮があること、他教科に比べて軽んじられていること、読み物の登場人物の心情理解のみに偏った形式的な指導が行われる例があることなどが指摘された。道徳教育は、子供の人格の基盤となる道徳性を養う重要な役割があることに鑑みれば、これらの問題点も真摯に受け止めつつ、その改善・充実に取り組んでいく必要がある。今回の改正は、いじめの問題への対応の充実や発達の段階をより一層踏まえた体系的なものとする観点からの内容の改善、指導方法の工夫を図ることなどを示したものである。

2　中央教育審議会の答申（平成26年（2014）10月）

　道徳教育の充実を図る観点から、中央教育審議会に対して「教育課程における道徳教育の位置付けや道徳教育の目標、内容、指導方法、評価について」の諮問があり、同年10月答申「道徳に係る教育課程の改善等について」が出された。
①道徳の時間を「特別の教科　道徳」（仮称）として位置付けること
②目標を明確で理解しやすいものに改善すること
③道徳教育の目標と「特別の教科　道徳」（仮称）の目標の関係を明確にすること
④道徳の内容をより発達の段階を踏まえた体系的なものに改善すること
⑤多様で効果的な道徳教育の指導方法へと改善すること
⑥「特別の教科　道徳」（仮称）に検定教科書を導入すること
⑦一人一人のよさを伸ばし、成長を促すための評価を充実すること
などを基本とし、道徳教育について学習指導要領の改善の方向性が示された。

3　学校教育法施行規則の改正（平成27年（2015）3月）

　答申を受け学校教育法施行規則において、「道徳」を「特別の教科である道徳」とし、小学校学習指導要領、中学校学習指導要領及び特別支援学校小学部・中学部学習指導要領の一部改正が告示された。「特別の教科　道徳」の設置は「道徳の時間」が始まって以来の大きな転換とされる。また、改訂のキーワードとして「考える道徳」「議論する道徳」が示され大きな話題となった。

検定教科書

「特別の教科　道徳」として教科化され、検定教科書が使用されることになった。従来は、読み物教材（副読本）の使用の有無、教材の選択や購入は各学校の判断であり、費用負担は学校の設置者や保護者であった。したがって、検定教科書の無償給付は、教育の機会均等や教育水準の維持向上を図り、道徳教育の一層の充実へとつながる。以下に法的根拠や検定基準、条件を示す。

第34条（教科用図書その他の教材の使用）
　小学校においては、文部科学大臣の検定を経た教科用図書又は文部科学省が著作の名義を有する教科用図書を使用しなければならない。

教科書の内容は、教科用図書検定基準（告示）には次のように示されている。

義務教育諸学校教用図書検定基準（平成29年8月10日文部科学省告示第105号）　1基本的条件　（※概要を以下にまとめる）
(1) 教育基本法第1条、同法第2条に掲げる内容に一致していること。
(2) 学習指導要領の総則や教科の目標に一致していること。
(3) 小学校学習指導要領に示す教科及び学年、「目標」に従い、学習指導要領に示す学年、分野又は言語の「内容」及び「内容の取扱い」に示す事項を不足なく取り上げていること。
(4) 本文、問題、説明文、注、資料、作品、挿絵、写真、図など教科用図書の内容には、学習指導要領に示す目標、学習指導要領に示す内容及び学習指導要領に示す内容の取扱いに照らして不必要なものは取り上げていないこと。

さらに教科固有の基準として、道徳科では次の条件が示されている。

　小学校学習指導要領第3章「特別の教科道徳」に示されている内容ついて
・題材の全てを教材として取り上げていること。
・適切な教材を取り上げていること。
・言語活動について適切な配慮がされていること。
・問題解決的な学習や道徳的行為に関する体験的な学習について適切な配慮がされていること。多様な見方や考え方のできる事柄を取り上げる場合には、その取り上げ方について特定の見方や考え方に偏った取扱いはされておらず公正であるとともに、児童又は生徒の心身の発達段階に即し、多面的・多角的に考えられるよう適切な配慮がされていること。

1 道徳教育と改訂の概要
2 道徳教育と道徳科の目標
3 道徳科の内容
4 道徳教育の全体計画
5 道徳科の年間指導計画
6 道徳科の指導
7 指導上の配慮事項
8 道徳科の評価
9 道徳科の教材

● 第1章 ［参考文献］

・港区ホームページ「港区例規集・要綱集」 https://www.city.minato.tokyo.jp/
kuse/reiki/index.html
・文部科学省（2018）『小学校学習指導要領（平成29年告示）解説　総則編』東洋館出
版社
・文部科学省（2018）『小学校学習指導要領（平成29年告示）解説　特別の教科道徳編』
廣済堂あかつき
・文部科学省（2018）『中学校学習指導要領（平成29年告示）解説　特別の教科道徳編』
教育出版
・教育改革国民会議（2000）「教育改革国民会議報告−教育を変える17の提案−」
・教育再生会議（2008）「社会総がかりで教育再生を（最終報告）～教育再生の実効性の
担保のために～」
・教育再生実行会議（2013）「いじめの問題等への対応について」
・道徳教育の充実に関する懇談会（2013）「今後の道徳教育の改善・充実方策について」
・中央教育審議会（2014）「道徳に係る教育課程の改善等について」（答申）
・首相官邸ホームページ：https://www.kantei.go.jp/jp/kyouiku/index.html

第 **2** 章

道 徳 教 育 と 道 徳 科 の 目 標

教育活動全体で行う道徳教育 　Key word » 29

　小学校学習指導要領の第1章総則には、「学校における道徳教育は、特別の教科である道徳を要として学校の教育活動全体を通じて行うものであり、道徳科はもとより、各教科、外国語活動、総合的な学習の時間及び特別活動のそれぞれの特質に応じて、児童の発達の段階を考慮して、適切な指導を行うこと」と示されている。つまり、「道徳教育」は全ての教育活動を通して道徳性を養う教育と言える。例えば、体育科では運動特性に応じた技能を身に付けるだけでなく、約束を守って友達と協力して運動したり、安全を考えて運動したりすることが求められる。すなわち、「規則の尊重」や「友情、信頼」、あるいは「節度、節制」などの道徳性に関わる学習も同時に進めることができる。また、社会科では、社会的事象についての知識・理解や資料から適切に情報を調べたりまとめたりする技能などを身に付けるだけでなく、学習課題を主体的に解決しようとする態度（「真理の探究」）や我が国の歴史や伝統を大切にして国を愛する心情（「伝統と文化の尊重、国や郷土を愛する態度」）などの道徳性を養う学習も同時に進められるのである。このように、あらゆる教育活動の中で道徳教育を行うことが大切である。

要 　Key word » 30

　「要」とは、扇の骨を綴じる釘のような最も大切な部分ということである。平成20年（2008）の学習指導要領の改訂では、道徳教育の教育課程編成の方針として、「道徳教育は、道徳の時間を要として学校の教育活動全体を通じて行うもの」と明示され、道徳の時間の役割を「要」という表現を使って道徳教育における中核的な役割や性格が明確にされた。道徳の時間が教科化された新学習指導要領でも、「道徳教育は特別の教科である道徳（道徳科）を要として学校の教育活動全体を通じて行うもの」と示されている。道徳科が道徳教育の要としての役割を果たすとは、道徳科を計画的、発展的に指導する中で、各教科等における道徳教育としては取り扱う機会が十分でない道徳的価値に関わる指導を補うこと（補充）や、子供や学校の実態等を踏まえて指導をより一層深めること（深化）、相互の関連を捉え直したり発展させたりすること（統合）に留意して指導することにより、道徳的諸価値についての理解を基に、自己を見つめ、物事を多面的・多角的に考え、自己（人間として）の生き方についての考えを深める学習を通して、道徳性を養っていくということである。

各教科の特質　Key word » 31

1 道徳教育改訂の概要

2 道徳教育と道徳科の目標

3 道徳科の内容

4 道徳教育の全体計画

5 道徳科の年間指導計画

6 道徳科の指導

7 指導上の配慮事項

8 道徳科の評価

9 道徳科の教材

　各教科には、それぞれ固有の目標や内容、見方・考え方があり、これが「特質」である。学習指導要領では、各教科等を通して育成を目指す資質・能力として「知識及び技能の習得」「思考力、判断力、表現力等の育成」「学びに向かう力、人間性等の涵養」が示され、各教科の目標等もこれに基づいている。特に各教科の目標には、教科の特質を踏まえた態度や心情など、子供の道徳性の養成に関係が深いものが含まれている。例えば、国語科では、「国語を尊重してその能力の向上を図る態度」、理科では「自然を愛する心情や主体的に問題解決しようとする態度」、音楽科では、「音楽を愛好する心情、音楽に親しむ態度」などである。また内容には、社会科の第４学年に、「地域の関係機関や人々は、自然災害に対し、様々な協力をして対処してきたこと」、生活科では「学校生活を支えている人々や友達、通学路の様子やその安全を守っている人々などについて考えること」、家庭科では、「家庭生活が家族の協力によって営まれていること」などが示されるなど、直接的・間接的に道徳教育に関係する内容が含まれている。各教科では、これらの特質を踏まえた道徳教育を進めることで、道徳性を養うのである。

外国語活動の特質　Key word » 32

　外国語活動の特質は、外国語の音声や基本的な表現に慣れ親しむことを通して、日本語との音声の違い等に気付くとともに言語やその背景にある文化について体験的に理解を深めながら、主体的に外国語を使ってコミュニケーションを図ろうとする態度を養うということである。外国語を通して、言語やその背景にある文化に対する理解を深めることは、世界の中の日本人としての自覚をもち、国際的視野に立って、世界の平和と人類の幸福に貢献することにつながるものである。

　また、外国語活動では、自分の考えや気持ちなどを相手に配慮しながら伝えるということも大切である。これは外国語活動の学習を通して、相手に配慮し受け入れる寛容の精神や平和・国際貢献などの精神を獲得し、多面的思考ができるような人材を育てることにつながる。そして、これらのことを通して、我が国の伝統や文化を尊重し、郷土や国を愛する心情や態度を育てることにもつながる。さらに、外国語を使ったコミュニケーションの体験は、相手の思いを理解しようとしたり、自分の思いを伝える難しさや大切さを実感したり、積極的に自分の思いを伝えようとしたりするなど、様々な内容が道徳教育に関連するのである。

総合的な学習の時間の特質 Key word » 33

　総合的な学習の時間の特質は、探究的な学習の過程を通して見方・考え方を働かせ、特定の教科に留まることなく横断的・総合的な学習を行うことにより、よりよく課題を解決し、自己の生き方を考えていくための資質・能力を養うということである。総合的な学習の時間の内容は各学校で定めるものであるが、探究課題としては、現代的な諸課題に対応する横断的・総合的な課題、地域や学校の特色に応じた課題、子供の興味・関心に基づく課題などが考えられ、横断的・総合的な学習を探究的な見方・考え方を働かせて行うことを通して、子供が自己の生き方を考えることにつながる。また、探究課題の解決を通して養う、主体的に判断して学習活動を進めたり、粘り強く考え解決しようとしたり、自己の目標を実現しようとしたりする資質・能力は、道徳教育につながる。さらに総合的な学習の時間に課題解決に向けて探究する中で、道徳科で学習した道徳的価値をより深く理解したり、自分の生き方についての考えを深めたりする。反対に、総合的な学習の時間における見方・考え方が、道徳科の道徳的価値の理解や多面的・多角的な思考に生かされることで、道徳科の学習を一層深めることにつながる。

特別活動の特質 Key word » 34

　特別活動の特質は、集団活動を通した学習であり、自主的、実践的な活動である、ということである。集団活動を通して、集団や自己の生活、人間関係などの課題を見いだし、解決のために話し合い、合意形成を図ったり、意思決定したりできるようにすることが大切である。また、自主的、実践的な集団活動を通して身に付けたことを生かし、集団や社会生活、人間関係をよりよくするとともに、自己の生き方についての考えを深め、自己実現を図ろうとする態度を養うことも重要である。そのためには、学級集団だけでなく、学級や学年の枠を外して組織した異年齢の集団での活動など、多様な他者と協働する様々な集団活動の意義等を理解し行動の仕方を身に付けること、そして、学級や学校生活の充実・向上を目指して、自分たちの力で諸問題の解決に向けて具体的な活動を実践することなどを意図的、計画的に指導する必要がある。特別活動における集団活動や体験的な活動は、思いやりの心、責任感、節度・節制、公共心、自制の心、礼儀や感謝、共生の精神など、豊かな人間性や社会性を養うための道徳的な実践の指導を行う重要な機会と場であり、道徳教育に果たす役割は極めて大きい。

児童生徒の発達の段階

道徳教育を進めるに当たっては、子供の発達の段階や特性等を踏まえ、学校、地域等の実態や課題に応じて、各校の道徳教育の重点目標等に基づき、**各学年段階等の指導内容について重点化を図る**ことが求められる。

学校及び学年段階ごとに配慮する必要がある指導内容		
小学校 ・自立心や自律性 ・生命を尊重する心 ・他者を思いやる心	低学年	・挨拶などの基本的な生活習慣を身に付けること。 ・善悪を判断し、してはならないことをしないこと。 ・社会生活上のきまりを守ること。
	中学年	・善悪を判断し、正しいと判断したことを行うこと。 ・身近な人々と協力し助け合うこと。 ・集団や社会のきまりを守ること。
	高学年	・相手の考え方や立場を理解して支え合うこと。 ・法やきまりの意義を理解して進んで守ること。 ・集団生活の充実に努めること、伝統と文化を尊重し、それらを育んできた我が国と郷土を愛するとともに、他国を尊重すること。
中学校		・自立心や自律性を高め、規律ある生活をすること。 ・生命を尊重する心や自分の弱さを克服して気高く生きようとする心を育てること。 ・法やきまりの意義に関する理解を深めること。 ・自らの将来の生き方を考え主体的に社会の形成に参画する意欲と態度を養うこと。 ・伝統と文化を尊重し、それらを育んできた我が国と郷土を愛するとともに、他国を尊重すること、国際社会に生きる日本人としての自覚を身に付けること。

小学校においては、各学年を通じて、自立心や自律性等の育成に配慮するとともに、各学年段階では上表の内容に配慮する。低学年では、幼児期の教育との接続に配慮し、家庭と連携しながら、上表の内容を繰り返し指導する。中学年では、特に身近な人々との協力、集団や社会のきまりを守ることについて理解し、自ら判断できる力を育てる。高学年では、中学校段階との接続も視野に入れ、特に国家・社会の一員としての自覚を育てることを重視した指導を行う必要がある。

中学校においては、小学校における道徳教育の指導内容を更に発展させ、上表に示されている内容について配慮する。

どのような内容を重点的に指導するかは、最終的には各学校が決定するものであるが、その際には、上表の内容に配慮することが大切である。

また、発達の段階に即した重点的な指導は、道徳科だけでなく教育活動全体で進めていくことが重要であることは言うまでもない。

自己の生き方を考える

　道徳教育は、子供が「自己の生き方」を考えることができるようにするための教育活動と言える。人格の基盤を形成する小学校段階においては、子供自らが自己を見つめ、「自己の生き方」を考えることができるようにすることが大切である。『小学校学習指導要領（平成29年告示）解説　総則編』には、以下のような記述がある。

> 　「自己の生き方」を考えるとは、児童一人一人が、よりよくなろうとする自己を肯定的に受け止めるとともに、他者との関わりや身近な集団の中での自分の特徴などを知り、伸ばしたい自己について深く見つめることである。またそれは、社会の中でいかに生きていけばよいのか、国家及び社会の形成者としてどうあればよいのかを考えることにもつながる。

1　「自己の生き方」についての指導

　子供は日々の生活の中で、自己を振り返り、自己のよさについて考え、自立した生活をつくろうとする。また、受け止めた自分らしさを踏まえて、これからの自分に夢や希望をもち、自立に向けてよりよい生き方をしようとする。

　まず、子供が自己を肯定的に受け止められるようにすることが大切である。そのためには、子供が集団の中で自己肯定感をもち、安心して生活できる環境をつくらなければならない。そして、子供が他者と生活する中で自分の長所や短所などに気付き、よりよくなろうとする思いや願いを培うように、あらゆる機会を捉えて、自己を振り返ったり、自己の目標を意識したりするような指導の充実を図ることが大切である。

2　各教育活動の特色を生かした指導

　「自己の生き方」についての指導は、道徳科のみならず、日常生活を含めた教育活動全体において行うことが大切である。

　例えば、総合的な学習の時間では、横断的・総合的な学習や探究的な学習を通して、自己と様々なものとの関わりや学ぶことの意味や価値を考え、それを「自己の生き方」につなげていく指導が求められる。

　特別活動では、実際に子供が実践的な活動や体験的な活動を通して、現在及び将来にわたって希望や目標をもって生きることや、多様な他者と共生しながら生きていくこと、集団の一員としての望ましい生き方などについて、考えを深めるようにすることが求められる。

人間としての生き方を考える

　人間にとって最大の関心は、人生の意味をどこに求め、いかによりよく生きるかということにあり、道徳教育はこのことに直接関わるものである。中学生の時期は、人生に関わる様々な問題についての関心が高くなり、人生の意味をどこに求め、いかによりよく生きるかという人間としての生き方を主体的に模索し始める時期である。

　「人間としての生き方」を考えるとは、人としてよりよく生きる上で大切なのは何か、自分はどのように生きるべきかなどについて、子供自身が自己を深く見つめ、自らの生き方を育んでいくことと言える。

1　「人間としての生き方」についての指導

　人間としての生き方についての自覚は、人間とは何かということについての探究とともに深められるものである。生き方についての探究は、人間とは何かという問いから始まると言ってもよい。人間についての深い理解なしに、生き方についての深い自覚が生まれるはずはない。学校における道徳教育は、これらのことが、意欲的になされるように様々に指導方法を工夫していく必要がある

　また、「人間としての生き方」について理解を深めることは、全学年を通じ、学校教育のあらゆる機会を捉えて、指導することが求められる。

2　各教育活動の特色を生かした指導

　「人間としての生き方」についての指導は、道徳科のみならず、日常生活を含めた教育活動全体において行うことが大切である。

　例えば、総合的な学習の時間では、国際理解、情報、環境、福祉・健康などを探究課題として、横断的・総合的な学習や探究的な学習に取り組むことが、人間としての生き方を考えることにつながっていく。

　特別活動における「人間としての生き方についての考えを深める」とは、子供が実践的な活動や体験的な活動を通し、現在及び将来にわたって希望や目標をもって生きることや、他者と共生しながら生きていくことなどについて考えを深め、集団の形成者としての認識をもてるようにすることである。また、特別活動は、道徳科で学んだ人間としての生き方などについての考えを、実践的な活動の中で言動に表すとともに、集団の形成者としてのよりよい生き方についての考えを深めたり、身に付けたりする場や機会でもある。

1 道徳教育改訂の概要
2 道徳教育と道徳科の目標
3 道徳科の内容
4 道徳教育の全体計画
5 道徳科の年間指導計画
6 道徳科の指導
7 指導上の配慮事項
8 道徳科の評価
9 道徳科の教材

道徳性

Key word » **38**

『小学校学習指導要領（平成29年告示）解説　特別の教科道徳編』（以下、「道徳科解説」）によれば、道徳性は「人間としてよりよく生きようとする人格的特性であり、道徳教育は道徳性を構成する諸様相である道徳的判断力、道徳的心情、道徳的実践意欲と態度を養うことを求めている」とある。道徳科の目標は「よりよく生きるための基盤となる道徳性を養うため、道徳的価値についての理解を基に、自己を見つめ、物事を（広い視野から）多面的・多角的に考え、自己（人間として）の生き方についての考えを深める学習を通して、道徳的な判断力、心情、実践意欲と態度を育てる」となっている。つまり、道徳科の目標は道徳性を養うことである。

　続いて道徳性については「これらの道徳性の諸様相には、特に序列や段階があるということではない。一人一人の児童（生徒）が道徳的価値を自覚し、自己の生き方についての考えを深め、日常生活や今後出会うであろう様々な場面、状況において、道徳的価値を実現するための適切な行為を主体的に選択し、実践することができるような内面的資質を意味している」とされている。このことは、道徳性は、例えば「思いやり、親切」の授業を1時間取り組んだからといって即身に付くものではなく、内面に根ざしたものであることを意味している。したがって、道徳科では、教師による一方的な価値の押し付けや、生活問題についての話合いなどに終始することがないように留意することが大切である。

　また「本来、道徳的実践は、内面的な道徳的実践力が基盤になければならない。道徳的実践力が育つことによって、より確かな道徳的実践ができるのであり、そのような道徳的実践を繰り返すことによって、道徳的実践力も強められるのである。道徳教育は、道徳的実践力と道徳的実践の指導が相互に響き合って、一人一人の道徳性を高めていくものでなければならない」とされている。これは、学校における道徳教育は道徳科を要として学校の全教育活動を通じて行うものであることを意味している。道徳性豊かな子供たちを育むためには、道徳科の授業だけでなく学校における道徳教育全体を通して育む必要性があることになる。

　道徳性は時間をかけて、着実に育てられることにより、一過性のものではなく、潜在的な、そして持続的な資質として育てられるものである。したがって、道徳科の授業においては、その目標として「何かができるようになる」とか「大切なことを理解することができる」といったような、行為を完成させるような目標を設定することは、道徳科の目指すものとは異なる方向にあるということになる。道徳科の授業で目指すものは、あくまでも道徳的判断力であり、道徳的心情であり、道徳的実践意欲や態度といった道徳性であり、内面的な資質である。

道徳的判断力　　　Key word » **39**

　「道徳科解説」によれば、道徳的判断力については「それぞれの場面において善悪を判断する能力である。つまり、人間として生きるために道徳的価値が大切なことを理解し、様々な状況下において人間としてどのように対処することが望まれるかを判断する力である。的確な道徳的判断力をもつことによって、それぞれの場面において機に応じた道徳的行為が可能になる」とされている。道徳的に望ましい行為をする上で力となるものの一つが道徳的判断力である。様々な場面において、何が正しくて何が正しくないかを判断して道徳的行為に移る力となるものである。道徳が特設された昭和33年（1958）の学習指導要領ではその目標の一つに「道徳的心情を高め、正邪善悪を判断する能力を養う」が挙げられている。判断力の育成はその初期から道徳性の一側面として位置付いていたのである。

　例えば、バスに乗って座っていたが、あるバス停留所に着いたらお年寄りが乗ってこられた。そのときに「お年寄りには席を譲ることがいいこと」もしくは「お年寄りに席を譲らなければならない」と考えて席を譲るという行為は、道徳的判断力によって道徳的行為が実践されたと言えるのである。

道徳的心情　　　Key word » **40**

　「道徳科解説」によると、道徳的心情は「道徳的価値の大切さを感じ取り、善を行うことを喜び、悪を憎む感情のことである。人間としてのよりよい生き方や善を志向する感情であるとも言える。それは、道徳的行為への動機として強く作用するものである」とされている。ここで言われているように道徳的心情は道徳的に望ましい行為をする場合において、かなりの部分心情が揺さぶられて行っているのではないかと思われる。したがって、道徳科の授業では、目標として「心情を養う」といった、心情を育てる授業が広く行われているように思われる。平成元年（1989）の指導書では「道徳的心情を養うことは、道徳性を高めるための基礎的要件である」ともされている。高学年の子供が廊下を歩いていて教室の前に来てみると、仲のよい友達が窓際の椅子にぽつんと座っていて寂しそうに外を眺めていた。これに気付いた子供が「あれ、どうしたのだろう。心配だから話を聞いてあげよう」といって友達のそばに行き「どうしたんだよ」と声をかけた。この子供は寂しそうにしている友達のことが心配になり傍らに行って話しかけている。この行為は道徳的心情が力となり道徳的行為ができている例である。

道徳的実践意欲

Key word » 41

　「道徳科解説」では、道徳的実践意欲は道徳的態度とともに「道徳的判断力や道徳的心情によって価値があるとされた行動をとろうとする傾向性」であるとされる。道徳的実践意欲は、これに続いて「道徳的実践意欲は、道徳的判断力や道徳的心情を基盤とし道徳的価値を実現しようとする意志の働きである」と解説されている。したがって、実践意欲を育むためには道徳的判断力と心情をともに指導の基盤としなければならないということである。

　道徳的実践意欲が道徳的価値を実現しようとする意志の働きであるという点から考えると、例えば子供たちが学習の過程の中で「友達と仲よくしたい」「今度はお年寄りに親切にしたい」「最後までやり遂げたい」といったような、道徳的価値の実現に基づいた思いや願いをもてるよう指導を展開する必要があると考えられる。そのためには授業における「自己を見つめる」指導を適切に行うことが求められる。自分の過去や現在の生活等を振り返り、自分なりのよさや課題を真摯に見つめることにより、今後の実践への具体的な行為への意欲が高まってくるものである。

道徳的態度

Key word » 42

　「道徳科解説」によれば、道徳的態度は「道徳的判断力や道徳的心情によって価値があるとされた行動をとろうとする傾向性を意味する」といった道徳的実践意欲についての解説に続き「道徳的態度は、それらに裏付けられた具体的な道徳的行為への身構えと言うことができる」となっている。換言すれば、すぐにでも道徳的価値の実現に向けた行為につながるような道徳性であるとされている。

　一方、道徳科のねらいは「(前略) 学習を通して、道徳的判断力、心情、実践意欲と態度を育てる」であり、育てるものは道徳的態度等の道徳性となっている。これら道徳性の諸様相は、道徳的価値を実現するための適切な行為を主体的に選択し、実践することができるような「内面的資質」であり、行為の変容を即時的に求めるものではない。したがって、あくまでも「身構え」であり、分かりやすく言えば道徳的行為への一歩手前であるとも考えられる。

　例えば、授業の後半で「親切についてこれからあなたはどのような行動をしていきますか」のように、これからの具体的な行動について決意を述べさせたり、ワークシートに書かせたりすることは道徳科の特質ではないのである。

道徳的行為 Key word » 43

　道徳的行為という言葉は、道徳的判断力における「道徳科解説」の中で「的確な道徳的判断力をもつことによって、それぞれの場面において機に応じた道徳的行為が可能になる」とされているほか、道徳的心情についてでも「人間としてのよりよい生き方や善を志向する感情であるとも言える。それは、道徳的行為への動機として強く作用するものである」と解説されている。また、道徳的態度に関しては「それらに裏付けられた具体的な道徳的行為への身構えと言うことができる」となっている。

　また、解説の「第3　指導計画の作成と内容の取扱い」の中の2（5）で「（前略）指導のねらいに即して、問題解決的な学習、道徳的行為に関する体験的な学習等（後略）」として道徳的行為が取り上げられている。

　これらから考えられることは、具体的な道徳的行為、例えば友達と協力してやり遂げたことを教材にして友情、信頼の学習を深めていくといった事例や、子供たちが取り組んだボランティア体験を教材にして、子供たちの意識を振り返らせたりすることも道徳的行為につながるものである。道徳的行為とは、道徳的価値に基づいた行動を意味することであると考えられる。

道徳的習慣 Key word » 44

　道徳的習慣については、平成20年（2008）の『小学校学習指導要領解説　道徳編』の中で、道徳的心情、道徳的判断力、道徳的実践意欲と態度という道徳性の解説に続いて次のように述べられている。「このほかに道徳的習慣などがある。道徳的習慣は、長い間繰り返して行われているうちに習慣として身に付けられた望ましい日常的行動の在り方であり、その最も基本となるものが基本的な生活習慣と呼ばれている。これがやがて、第二の天性とも言われるものとなる。道徳性の養成においては、道徳的習慣をはじめ道徳的行為の指導も重要である」。

　また、道徳的習慣をはじめ、道徳的判断力や心情、道徳的実践意欲や態度といった道徳性の諸様相は個々独立した特性ではなく、互いに関連しながら構成されているものである。したがって、道徳性を豊かに育むためには、道徳科の授業では、それぞれ心情を育むか態度を育むかなど中心となる道徳性を明確にすることが当然であるが、学校教育活動全体を通じて行う道徳教育では、道徳的習慣も含めて道徳性の諸様相が全体として密接な関連を図りながら子供たちの中に育まれるよう留意して指導することが肝要である。

道徳的実践 Key word » **45**

　「道徳科解説」では、道徳的実践について「道徳性は、徐々に、しかも着実に養われることによって、潜在的、持続的な作用を行為や人格に及ぼすものであるだけに、長期的展望と綿密な計画に基づいた丹念な指導がなされ、道徳的実践につなげていくことができるようにすることが求められる」とされている。ここから考えられることは、道徳的実践とは、丁寧な挨拶をするとか、席を譲るといったような親切な行為するといったような具体的な行為や行動といったものではなく、しっかりとした道徳的価値についての理解等に基づくものであると考えられる。

　道徳的実践を確実にするためには、特別活動における実践活動や体験活動を生かす工夫も考えられる。「特に、特別活動において、道徳的価値を意図した実践活動や体験活動が計画的に行われている場合、そこでの児童（生徒）の体験を基に道徳科において考えを深めることが有効である。学校が計画的に実施する体験活動は、児童（生徒）が共有することができ、学級の全児童（生徒）が共通の関心などを基に問題意識を高めて学習に取り組むことが可能になる」と個々の実践ではなく共通の実践は思いや考えを共有しながら学習が展開できるよさがある。

道徳的実践力 Key word » **46**

　平成20年（2008）の学習指導要領第3章第1の目標の解説では、次のような文言がある。「道徳的実践力とは、人間としてよりよく生きていく力であり、一人一人の児童（生徒）が道徳的価値の自覚及び自己（人間として）の生き方についての考えを深め、将来出会うであろう様々な場面、状況においても、道徳的価値を実現するための適切な行為を主体的に選択し、実践することができるような内面的資質を意味している」とされ、それに続いて「それは主として、道徳的心情、道徳的判断力、道徳的実践意欲と態度を包括するものである」と解説している。

　このことは現在の道徳性の解説である「道徳性とは、人間としてよりよく生きようとする人格的特性であり、道徳教育は道徳性を構成する諸様相である道徳的判断力、道徳的心情、道徳的実践意欲と態度を養うことを求めている」と併せて考えると、諸様相の順序は入れ替わっているが内容は同じことを意味している。したがって、道徳的実践力と道徳性は同一のことであると考えられる。いずれにしても、内面的な資質であり、行為そのものではないということである。

道徳的知見

Key word » 47

　道徳的価値の理解に関わって道徳的知見という用語が使用されることもある。道徳的価値の理解ということであれば、例えば親切を考えたとき、「親切にすることは大切」という理解は当然であるが、道徳的価値についての理解には、人間理解、他者理解、自己理解が含まれる。ただ単に道徳的価値自体を正しいこととして理解するだけではなく、自分の体験等を通して得た、よさや難しさ等々といった面での幅広い理解も大切である。ここに見識としての道徳的知見のもつ意味がある。「学校における道徳教育は、特別の教科である道徳を要として学校の教育活動全体を通じて行うもの」とされている。各教科等における道徳教育がその特質に応じて適切に育まれた資質が、道徳科において調和的に生かされ、道徳科の特質が押さえられた学習によって子供たちの道徳性は一層豊かに養われていくのである。子供たちの知的な発達が促されていくときに、知的に理解することは基本的に大切なことではあるが、他教科等の学びを通して得られた多面的・多角的な理解が図られることにより、その知的な理解が深まり、道徳的価値について幅広く捉えることができるようになり、道徳的知見も高まっていく。

道徳的価値の自覚

Key word » 48

　平成20年（2008）改訂の学習指導要領におけるの道徳の目標では「（前略）各教科、総合的な学習の時間及び特別活動と密接な関連を図りながら、計画的、発展的な指導によってこれを補充、深化、統合し、道徳的価値及び自己の（それに基づいた人間としての）生き方についての自覚を深め、道徳的実践力を育成するものとする」とされている。また、現在の解説では、改訂の要点の中で「道徳的価値について自分との関わりも含めて理解し、それに基づいて内省し、多面的・多角的に考え、判断する能力、道徳的心情、道徳的行為を行うための意欲や態度を育てるという趣旨を明確化するため、従前の『道徳的価値の自覚及び自己の（それに基づいた人間としての）生き方についての自覚を深める』ことを具体化して現行の道徳科の目標のように改めた」ということになっている。

　これまで道徳的価値の自覚は「一つは、道徳的価値についての理解であり、二つには自分との関わりで道徳的価値が捉えられることである。三つには道徳的価値を自分なりに発展させていくことへの思いや課題が培われることである」とされてきている。

1 道徳教育改訂の概要

2 道徳教育と道徳科の目標

3 道徳科の内容

4 道徳教育の全体計画

5 道徳科の年間指導計画

6 道徳科の指導

7 指導上の配慮事項

8 道徳科の評価

9 道徳科の教材

道徳科の特質　Key word » 49

　道徳科の目標は、小・中学校学習指導要領に「道徳教育の目標に基づき、より
よく生きるための基盤となる道徳性を養うため、道徳的諸価値についての理解を
基に、自己を見つめ、物事を（広い視野から）多面的・多角的に考え、自己（人
間として）の生き方についての考えを深める学習を通して、道徳的な判断力、心
情、実践意欲と態度を育てる」と定められている。道徳教育は、学校の教育活動
全体を通じて、各教科等の特質に応じて、子供の発達の段階を考慮して道徳性を
養う教育活動であり、道徳科には道徳教育の要としての役割がある。この役割を
果たす教育活動であるためには、道徳科以外の各教科等における道徳教育との関
連を図りながら、計画的、発展的な指導を行うことが重要になる。子供たちは、
すでに一人一人異なる様々な経験をしており、それぞれが独自の道徳観をもって
いると思われる。道徳科では、子供の発達の段階を考慮した内容項目に基づいて、
自立した人間として、自己を見つめ、主体的に判断をして道徳的実践を行い、他
者と共によりよく生きるための基盤となる内面的な資質を、子供自ら育てていく
ことが期待できる学習活動を構想、展開していく。

各活動を補う（補充）　Key word » 50

　各教科等では、それぞれの目標に基づいて、特質を生かした指導を行っている。
子供たちはその学習の中で様々な道徳的価値について感じたり考えたりすること
で道徳性が養われていく。これが各教科等における道徳教育であるが、これらの
教育活動の中で、発達の段階を考慮した道徳の内容の全てについて考えさせる機
会があるわけではない。

　道徳科には、このように学校の様々な教育活動だけでは得られにくい道徳の内
容について考え、学びの不十分さを補う（補充する）役割がある。

　以下は、小学校第3学年の例である。道徳の内容に「家族など生活を支えてく
れている人々や現在の生活を築いてくれた高齢者に、尊敬と感謝の気持ちをもっ
て接すること」（感謝）がある。おそらく、担任教師は5月の「母の日」、6月の
「父の日」、9月の「敬老の日」、11月の「勤労感謝の日」などに合わせて、帰り
の会などで、家族の大切さや苦労などについて話すであろう。しかし、このよう
な説話だけでは「感謝」の内容をしっかり考えるとは限らない。そこで、道徳科
で「感謝」の内容を自分との関わりでじっくりと考えさせ、補うのである。

各活動を深める（深化）

Key word » 51

　子供たちは、日々の学校生活において様々な体験をしている。そして、それらの体験の中で、道徳的価値について感じたり考えたりしているものの、一つ一つの道徳的価値についてじっくりと考え、広い視野から多面的・多角的に考えを深めているかというと、必ずしもそうとは言えない。

　道徳科には、道徳的価値のよさや大切さ、実現の難しさなどを子供たちが自分との関わりで考え、自分なりに深める（深化する）学習を行う役割がある。以下は、小学校第5学年の例である。道徳の内容に「法やきまりの意義を理解した上で進んでそれらを守り、自他の権利を大切にし、義務を果たすこと」（規則の尊重）がある。図画工作、理科、家庭科等では安全に配慮した用具の使い方について学習を進める上での約束事として指導する。体育では運動の特性を考慮してルールを守ることを指導する。特別活動では休み時間の校庭や遊具の使い方などの学校のきまりや校外行事での公共の場の使い方を指導する。その中で、学校や学級の一員としての権利や義務について指導することもあるが、多面的・多角的に考えを深めているとは限らない。そこで、各活動での指導を深めるのである。

各活動相互の関連を考えて発展させたり統合させたりする（統合）

Key word » 52

　日々に出合う事象が一つの道徳的価値だけで成り立っているということはめったにない。一つの活動であっても複数の道徳的価値が関連し合っていたり、時間的・空間的に異なる活動であってもそれらの活動を下支えする道徳的価値が共通していたりしていることのほうが多くある。しかし、子供たちは様々な体験で感じたり考えたりしている道徳的価値について、各活動相互にある全体的なつながりを考えないままにしてしまうことが多い。

　道徳科には、子供たちがそれぞれの活動で体験して得たことを統合したり、新たな感じ方や考え方を発展的に生み出したりするという役割がある。

　以下は、小学校第1学年の例である。子供たちは、日々の学校生活の様々な活動で友達と関わり合っている。誘い合っての登校、登校途中にあるその日の勉強や遊びに関する会話、授業中の話合い活動や協力、給食や清掃での当番活動、困っている友達への声かけなど多様である。道徳の内容に「友達と仲よくし、助け合うこと」（友情、信頼）がある。道徳科では、様々な関わりで感じたことや考えたことを関連付けて統合したり発展させたりするのである。

1　道徳教育と改訂の概要
2　道徳教育と道徳科の目標
3　道徳科の内容
4　道徳教育の全体計画
5　道徳科の年間指導計画
6　道徳科の指導
7　指導上の配慮事項
8　道徳科の評価
9　道徳科の教材

道徳的価値 Key word » **53**

　「道徳科解説」（小・中学校）には、以下が示されている。「道徳的価値とは、よりよく生きるために必要とされるものであり、人間としての在り方や生き方の礎となるものである。学校教育においては、これらのうち発達の段階を考慮して、児童（生徒）一人一人が道徳的価値観を形成する上で必要なものを内容項目として取り上げている」。

　ここで押さえておきたいことに次の二点がある。一点目は、人間としての在り方や生き方の基盤となる道徳的価値はたくさんあるということについてである。つまり、学習指導要領に示されているものが道徳的価値の全てではないのである。その理由が二点目になるのだが、学校教育においては子供たちの発達の段階を考慮して、よりよい人間としての内面的な資質を形成するのに必要な道徳的諸価値を取り上げているのである。人格の形成の基盤として、小・中学校における道徳教育にふさわしいかどうかを吟味し、その上で、発達の段階を考慮しているのである。同じ言葉で表されている内容項目でも、学年・学校段階でその内容が異なるのは、発達の段階を考慮していることの表れである。

　学習指導要領では、指導する道徳的価値は「内容」として、学年・学校段階ごとに道徳的価値の内容やねらいを概括する一文に含まれている。これらの内容は、A主として自分自身に関すること、B主として人との関わりに関すること、C主として集団や社会との関わりに関すること、D主として生命や自然、崇高なものとの関わりに関することの四つの視点の下に整理されている。また、発達の段階を考慮して、小学校は第１学年及び第２学年が19項目、第３学年及び第４学年が20項目、第５学年及び第６学年が22項目の学年段階別、中学校は全学年共通の22項目となっていることから、個別の内容については「内容項目」という。

　この内容項目に関することとして、新学習指導要領で、画期的な変更があった。それは、内容項目ごとに「希望と勇気、努力と強い意志」「友情、信頼」「家族愛、家庭生活の充実」「生命の尊さ」などの言葉も付記されたことである。その結果、各内容項目の構成やねらいをより分かりやすくすることや小学校から中学校までの指導の体系性を高め、誰にでも分かりやすい共通の手掛かりとなった。それまでは出版社等が示す言葉があったものの統一性がなかった。一方、このキーワード的な言葉を使用するに当たって気を付けなければいけないこともある。使用する際、常に、学年・学校段階ごとに定められている内容項目の一文を念頭に置きながらこの言葉を使うことが肝心なのである。そうでなければ、学年段階を考慮しない徳目注入的な指導に陥ってしまう恐れがあるからである。

1 道徳教育改訂の概要

2 道徳教育と道徳科の目標

3 道徳科の内容

4 道徳教育の全体計画

5 道徳科の年間指導計画

6 道徳科の指導

7 指導上の配慮事項

8 道徳科の評価

9 道徳科の教材

道徳的価値観　Key word » 54

　よりよく生きるために必要とされるもので、人間としての在り方や生き方の礎となるものが道徳的価値であり、それに対する感じ方や考え方が一人一人異なる。一人一人異なる道徳的価値に対する感じ方や考え方がその人の道徳的価値観と言える。子供たちの道徳的価値観は、年齢における発達的特質だけでなく、個々のそれまでの育った環境や生活経験、家庭教育、学校教育等によって違ってくる。ここに道徳科の話合いの意義がある。「道徳科解説」では「道徳科の授業では、特定の価値観を児童に押し付けたり、主体性をもたずに言われるままに行動するよう指導したりすることは、道徳教育の目指す方向の対極にあるものと言わなければならない。多様な価値観の、時に対立がある場合を含めて、自立した個人として、また、国家・社会の形成者としてよりよく生きるために道徳的価値に向き合い、いかに生きるべきかを自ら考え続ける姿勢こそ道徳教育が求めるものである」とある。多様な価値観をもった子供たちが多面的・多角的に考えて、自分との関わりで道徳的価値についての理解を深めて道徳的価値観を新たにし、自己の生き方についての考えを深めていく学習こそ、道徳科が目指すところである。

価値理解　Key word » 55

　道徳科の目標に示されている「道徳的諸価値についての理解」について、どのような理解を深めていくことが必要なのかを、「道徳科解説」では次の三つを挙げて説明している。

　「……道徳的価値が人間らしさを表すものであることに気付き、価値理解と同時に人間理解や他者理解を深めていくようにする……」。

　つまり、「道徳的価値についての理解」は、「価値理解」「人間理解」「他者理解」を深めることで、深まっていくのである。

　「価値理解」について「道徳科解説」では次のように説明している。「内容項目を、人間としてよりよく生きる上で大切なことであると理解することである」。

　つまり、「ねらいとする道徳的価値について、そのよさや大切さを理解すること」と言い換えることもできるだろう。

　指導の際には、特定の道徳的価値を絶対的なものとして指導したり、本来実感を伴って理解すべき道徳的価値のよさや大切さを観念的に理解させたりする学習に終始することのないように配慮することが大切である。

人間理解

Key word » 56

　道徳科の目標に示されている「道徳的諸価値についての理解」について、どのような理解を深めていくことが必要なのかを、「道徳科解説」では次の三つを挙げて説明している。

　「……道徳的価値が人間らしさを表すものであることに気付き、価値理解と同時に人間理解や他者理解を深めていくようにする……」。

　つまり、「道徳的価値についての理解」は、「価値理解」「人間理解」「他者理解」を深めることで、理解が深まってくということである。

　「人間理解」について「道徳科解説」では次のように説明している。「道徳的価値は大切であってもなかなか実現することができない人間の弱さなども理解することである」。

　つまり、道徳科の目標にある「道徳的価値の理解」は、ねらいとする道徳的価値のよさや大切さだけではなく、難しさについても理解を深めることが大切なのである。教師はこのことをよく理解して授業の構想を考えることが大切である。

他者理解

Key word » 57

　道徳科の目標に示されている「道徳的諸価値についての理解」について、どのような理解を深めていくことが必要なのかを、「道徳科解説」では次の三つを挙げて説明している。

　「……道徳的価値が人間らしさを表すものであることに気付き、価値理解と同時に人間理解や他者理解を深めていくようにする……」。

　つまり、「道徳的価値についての理解」は、「価値理解」「人間理解」「他者理解」を深めることで、理解が深まってくということである。

　「他者理解」について「道徳科解説」では次のように説明している。「道徳的価値を実現したり、実現できなかったりする場合の感じ方、考え方は一つではない、多様であるということを前提として理解することである」。

　つまり、ねらいとする道徳的価値を実現する根拠となる思いは、人によって違うし、そのとき置かれた状況によっても違う。実現できなかったときも同じである。人によって感じ方、考え方は違うことを理解することは、同時に自分の感じ方、考え方を見つめることにもなり、「自己理解」にもつながっていく。

自己を見つめる

道徳科では、子供たちの経験に根ざして発せられる具体的な言葉で、ねらいとする道徳的価値について話し合うために、主に読み物教材が活用される。道徳科は、登場人物について知るだけの学習ではないし、他人に起こった出来事に感想を述べるだけの学習でもない。「自分自身はどうなのか」と自己を見つめ、考えることが道徳科の学習である。「道徳科解説」には次のようにある。

「道徳的価値の理解について、価値理解、人間理解、他者理解について前述したが、道徳的価値の理解を図るには、児童一人一人がこれらの理解を自分との関わりで捉えることが重要である。人間としてよりよく生きる上で大切な道徳的価値を自分のこととして感じたり考えたりすることである。

自己を見つめるとは、自分との関わり、つまりこれまでの自分の経験やそのときの感じ方、考え方と照らし合わせながら、更に考えを深めることである。このような学習を通して、児童一人一人は、道徳的価値の理解と同時に自己理解を深めることになる。また、児童自ら道徳性を養う中で、自らを振り返って成長を実感したり、これからの課題や目標を見付けたりすることができるようになる。

道徳科の指導においては、児童が道徳的価値を基に自己を見つめることができるような学習を通して、道徳性を養うことの意義について、児童自ら考え、理解できるようにすることが大切である」。

次に、学習指導過程のどこで「自己を見つめる」学習がなされるのか具体的に考えてみたい。導入で、問題意識を高めるために、自分との関わりで考えることができる指導の工夫をするであろう。展開で、教材を読んで、「このとき、どんな気持ちだったか」と発問するときは、(あなたが登場人物と同じ立場、状況に置かれたらどのような感じ方、考え方をするのか、それまでの経験を基に考えてみて)という意図をもって投げかけている。発問に対して子供は、それまでの自分の感じ方、考え方と対峙していることになる。友達の思いを聞いて、自分にはない感じ方や考え方に出合ったり、漠然としていた思いを的確に言い表してくれる友達の言葉に出合ったりすることで、更に考えを深める学習ができるであろう。また、教材で話し合ったことを基に、自分自身を見つめ、自己の生き方についての考えを深める学習を行う。終末での教師の言葉を、子供は自分とすりあわせて聞いている。これらは皆、教師の意図的な指導で「自己を見つめる」学習となる。

昨今、散見される「あなたならどうするか」の発問で自己を見つめさせようとする指導は、他者からの自分への評価が話合いに入り込み逆効果になる場合が多い。友達と話し合いながら子供が自分自身とじっくり向き合える指導が大切になる。

1 道徳教育改訂の概要

2 道徳教育と道徳科の目標

3 道徳科の内容

4 道徳教育の全体計画

5 道徳科の年間指導計画

6 道徳科の指導

7 指導上の配慮事項

8 道徳科の評価

9 道徳科の教材

自己理解

　道徳科の目標に示されている道徳性を養う四つの学習、「道徳的価値の理解を深める」「自己を見つめる」「多面的・多角的に考える」「自己（人間として）の生き方についての考えを深める」は、それぞれ別々に行われる学習ではなく、互いに関連し合っている。

　「道徳科解説」では、自己理解は道徳的価値の理解と同時に深められると記されている。道徳的価値の理解（価値理解、人間理解、他者理解）は、自分との関わりで深めることが不可欠であり、それが自己を見つめる学習となる。ねらいとする道徳的価値に関わる自分の感じ方、考え方に気付き理解を深める過程で、自己理解も深められていくことになる。「今まで自分は、ねらいとする道徳的価値について、どのような感じ方、考え方をしていただろうか」「場面、状況によって実現できる自分とできない自分がいるのだな」「ねらいとする道徳的価値は、自分がずっと大切に考えてきたことだ。これからも大事にして生活していきたい」等、子供たちが、自分の現状認識を通して自己理解を深められるよう、意図的に授業を構想することが大切である。

　道徳科の目標に、「自己の生き方についての考えを深める」とある。観念的に語られた人間の生き方ではない。自分自身の生き方を見つめ考えを深めるのである。そのためには今の自分はどうであるかという現状の認識（自己理解）が必要である。現状認識なしに自分の生き方についての考えは深めることはできない。

　道徳科では、特定の道徳的価値を絶対的なものとして指導したり、道徳的価値のよさや大切さを観念的に理解させたりする指導は行わない。子供自身が実感を伴って理解を深められるよう指導することが肝要となる。「自分事」の学習である。他者から押し付けられた他律的な価値観ではなく、自分自身が本当にそうだ、大切だと自覚したことにより生まれる自律的な価値観をもてるように指導することが自己の生き方についての考えを深めることにつながる。だからこそ、自己理解を深めることは欠かせない学習となる。

　以下は、子供が自己理解を基に自己の生き方についての考えを深めていると捉えることができるワークシートの記述例である。「損得ではなく自分が明るい気持ちでいられる方を選んで行動するということは、正直、今まで考えたことはなかった。損と明るい気持ちのどちらを選ぶのか、そういうときがきたら今日の授業を思い出したい」「エレベーターで急いで走って来る人のために開のボタンを押してあげた。乗って来た人がペコリとお辞儀をして私もペコリとした。知らない人同士でも大切にする礼儀でもあったのだなと、自分のやったことを考えた」。

多面的・多角的に考える

Key word ≫ **60**

1
道徳教育と
改訂の概要

2
道徳教育と
道徳科の目標

3
道徳科の内容

4
道徳教育の
全体計画

5
道徳科の
年間指導計画

6
道徳科の指導

7
指導上の
配慮事項

8
道徳科の評価

9
道徳科の教材

　道徳科の目標に追記された文言に、「多様な価値観の存在を前提とし、道徳的価値及びそれに関わる事象を様々な見方・考え方を働かせ考察する」ことがある。

　道徳科は、ねらいとする一定の道徳的価値についての理解を自分との関わりで深めることで、自己を見つめ、生き方についての考えを深める学習と言える。道徳的価値の理解を深めるには、価値理解、人間理解、他者理解が必要とされている。これらの理解を自分との関わりで深めるには、子供一人一人が道徳的価値についての見方・考え方をよりよく働かせて考察することが必要となる。

　道徳的価値は、一面的に理解できるものではない。それゆえ、実現する意義やよさだけでなく、実現を図る難しさや、それらに関する感じ方や考え方の多様さなど、様々な側面を捉える見方・考え方を働かせた多面的な考察が必要となる。

　道徳的価値及びそれに関わる事象を、様々な側面から考察し、「多面的に考える」ことで、道徳的価値の理解を自分との関わりでより深めることができる。

　具体的な状況で道徳的行為がなされる場合、一つの道徳的価値だけが単独で作用することはほとんどなく、いくつかの道徳的価値と関連し合って実現されるものである。それゆえ、一定の道徳的価値から関連する他の道徳的価値に広がりをもたせて捉える見方・考え方を働かせた多角的な考察も必要となる。

　道徳的価値及びそれに関わる事象を、一定の道徳的価値から関連する他の道徳的価値に広がりをもたせて考察し、「多角的に考える」ことで、道徳的価値についての理解を自分との関わりでより深めることができるようになる。

　教師に求められることは、ねらいとする一定の道徳的価値について、どのような理解を、どのように深めさせることが有効なのかを明確にすることである。つまり、道徳的価値について中心的な内容を基に、どのように多面的・多角的に考察させるか、指導の目的と方法の明確化が必要となる。多角的に考えさせる場合も、関連を考察させたい他の道徳的価値を具体化した上で、「価値理解を深めるため、一定の道徳的価値の実現が他の道徳的価値とも関連することを考察させる」「人間理解を深めるため、一定の道徳的価値の実現を図るには、多くの道徳的価値との関連を考慮する必要があることを考察させる」「他者理解を深めるため、一定の道徳的価値の実現や未達の背景にある多様な感じ方や考え方に接し、道徳的価値の実現を図る上で必要な思いや考えを考察させる」など、自分との関わりでどのように考察させるのか、指導の目的・方法の明確化が求められる。指導の意図の明確化により、道徳的価値についての理解を自分との関わりで深める、道徳授業の特質を生かした授業構想が可能となる。

自己の生き方

Key word » 61

　小学校道徳科の目標にある、「自己の生き方を考える」とは、「児童一人一人が、よりよくなろうとする自己を肯定的に受け止めるとともに、他者との関わりや身近な集団の中での自分の特徴などを知り、伸ばしたい自己について深く見つめながら、社会の中でいかに生きていけばよいのか、国家及び社会の形成者としてどうあればよいのか、よりよい自己の在り方や生き方を考える」ことである。

　自立した人間として、他者と共によりよく生きるための基盤となる道徳性を主体的に養う道徳科の学習では、自己の生き方についての考えを深めることが必要となる。そのためには、子供自身が、道徳的価値及びそれに関わる事象を自分との関わりで捉え、考えることが必須となる。

　道徳科では、道徳的価値及びそれに関わる事象を自分との関わりで考えさせるため、主に読み物教材を活用しながら登場人物への自我関与を深めさせることで、指導効果を高めるよう工夫している。そのような指導を基に、道徳的価値についての理解を自分との関わりで深め、自己を見つめるという、道徳授業の特質を生かした学習を行っていれば、その過程で同時に自己の生き方についての考えを深めることにつながっている。教師に求められることは、自己の生き方についての考えの深まりを、子供自身が自覚できるよう意識して指導することである。

　そのためには、ねらいとする一定の道徳的価値及びそれに関わる事象を、自分自身の問題として受け止め、それらの意義やよさ、困難さなどについて、自分自身の体験やそれらに伴う感じ方や考え方などを想起したり、多様な感じ方や考え方に接したりしながら理解し、道徳的価値についての現在の自分自身の感じ方や考え方を、深く自覚できるようにすることが何より求められる。

　このように、道徳的価値の自覚を深めることで形成された道徳的価値観を基に、よりよくあろうとする自己を深く見つめることが、自己の生き方についての考えを深めるために必要となるのである。人は誰もがよりよい自分を求めて自己の確立を目指すとともに、一人一人が他者と共に心を通じ合わせて生きようとしている。そのような人間としての本来的な在り方や生き方を自分自身が目指していることを、肯定的に受け止めながら自己を見つめられるようにすることが大切である。

　こうして、これからの生き方の課題を考えながら、よりよい生き方を実現させることへの思いや願いを深め、自己の生き方についての考えを深めていることを、子供自身が自覚していく学習過程を強く意識した指導が求められる。そうすることで、子供自身が、自立した人間として他者と共によりよく生きる基盤となる道徳性を、主体的に養っていく道徳科の深い学びが実現するのである。

人間としての生き方

Key word » 62

1 道徳教育
改訂の概要

2 道徳教育と
道徳科の目標

3 道徳科の内容

4 道徳教育の
全体計画

5 道徳科の
年間指導計画

6 道徳科の指導

7 指導上の
配慮事項

8 道徳科の評価

9 道徳科の教材

　中学校の道徳科の目標の「人間としての生き方についての考えを深める」とは、より広い視野から「自己の生き方についての考えを深める」ことを求める文言である。

　中学校では、小・中学校の段階を含めたこれまでの道徳科を要とする各教科等における学習の成果や、「主として自分自身に関すること」「主として人との関わりに関すること」「主として集団や社会との関わりに関すること」「主として生命や自然、崇高なものとの関わりに関すること」の四つの視点を踏まえ、道徳的価値及びそれに関わる諸事象の背景にある道徳的諸価値の多面性や、他の道徳的価値との関連といった多角性から総合的に考察することが求められる。そして、それらを自分との関わりで考察しながら理解することで、人間としていかによりよく生きるかについて考える。つまり、自己のよりよい生き方について、今までの学びを最大限に生かし、より広い視野から考えを深めていくことになる。

　中学生の時期は、人生に関わるいろいろな問題についての関心が高くなり、人生の意味をどこに求め、いかによりよく生きるかという人間としての生き方を主体的に模索し始める時期でもある。この時期に模索する、人生の意味をどこに求め、いかによりよく生きるかという問題は、人間としての最大の関心事であり、道徳の本質に直接関わる問題でもある。

　自分自身の人生は、唯一無二のものであり、誰かに任せることができるものではない。一人一人が自分自身の人生として引き受け、主体的に生きるべきであり、生きていかなければならない。自分自身の人生を、主体的によりよく生きていくためには、他者や社会、周囲の世界の中でその影響を受けながら生きる自分を深く見つめ、在るべき自分の姿を志向し続けながら生きていかなければならない。その意味で、人間は、自らの生きる意味や自己の存在価値について意味を見いだすことに関しては、全人格をかけて一生涯取り組まねばならないものと言える。

　人間としてよりよく生きるために、自己の生き方に対する感じ方や考え方についての自覚を深めることは、具体的な人間関係の中で道徳性を養い、よりよい自己の人格形成を図る上で、不可欠である。様々な人間の生き方に接し、人間についての理解を深め続けながらこれを鏡として、行為の主体としての自己のよりよい生き方についての感じ方、考え方を見つめ、自覚を深め続けることが必要となる。中学校段階では、今までどのような生き方に接し、人間の生き方についてどのような感じ方や考え方をしているのか、生徒の実態を把握した上で、どのようなことを中心にして人間としての生き方についての考えを深めていくか、人間としてのよりよい生き方への探究に向けた指導の意図の明確化が不可欠である。

● 第2章 ［参考文献］

・文部科学省（2018）『小学校学習指導要領（平成29年告示）解説　総則編』東洋館出版社
・文部科学省（2018）『中学校学習指導要領（平成29年告示）解説　総則編』東山書房
・文部科学省（2018）『小学校学習指導要領（平成29年告示）解説　特別の教科道徳編』廣済堂あかつき
・文部科学省（2018）『中学校学習指導要領（平成29年告示）解説　特別の教科道徳編』教育出版
・文部科学省（2008）『小学校学習指導要領解説　道徳編』東洋館出版社

第 **3** 章

道徳科の内容

内容項目

　内容項目とは、道徳教育の目標を達成するために指導すべき「道徳科の内容」の各項目のことである。

　内容項目は、教師と子供が人間としてのよりよい生き方を求め、共に考え、共に語り合い、その実行に努めるための共通の課題であり、学校の教育活動全体の学習を通して、子供自らが調和的な道徳性を養うための手掛かりとなる窓口である。また、子供が人間として他者とよりよく生きていく上で学ぶことが必要と考えられる道徳的価値を含む内容を、短い文章で平易に表現したものである。

　説明部分では、その内容項目を概観するとともに、内容項目の全体像を把握することにも資するよう、その内容を端的に表す言葉を付記したものを見出しにして、内容項目ごとの概要、学年段階ごとの指導の要点を示している。

　内容項目は、「Ａ主として自分自身に関すること」「Ｂ主として人との関わりに関すること」「Ｃ主として集団や社会との関わりに関すること」「Ｄ主として生命や自然、崇高なものとの関わりに関すること」の視点から各学年段階に分けて示している。この四つの視点から、内容項目を分類整理し、内容の全体構成及び相互の関連性と発展性を明確にしている。この四つの視点は、相互に深い関連をもっている。自律的な人間であるためには、Ａの視点の内容が基盤となって、他の三つの視点の内容に関わり、再びＡの視点に戻ることが必要になる。また、Ｂの視点の内容が基盤となってＣの視点の内容に発展する。さらに、Ａ及びＢの視点から自己の在り方を深く自覚すると、Ｄの視点がより重要になる。Ｄの視点からＣの視点の内容を捉えることにより、その理解は一層深められる。

　道徳科の内容項目は、「第１学年及び第２学年」が19項目、「第３学年及び第４学年」が20項目、「第５学年及び第６学年」が22項目、「中学校」が22項目にまとめられている。これは、小学校の６年間及び中学校の３年間を視野に入れ、子供の道徳的価値を認識できる能力の程度や社会認識の広がり、生活技術の習熟度及び発達の段階などを考慮し、最も指導の適時性のある内容項目を学年段階ごとに精選し、重点的に示したものである。

　指導に当たっては、内容を端的に表す言葉そのものを教え込んだり、知的な理解にのみとどまる指導になったりすることがないよう十分留意する。また、内容項目間の関連を十分考慮したり、指導の順序を工夫したりして、関連性や発展性に十分配慮した年間指導計画の下で、子供や学校の実態などを考慮して道徳教育の目標を設定し、重点的な指導を工夫することが大切である。

徳目

Key word » **64**

徳目とは、徳の名目、徳の箇条、言い換えれば、徳を分類した個々の名称、道徳の細目をさす。儒教における仁・義・礼・智・信や古代ギリシャでの知恵・勇気・正義・節制、キリスト教における信仰・希望・愛などである。

徳という漢字は、成り立ちからも推察されるように、道を行くに直心（素直な心）をもってすること、つまり、行為に際しての真直な心を表している。そこから、心に養い身に得たものとしてのよい品格を意味するようになった。道徳というように熟語になる場合の道は、人間の踏み行うべき倫理をさしているが、人間本来の在り方という意味になる。したがって、道徳の徳は、人間本来の在り方を肝に銘じ、身に付けることによって成り立つものである。

道徳を正義・勇気・親切といった徳目として列挙し、それらの徳目の一つ一つを教えることによって道徳性が形成されるという考え方を徳目注入主義と言う。徳目注入主義が有効と考えるのは、徳目は、先人たちが歴史の中で「より善く生きる」ために編み出してきたものであり、時代や社会を超えて「普遍性をもつ」という考えにある。

このことは、徳目にしたがって見ていくことで目標が明確になり、組織的・計画的に子供たちに道徳性を養うことができる。一方で、徳目のもつ抽象性・概念性が子供の実態からかけ離れて、上から行動を規制してしまう傾向が見られ、道徳性の育成に結び付かないことが挙げられる。日本では、戦前の修身科に徳目注入主義の傾向を強く見て取れ、批判されている。修身教科書の構成は、最初に徳目を掲げ、次にその徳目を具体的に理解させるための例話や寓話が置かれていた。

人間が踏むべき道である倫理そのものは、人間本来の在り方として永遠不変である。しかし、それを体得する人間は、ある時代ある社会に生きる個人であるから、それぞれの徳目は、おのずから時代や社会が変化するにつれて変遷する。

例えば、古代ギリシャにおけるプラトンの四元徳（知恵・勇気・節制・正義）、キリスト教における三元徳（信・愛・望）、中国においては、智・仁・勇の三つの徳目、真・義・別・序・信の五倫、仁・義・礼・智・信の五常などがある。日本の神道思想にも、清浄・正直・慈悲の三徳がある。

現代日本には、固定した元徳というものは存在しない。しかし、『中学校学習指導要領（平成29年告示）解説　特別の教科道徳編』（以下、「道徳科解説」）を読むと、現代の我が国において期待されている人間の在り方生き方が見えてくる。

1 道徳教育の改訂の概要

2 道徳教育と道徳科の目標

3 道徳科の内容

4 道徳教育の全体計画

5 道徳科の年間指導計画

6 道徳科の指導

7 指導上の配慮事項

8 道徳科の評価

9 道徳科の教材

　道徳教育において「意図的、計画的な推進」とは、道徳教育の充実に向けて、子供の発達の段階や特性等を踏まえ、指導内容の重点化を図り、学校の教育活動全体を通じて意図的、計画的な指導を行うことである。

　道徳教育が、学校の教育活動全体を通じて行うものであることは、下記のように小学校学習指導要領の第1章総則に示されている。

> **「第1章総則」の「第1小学校教育の基本と教育課程の役割」の2の（2）**
> 　学校における道徳教育は、特別の教科である道徳（以下「道徳科」という。）を要として学校の教育活動全体を通じて行うものであり、道徳科はもとより、各教科、外国語活動、総合的な学習の時間及び特別活動のそれぞれの特質に応じて、児童の発達の段階を考慮して、適切な指導を行うこと。

　ここには、道徳教育が各教科等のそれぞれの特質に応じて適切に行われなくてはならないことが示されている。道徳科は、各教科等で行う道徳教育としては取り扱う機会が十分でない内容項目に関わる指導を補充したり、深化したり、統合したりする役割を担っている。

　各教科等には、それぞれ特有の目標や内容があり、それらは全て、子供たちの豊かな人格の形成につながるものである。そのため、各教科等において、意図的、計画的な道徳教育の推進を行うことが大切になってくる。また、各教科等の指導を通じて子供の道徳性を養うためには、教師の子供に対する接し方や言動が大事になる。

　各教科等の目標、内容及び教材には、子供の道徳性を養うことに関わりの深い事柄が含まれている。各教科等において道徳教育を適切に行うためには、それぞれの特質に応じて道徳の内容に関わる事項を明確にし、それらに含まれる道徳的価値を意識しながら学校独自の重点内容項目を踏まえて指導することが大切である。

　学校として育てようとする子供の姿を明らかにした上で、学校の道徳教育の目標を踏まえ、重点的に指導する内容項目を設定するとともに、各教科等においても、それぞれの特質に応じて、関連する道徳的価値に関する内容項目や学校としての重点的に指導する内容項目等を考慮し、意図的、計画的に取り上げ、推進することが求められている。

　各教科等で行う道徳教育の意図的、計画的な推進の具体については、各教科等における道徳教育に関わる指導の内容及び時期を整理した全体計画や別葉として明確化され、全教職員が共通理解して一体となって指導することが大切である。

授業時数

1 道徳教育改訂の概要

2 道徳教育と道徳科の目標

3 道徳科の内容

4 道徳教育の全体計画

5 道徳科の年間指導計画

6 道徳科の指導

7 指導上の配慮事項

8 道徳科の評価

9 道徳科の教材

　各教科等の指導は一定の時間内で行われるものであり、授業時数の配当は、教育課程編成の上で重要な要素である。各教科等の授業時数については、学校教育法施行規則において各教科等の年間授業時数の標準を定め、学習指導要領において年間の授業週数などが示されている。

　各学年における各教科、道徳科等の年間の授業時数並びに各学年の年間の総授業時数は、学校教育法施行規則第51条（小学校）・73条（中学校）において、学校週5日制を前提として定めている。授業時数の1単位時間は、小学校が45分、中学校が50分としている。特別の教科である道徳の総授業時数は、小学校第1学年が34時間、それ以外の小・中学校の各学年が35時間である。

　授業時数は、第3章教育課程の編成及び実施第2節教育課程の編成3教育課程の編成における共通的事項（2）授業時数等の取扱い別表に定められているが、学習指導要領で示している各教科等の内容を指導するのに要する時数を基礎とし、学校運営の実態などの条件も十分考慮しながら定めたものであり、各学校においては、学習指導要領が各学校の教育課程を編成する際の基準となることを重視して、授業時数を定めることが求められる。

　しかしながら、このことは単に別表に示されている各教科等の授業時数を形式的に確保すればよいということを意味するものではない。各学校においては、授業時数を踏まえ、学校の教育課程全体のバランスを図りながら、子供及び学校や地域の実態を考慮しつつ、さらには個に応じた指導などの指導方法・指導体制や、教材等の工夫改善など授業等の質的な改善を図りながら、学習指導要領に基づき教育課程を適切に実施し指導するために必要な時間を実質的に確保するということが重要である。

　昭和33年（1958）改訂の学習指導要領において小・中学校における各学年週1時間の「道徳の時間」が設置され、各教科等における道徳教育を補充、深化、統合するものとして位置付けられた。しかし、歴史的経緯に影響され、道徳教育を忌避しがちな風潮が見られたり、道徳教育の目指す理念が共有されていなかったりして、道徳の時間が他教科に比べて軽んじられ、実際には他の教科に振り替えられている実態も見られた。

　道徳の「特別の教科」化には、「考え、議論する道徳」への質的転換とともに、年間35時間が確実に確保されるという「量的確保」があった。各学校において道徳教育の充実のためには、全体計画を踏まえた道徳科の年間指導計画を作成し、道徳科の授業時数の確保に努めることが重要である。

善悪の判断

　善悪の判断を的確に行い、それに従って行動できる力をもつことは、個人として、社会人として、よりよく生きるために極めて大切なことは自明の理である。

　とはいえ、このことの具現は大人でも難しい。子供が独力で身に付けていくことはまず不可能である。そこには「育て手」（それは「受け止め手」でもある）の存在が、必要不可欠であると言えよう。そしてその「育て手」の第一人者は親であり、教師である。特に教師は、学校生活という子供たちにとって大切な生活の中で喜怒哀楽をともにし、子供一人一人の心の葛藤を感じ、知る機会をもっている。「育て手」としての役割は重要である。

　ここで小学校の「道徳科解説」の「第2節　内容項目の指導の観点」に述べられている「善悪の判断」に関する記述から特に次の3点について考えてみたい（①②③は筆者）。

①人として行ってよいこと、社会通念として行ってはならないことをしっかりと区別したり、判断したりする力は、子供が幼い時期から徹底して身に付けていくべきものである（内容項目の概要より）。
②身近な事例を踏まえ、人としてしてはならないことについて、一貫した方針をもち、毅然とした態度で指導していくことが重要である（指導の要点第1・2学年より）。
③特に、正しくないと考えられることを人に勧めないことはもとより、人に勧められたときにきっぱりと断ったり、正しくないと考えられることをしている人を止めたりできるように指導することが大切である（指導の要点第3・4学年より）。

　①②は、「善悪の判断」が現今の社会情勢のもとで子供たちの将来に関わる重要な道徳的価値として、その指導の徹底を強調している。③は「善悪の判断」が、例えば「友情、信頼」や「公正、公平、社会正義」と関わっていることを示唆し、指導の広がりや深まりの大切さを示している。②③は共に、特定の学年の課題ではなく、小学校1年から中学校3年まで、各々の発達の段階に応じて指導の基盤にしておくことが大切である。

　さらには、究極の「育て手は自分自身であること」「『それでよいのか？』を自分に自分が問うこと」であることを銘記しつつ、指導に当たりたい。

自主

Key word » 68

1 道徳教育 改訂の概要

2 道徳教育と 道徳科の目標

3 道徳科の内容

4 道徳教育の 全体計画

5 道徳科の 年間指導計画

6 道徳科の指導

7 指導上の 配慮事項

8 道徳科の評価

9 道徳科の教材

　自主とは「他人の保護や干渉を受けず独立して行うこと」（広辞苑）である。この文言の前に「人間としてよりよく生きるため」とか「正しいと信じることをつらぬくために」などが付いて重要な道徳的価値となる。

　心の未発達な子供たちには、こうした自主の心を育てるために親や教師を筆頭とする周囲の大人が「育て手」として欠かせない。「育て手」と子供の間には、当然のことながら意識する、しないにかかわらず数多くの〝保護や干渉〟それに対する子供の〝依存、反発、気付き〟が生まれ、それらが結び付く中で自主の心が育っていると考えられる。次の例を考えてみたい。

　夕方、母は家族の夕食の支度で大忙し…そこでハッと気付いた。
（あ、いけない！洗濯物！お日様の香りが付いているうちに取り込まなくちゃ！）
母は近くで本を読んでいる6年生の長女に声をかけた。
「お姉ちゃん！悪い、洗濯物取り込んできて！」
「またお母さん忘れちゃったの？いいわ」
長女は笑顔で立ち上がり足音軽く2階への階段を駆け上がっていったと思ったら、すぐ降りてきて言った。
「お母さん！夕やけ、すごーくきれい！見に行こう！」
―母はムカッとした（何が夕やけよ！洗濯物はどうしたのよ！）と怒鳴る心を抑えて―
長女と並んでベランダの手すりによりかかりながら母は言った。
「すごーくきれい！こんな夕やけ久しぶり。お姉ちゃんアリガト！！」
そのとき、長女の心には（お母さん、喜んでくれてよかった）という満足感・充足感がわく。また、（結構私もやるジャン！）という自己肯定感、さらには（私は長女だ。お母さんのことを助けて家族の面倒もみられるぞ）といった自尊感情も出るかもしれない。
―それを、もしあそこで「何が夕やけよ！～」と怒鳴っていたら…。―

　子供の心の表出を待つ、聴く、受け止めることは、子育ての大切な要素である。心の表出は言葉だけでなく表情や行為にも表れる。それを聴いたり受け止めたりすることは、親や教師なら十分可能である。「育て手」のこうした対応が「自主」も含め、子供の心の育ちに極めて重要である。

自律

　自律とは、「自分の気ままをおさえ、または自分の立てた規範に従って行動すること」と言われている。よいこと、正しいことについて、人に左右されることなく、自ら正しいと信じるところに従って行動することも、自分の立てた規範に従って行動することも、ある一時期、ある一定の方法で身に付けるというものではない。

　このような行動規範は、子供たちが自らの発達の段階を経る過程で親や教師などの「育て手」の叱責や称賛などの関わりの中で意識的、あるいは無意識的に自分で育てていくものである。こうした過程は、幼少期から成人に至るまで「確かな自律は、確かな他律との出会いから育つ」と言うこともできるだろう。

　そこで「育て手」としての大切な役割である叱責や称賛、つまり、「叱ること」「ほめること」について考えてみると、基本的なこととして、両者は正反対というより表裏一体のものとして考えることを重要視したい。つまり両者は密接な関係であり、この関係を生かすことは、親や教師でなくては難しいからである。筆者も新米教師のころ、先輩から「一つ叱ったら、二つか三つほめろ」と指導されたことが子供たち一人一人との関わりや学級づくりに役立ったことを思い出す。

　人間は誰でも「これはほめてもらいたい」と思っていることを的確にほめてもらったとき、充足感はもちろん、次の段階への意欲が高まる。また、「これはいけないことだ。叱られる」「どうしよう。困ったな」と躊躇しているときに、的確な叱責を受けることで、かえって安心を得て、気持ちが晴れて素直に反省できるし、挽回の意欲が湧くことにもつながる。ほめられた後、叱られた後のこうした反応は、共に子供が心を託している親や教師によるものであればなおさらのことであろう。

　そして、特に教師は「子供から心を託されている」ことを大切にしたい。それは、持続的な子供理解の深化への努力を促すものである。朝の「おはよう」から帰りの「さよなら」まで〝目立たない誠〟や〝小さなうそ〟を含めて子供たちの心の表出との出会いがたくさんある。できるだけそれを受け止めて対応することで、その子供への理解は深まっていくし、呼応してその子供の教師理解も深まっていくことになる。

　子供たちの自律心やそれに基づく行為を育てていくために、教師は「厳しさと冷たさ、温かさと甘やかしの区別」を常に心におき、子供たちとの信頼関係を育てていくことに努めたい。

A　主として自分自身に関すること

自由

Key word » 70

　自由とは、他からの支配や束縛や障害を受けることなく、自分の意思に従って行動できることと言われている。意思は、自分が事を成すときの思いや考えであるとされる。

　また、「自由」の英訳としての、freedomは、「精神な自由」と言われ、前述の他からの支配や束縛や障害を受けることなく、自分の意思に従って行動を選択できることと捉えられることが多い。

　一方、自らの自由な意思に基づく行動には、周到な責任が伴うことも忘れてはならない。昨今、海外において「政治的な自由」「自由の堅守」を巡って紛争に発展した様子が何度も報道された。人々は「自由は何としてでも勝ち取らなければならないものであり、人間の生存にとって欠くことのできない必要で重要な事柄である」として決死の行動の様子が見られた。

　日本人が「自由に考え、自由に行動する」ことが当然のこととして受け取られるようになったのは、決して古いことではない。日本国憲法の成立によって、精神的自由権としての思想・良心の自由、信教の自由、学問の自由、表現の自由、集会の自由、結社の自由が、経済的自由権として職業選択の自由、居住移転の自由、海外渡航の自由などが規定された。

　これらは、日本人が「自由に生きることの大切さ」を実感する始まりである。それからの日本人には、「命令に従うのではなく、自分の判断で行動すること」が強く求められたのである。

　戦後の日本人は、「自由とは何か」を毎日の経験を通して学ぶことの連続であった。何度もの挫折を味わいながら我々が理解したことは、自由に生きることの喜びは何にも代えられないほど大切なものではあるが、自分一人だけに許される権利ではなく、全ての人々が平等にもっている大切な権利だということであった。

　文部科学省が作成した道徳教育用教材の「私たちの道徳　小学校5・6年」(2013)にも掲載されている福沢諭吉の言葉に「自由と我儘（わがまま）の界（さかい）は、他の人の妨げをなすとなさざるとの間にあり」がある。これが福沢が著した『学問ノススメ』に示されているものであるが、他者と共によりよく生きるためには、自分がしたいと思うと欲することは、当然他者も欲しているのであり、互いに自分のしたいことを押し通そうとすれば、それは自分だけに都合のよいわがまま勝手ということになる。ゆえに、自由と我儘は、他人に迷惑になるか、ならないかの境で分かれるということであろう。

1 道徳教育改訂の概要
2 道徳教育と道徳科の目標
3 道徳科の内容
4 道徳教育の全体計画
5 道徳科の年間指導計画
6 道徳科の指導
7 指導上の配慮事項
8 道徳科の評価
9 道徳科の教材

65

責任

　「あなたは自分の責任をどう考えているのか」「責任が取れないのは、人間で最も恥じるべき態度だ」「この始末はどのように弁償してくれるのか。責任ある立場で回答してほしい」。顔から血をひかせながら立ち尽くす人物に対して、強い口調で迫る人物の表情がクローズアップで写される。テレビドラマなどで幾度も取り上げられる裁判の光景である。

　この先のドラマがどう展開するかは、作者がこの作品の主人公を「攻める側」に置くのか、被告として「攻められる側」に置くのかによって結末は全く異なってくるであろう。ただドラマがどのような結末になるにせよ、これらの物語の根底にあるのは、「人間の全ての行動には責任が関わってくる」という前提で描かれていることである。

　人間は古代から集団を作り上げるためには、一人一人の役割に応じた責任を負わせることが必要であることに気付いてきた。ローマ時代から責任とは、①集団のために自分が引き受けて行わなければならない任務（義務）があること。②自分が関わった事柄や行為から生じた結果に対して負うべき義務や償いがあること。③法律上の不利益・制裁を負わされることや違法な行為をした者への法的な制裁などについて数々の記録が残されている。

　近年になって責任については、三つの側面があると言われている。①遂行責任、②説明責任、③賠償責任などである。ただ、子供への指導に当たっては、責任や制裁、賠償や法律上の責任の有無といった理論的な理解ではなく、子供の発達にしたがって、「自分たちの集団を作る」ためには「一人一人が責任をもつべきことが求められる」ことを具体的な生活場面と絡ませて理解を深めることが大切である。

　責任に関する内容項目は、小学校では「善悪の判断、自律、自由と責任」として、第1・2学年では、よいことと悪いことの区別をし、よいと思うことを進んで行うこと、第3・4学年では、正しいと判断したことは、自信をもって行うこと、第5・6学年では、自由を大切にし、自律的に判断し、責任のある行動をすることを内容としている。

　また、中学校においては「自主、自律、自由と責任」として、自律の精神を重んじ、自主的に考え、判断し、誠実に実行しその責任をもつことを内容としている。

自信

　「日本の子供たちは自分への信頼感や自尊感情がもてていない」という調査結果を明らかにしたのは、OECD（経済協力開発機構）の「学習到達度調査（PISA）」だった。それまで、日本の教育は充実して行われており、他の国々の模範とでもいうべき内容だとの自負をもっていた。ところが、OECDの調査結果はそのような自負を吹き飛ばすほどの結果を明らかにした。数学的思考力や国語の読解力の著しい低下が明確に示された。これが「ゆとり教育」から「学力向上教育」に舵を切る大きな要因となった。関連して行われたOECDの関連調査では、「日本の子供たちの自己信頼感・自尊心の低さ」などが指摘された。

　このような結果を受け、国を挙げて学力向上のために学習内容を増やし、学習時間の確保を早急に実施した。同時に「子供たちの自尊心・自己信頼感をしっかり育てなければならない」という方針が示された。特に「道徳教育を通して子供の自己信頼感をどう育てるか」などの研究や実践が多くの学校で行われることとなった。

　しかし、「自己信頼感育成」の研究を進める中で、「日本の子供たちは、本当に自尊心が低いのか」という疑問が浮かんできた。OECDの調査では、「あなたは、人より優れたところを伸ばしたいと考えていますか」の質問に、多くの国の子供たちはYESの回答が多いのに対して、日本の子供たちにYESの回答が少ないことが原因だということが明らかになった。YESの回答が低くなったのは、日本人のもつ独特の意識に関係があるのではないかという疑問である。日頃の生活で親から繰り返し教えられることは、「他人に自分の自慢はしてはいけない」という生き方である。「粗末なものですが。お口にあいますかどうですか。ご笑納ください」などの会話が使えることが大人の作法であると考えている社会では、「足が速い、縄跳びが跳べる、けん玉が上手」程度の自慢は許されたとしても、「算数や国語はいつも100点だ」などの発言は親からきつくたしなめられる言葉である。「先を歩けば世間が叩く。遅れればみんなに笑われる」「目立たぬように」が日本人の多くに支持されている生き方である。調査結果とは異なり、口では表現をしなくても心の中では自分の特性を意識することをねらいとした教育が必要であるという結論になった。

　道徳科の指導では、特に小学校第3・4学年の「善悪の判断、自律、自由と責任」において「正しいと判断したことは、自信をもって行うこと」と示されている。自分自身をより高めることで、確かな自信を培っていきたいものである。

1 道徳教育改訂の概要

2 道徳教育と道徳科の目標

3 道徳科の内容

4 道徳教育の全体計画

5 道徳科の年間指導計画

6 道徳科の指導

7 指導上の配慮事項

8 道徳科の評価

9 道徳科の教材

正直

　正直とは、うそをついたりごまかしたりすることなく、人として行うべきことをしっかり行うことであるとされている。

　過ちや失敗は誰にも起こり得ることである。そのときに、ともすると自分自身が責められたり、不利な立場に立たされることを回避しようとしてうそをついたり、ごまかしたりして保身に走ることがある。うそをついたりごまかしをしたりすることで、後ろめたい気持ちになり、心が暗くなる。子供には健康的で自分の気持ちに偽ることなく、何事に対しても心を込めて、明るく生活を心がけさせたい。

　小学校第1・2学年の段階から「間違った行動をすることはよくないが、正直に言えたことはよいことだ」と間違いに気付いたら正直に言うことの大切を繰り返し伝えるようにしたい。

　さらに、正直に言えたときのすっきりした気持ちを言語化することで「うそをつかないで言えたことを『正直』と言い、『正直』に言うと心が軽くなり、表情も明るくなる」ことを体感させることが大切である。

　指導に当たっては、道徳的価値としての「正直」を子供に多面的に理解させるようにしたい。第一に、正直にすることのよさや大切さである。他者にうそをついたり、ごまかしたりすることは、自分自身をも偽ることにつながることに気付かせ、正直であることの快適さを自覚させることが求められる。また、過ちを犯したときは素直に反省し、そのことを正直に伝えるなどして改めようとする気持ちを育めるように指導することが必要である。

　また第二に、ともすると不正直にしがちな人間の弱さ、正直な言動を実現することの難しさを理解させていく。つまり、自分を含めた人間の心の弱い面を理解させることである。自分が過ちを犯していると分かっていても叱られたり、笑われたり、責められたりすることで、自分が不利な立場に置かれることから逃れるために、その場しのぎのうそをつく人間の弱さを自覚させることが必要である。

　第三に、人間は誰でも、うそをついたりごまかしたりしようとする弱い心はあることを意見交換などの場などで触れさせ、多様な感じ方や考え方に出合わせることを理解させていく。一方、迷った末に自分の過ちを認め、改めることを選んだ人間もいることを押さえ、どのような思いや考えから正直にすることを決めたのかを考えさせたい。その際には、「謝れば済む」というような安易な考え方に流れないように注意する必要がある。

誠実

　誠実は、真心があって偽りがなく、まじめなこと、本当であることなどと解されている。

　小学校の第3・4学年では、他者に対してうそを言ったりごまかしをしたりしないことに加え、そのことが自分自身をも偽ることにつながることに気付かせることが求められる。

　うそをついたり、ごまかしたりすることはともすると、他者の信頼を裏切ると同時に自分自身の心や生き方をゆがめることにもつながりかねない。他者に対してうそ偽りなく接することは、自分にとっても正直であり、明るい心で伸び伸びと過ごすことにつながるものである。子供には、他者に対する誠実な生き方と、自分自身の心に誠実な生き方をしているか否かを考えさせたい。

　指導に当たっては、道徳的価値としての「誠実」の多様な側面から考えさせるようにしたい。

　第一に、誠実の意義や大切さである。人は誰しも、多かれ少なかれ自分自身に正直であろうとする気持ちや自分の良心に恥じない生き方をしたいという気持ちがある。しかし、時に人は自分の心の弱さに負けそうになり、誠実ではなく、その対極に向かってしまうことがある。自分自身に誠実に行動することを清々しいと感じ、誠実に生きようとする気持ちを外に向けて発揮されるように配慮する必要がある。

　第二に、誠実を具体的に言動として表すことの難しさを考えさせていきたい。過ちは人に心配や迷惑をかけるばかりでなく、自分の心も暗くしてしまう。よくないことと知りつつも自分自身を安寧な状況に置こうとすることで、周囲に迎合してしまうことや、傍観者として関知しようとせず過ごしてしまうことは、決して心地のよいものではない。後ろめたさから、誇りや自信を失ってしまうことを考えさせたい。

　第三に、誠実に行動するときにも多様な考え方があることや、誠実に行動できないときにも同様に多様な思いがあるということを考えさせていきたい。誠実にしようとすると思う一方で、過ちをごまかそうとする気持との葛藤を経験させることによって、より深く道徳的価値としての誠実についての理解を深めることができる。

良心の呵責

　「良心」とは、誰かが見ているかも知れないぞ、という心のささやきと捉えられる。誰も見ていなくても「お天道様」が見ていると自らを戒める心が良心である。

　「呵責（かしゃく）」とは、仏教用語で「責めて苦しめること。叱り責めること」という意味をもつ。罪を犯した者は、他人から責められるが、他人から責められる前に、自責の念に駆られるのが「良心の呵責」である。人間としてよりよく生きる上で善悪を判断し、正しく行動しようとする心理、悪いことをしてしまった自分に対し心を痛めること、いけないと分かっていながらやってしまったことを思い出して心で苦しむ後ろめたさ、罪悪感という意味をもつ言葉とも言える。

　「良心の呵責」の表現を分かりやすく言い換えたい場合は、「良心が痛む」「良心がとがめる」の表現に言い換えることができる。どちらも正しい行動をしようとする心である良心に背く行為をしてしまった心を責める気持ちを表している。「良心の呵責」とは、罪悪感から生じる心の葛藤であるため、単純な失敗に対する後悔の気持よりも心に重くのしかかる感情であることから、「良心の呵責に苛（さいな）まれる」「良心の呵責に耐えられない」などの厳しさをもった言い回しで用いられることが多い。よくないことと知りつつも自分の意に反して周囲に流されてしまうことや傍観者として過ごしてしまうことは、決して心地のよいものではなく、後ろめたさから、誇りや自信を失ってしまうことにつながる。

　人は自分が不利な立場になることを避けるために、その場しのぎのうそをつくことがある。うそを言ったり、ごまかしたりすることで自分自身の中に後悔や自分自身を責める気持ち、強い良心の呵責が生じることがある。それは、明るく伸び伸びと生活をすることと反対な生き方につながる。

　また、人は自分自身に対して誠実に生きようと心がけていても、時に周りからの誘惑や弱い心に負けてしまうことがある。一時しのぎのうそによって、後々まで思い悩み苦しむのも人間である。指導に当たっては、良心の呵責に苦しむ人物と誠実に生きることによって、良心の呵責を感じることなく伸び伸びと明るく生きる人物、葛藤に苦しむ人物など多面的な生き方について考えさせたい。

　さらに、時に自分自身に、他の人の受け止めを過度に意識しすぎ自分自身に誠実に生きようとする気持ちや真面目さを前向きに捉えられないことがある。学級の実態によっては、必ずしも意見交流の場を設定するのではなく、じっくりと教材や自分自身の心と向き合わせることも有効である。

節度

　節度ある生活態度とは、自分の置かれている立場や状況を察知し、こう行動するとどうなるか考え、どうしたら迷惑をかけたり不快感を与えたりしないかと予測し、感情をコントロールできることである。

　自分の都合を中心に物事を考え、人の都合や事情に気付かなかったり、思いを汲めなかったりして、周囲を度外視して行動してしまうことがある。自分の考えをもたずにいて、他の人の考えに左右され、節度なく行動してしまうこともある。わがままをしないことが自他の快適な生活につながることに気付かせる必要がある。わがままが出てしまうときはどのようなときなのか、どう対処すればよいかを考え、節度ある行動ができるようステップを追って導いていきたい。

　昨今、ハロウィンに関わって渋谷駅周辺の混雑による大騒動、路上喫煙やポイ捨て、公共の場所での飲酒、街路灯や標識に登る迷惑行為等に困惑し、健全に楽しんでいる人々に迷惑をかけないよう、マナーとモラルを守って節度ある行動をと呼びかけが行われた。コロナ禍でも、三密を避けるべく節度ある行動をと呼びかけがなされた。この節度を忘れ流されてしまう世相を受け、子供たちの生活も夜型に傾き、OECD調査で日本の睡眠時間は1日平均7時間22分で加盟国平均の8時間25分よりも1時間も短く主要先進国で一番短かった。体内時計の働きが弱まっていることや基本的な生活習慣や生活リズムの乱れが相まって、自分の欲求のままにわがままに行動し、迷惑を掛けたり、友達と争ったり、節度ある行動が取れない傾向に警鐘が鳴らされている。自己抑制できないキレやすい子や学級崩壊の課題も心配されている。節度の指導が強く求められる所以（ゆえん）である。

　『かぼちゃのつる』で、かぼちゃはつるを隣の畑へ、ミツバチや犬に注意されても道を渡ってさらに伸ばしていく。わがままを通し節度ある行動が取れなかったために最後にはトラックにつるを切られ痛みに泣く教材である。自分にも同様なことがなかったか振り返ると同時に、節度ある行動ができたプラスの気持ちや喜びを想起すると自己肯定感が高まり実践意欲へと結び付くであろう。ボールをキャッチしたと同時にチャイムが鳴ったときどうするか考えさせるのもよかろう。

　情報機器の発達により若者の欲望や衝動を刺激するものが多く、自らの欲望や衝動の赴くままに節度なく行動してしまい、明日の学習準備が疎かになったり、やるべきことができなかったり、危険な目にあったり、信用を失ったりすることが生じやすい。「自分の人生は自分が作る。自分の一生も自分が作る」ことを機縁として節度ある生活は円滑な人間関係や豊かな社会生活につながることに気付かせ、内面的な自覚にまで高めたいものである。

節制

　節制には、度を越さないよう慎み、感情を制御・コントロールすることや、欲望を理性の力によって秩序あるものにする意味がある。進んで自分の生活を見直し、自分の置かれた状況について思慮深く考え自らを節制し、程よい生活をしていくことや、自己の確立において自分を客観的に見つめ、自分の現状を内省することが望まれる。このことは他の人の快適な生活を守ることにもつながっていることを自覚させたい。相手の気持ちや立場を考えずに、自分の思いだけを押し通そうとする傾向や頭では分かっていてもブレーキを掛けられなかった体験を見つめ直し、自分目線で考えることが必要である。同時に友達の気持ちを考えて行動し、自己本位な考えをコントロールできた自分を見いださせることも重要である。このことが学級集団の中で、気持ちよく生活することになり、円滑な人間関係や豊かな社会生活につながっていくことに気付かせたい。

　『金色の魚』では、おじいさんが金色の魚を釣り、どんな願いでもかなえるから逃がしてほしいと頼まれるが、何も求めずに逃がしてやった。この話を聞いたおばあさんは、初め桶一つを望んだが、次第に欲が出て、立派な家、お金持ち、海の女王となり金の魚を家来にしたいとまで節制なく求め、最後には元の粗末な家と桶に戻ってしまう。おばあさんの立場、おじいさんの立場、金色の魚の立場から節制する心について考えるのも一方法である。子供たちも、分かっているけれどもブレーキをかけられずに、テレビやゲーム、スマートフォンなどにとめどなく熱中してしまい行うべきことを忘れたり、後回しにしてしまったりした体験があるであろう。健康や安全上危険が伴うことをあえて行う、流行の服や物を欲しがって自分の心の節制弁がゆるんでいることに気付かない場合もあろう。一方、インターネットやSNS、かかってきた電話などでは、個人情報の漏洩など、節度節制を心掛けていないと、意識しないうちに危険にさらされかねない。節制は、断崖に立つ危険意識と隣り合わせの時代である。特に小学校第5・6学年、中学校では、節度・節制に留意して指導する必要がある。

　人生をよりよく生きる上で、人から言われて行動するのではなく、自分の望む生き方について考え、つい流されてしまう自分、欲に負けてしまいがちな自分を意識するとともに、これを乗り越えコントロールし、節制するにはどうしたらよいか互いに話し合い、多面的に考え、節制している自分の姿を思い浮かべることにより実現しようとする意欲を高めていきたい。

　節度・節制に関わる生き方を見つめ、自分の迷いや弱さに気付き、節度・節制の生活をしようとする態度や意欲の兆候を見逃さず、よさを記録しておきたい。

基本的な生活習慣

Key word ≫ 78

　基本的な生活習慣は人生の分水嶺となる。基本的な生活習慣は人間として最も日常的な行動の土台を形成し、人の生涯にわたってあらゆる行為の基礎となり、充実した生活を送る上で欠くことができないものである。心身の健康を増進し、安全で気力と活力に満ちあふれた生活の実現に努めることは、人生をより豊かにし、より意義ある生き方につながることを理解できるようにする必要がある。

　基本的な生活習慣には「健康や安全に気を付ける」「物や金銭を大切にする」「身の回りの整理整頓をする」「規則正しい生活をする」「交通事故や犯罪、自然災害から身を守り危機管理をする」「情報流出の危険予知や保護に気を付けて情報処理をする」等多岐に亘る。家庭で身に付けることが望ましいものもあるが、学校で身に付けることが求められる内容がある。自身が学校生活を楽しく充実して過ごすとともに、皆が気持ちよく過ごせるよう学校生活を営む上で欠かせない生活習慣である。早寝早起き、朝食摂取、睡眠時間確保、身体や衣服の清潔、登校時刻や授業開始時刻の厳守、登下校の交通安全、災害等から身を守る、机やロッカー・靴箱内の整理整頓、学校施設や道具等を大切に使うなどである。道徳科の授業と学級活動、各教科等との関連を図り、基本的な生活習慣を確実に身に付けられるよう繰り返し指導することが肝要である。望ましい生活習慣を身に付けた気持ちよさや喜びを体験し喜びから自覚へ、主体的な自己形成へとつなげたい。

　小学校の第１・２学年では、日常生活における行動を通して互いに健康に心掛け、安全のきまりを守って実践すること、物の価値を認識できるよう物は多くの人の努力と勤労によって作られていること、金銭の価値、時刻を守り時間を大切にすること、生活に一定のリズムを与え規則正しい生活ができるよう繰り返し指導することが必要である。第３・４学年では、生活習慣の型や指導の繰り返しだけではなく、子供自らが実行することが望ましい。子供の状況に応じて継続的な指導も必要である。第５・６学年では、ともすると不規則な生活によって体調を崩したり、集中力を欠いたりしがちである。自分の生活を振り返り、改善すべき点を見直し、望ましい生活習慣を築く努力や周囲の人々の安全にも気を配れるようにしたい。

　中学校では、「習慣は第二の天性」と言われるように、生涯を通じての人となりに影響を与えるものであることを改めて学ばせたい。この時期は、心と体の発達が均衡していない、外面的には反抗や抵抗を示す時期でもあることから、衝動にかられた行動に陥る、軽く考えてしまうなどが生じやすい。人生を見通し、より豊かに生きる出発点であることが自覚できるよう導きたい。

向上心

　「向上」とは、上に向かって進むこと、より優れたものに高まること、進歩することと、また、そのために努力することとされている。自己を向上させていくためには、これまでや現在の自分、そして将来こう在りたいという自分を静かに見つめ直し、真摯に自己と向き合うことが重要である。

　このように、自己を見つめる中で、向上心が起こるのである。「向上心」とは、現在の状態に満足せず、より優れたもの、更なる高みを目指し努力する心である。内面から沸き起こる自発的な気持ちが向上心であって、他人から強制されたから仕方なくやるという気持ちは向上心とは異なる。向上心の類義語としては求道心、向学心、克己心などがあり、その他、フロンティア精神、チャレンジ精神なども挙げられる。いずれも満足できない現状に立ち向かい超えようとする、前向きな心や精神を指す。似た意味で「やる気」という言葉があるが、これは進んで物事を成し遂げようとする気持ちであり、高みを目指すという点での違いがある。「向上心」を言い換えると、物事をポジティブに捉えて前向きに生きようとする心とも言える。より高い目標に向かい努力を続けることで、自分自身の資質や能力も高まることから、個性の伸長との関わりのある道徳的価値である。

　小学校低学年の子供は、興味・関心のあることを素直に受け入れたり、何事にも好奇心をもったりして前向きに行う傾向が強い。そのため指導に当たっては、このような意欲的に向き合う姿をほめたり、学級で紹介したりして、子供たちの向上心へとつなげていくことが求められる。また、好奇心をもって意欲的に取り組む向上心が、失敗や困難を乗り越える大切な気持ちであることを価値付けることも大切である。中・高学年の子供は、自分の長所や短所はおおむね把握できるようになる。しかし、短所を改め長所を伸ばすことは容易ではなく、そのような容易ではないことを自己の成長を願って行う原動力が向上心である。子供たちが、現在の状態に満足せず、短所を改めたり、長所を伸ばそうとしていたりする具体的な姿を取り上げ、それを支えているものが向上心であることを価値付けることが大切である。中学校の時期は、他者との比較において劣等感に思い悩んだり、他者と異なることへの不安を抱いたりして、自己を肯定的に捉えることが難しくなることもある。そのため、生徒相互の信頼関係を基盤として互いのよさ等を指摘し合い、高め合う人間関係を作っていける指導の工夫が大切である。また、自己を見つめ、自己への洞察を深めることを通してなりたい自分やあるべき自分の姿を具体的に思い描くことが向上心を高めることにつながっていることを理解させることが大切である。

個性の伸長

Key word » **80**

1 道徳教育の改訂の概要

2 道徳教育と道徳科の目標

3 道徳科の内容

4 道徳教育の全体計画

5 道徳科の年間指導計画

6 道徳科の指導

7 指導上の配慮事項

8 道徳科の評価

9 道徳科の教材

　「個性」とは、他者と取り換えることのできない個人特有の特徴や性格であり、それは、その人の一部分ではなく、人格の総体である。この個性については、個々の人や事物に備わっているよさや可能性と考えることが求められる。そのことを踏まえ、個性の伸長とは、他者と取り換えることのできない自分のよさをよりよい方向へ伸ばし、自分らしさを発揮し調和の取れた自己を形成していくことと捉えられる。また、そのことは人間の生涯をかけての課題でもあり、自己実現を果たせるようにするためにも重視されなければならない内容である。個人特有の特徴とは、他者と比較して特に自分の目立つ点と捉えている。それは、長所だけではなく短所も含むものである。自分の特徴をよい方向へ伸ばしていければ長所となり、苦手なこととして改善しなければ短所となることもある。つまり、長所や短所は固定的なものではなく、自分の工夫や努力によって短所が長所となったり、長所をよい方向へ伸ばし続けると、さらに、別の長所が生まれてきたりするものである。個性の伸長に関わる指導を行う際には、長所を伸ばすように促すことはもちろんであるが、短所についてもしっかりと受け止め、努力によって望ましい方向へ改め、自分のよさを一層生かし、さらにそれを伸ばしていけるように配慮することが大切である。

　指導に当たっては、小学校低学年では、自分自身を客観的に捉えることが難しいため、他者からの様々な意見や指摘などから子供が自分の特徴に気付けるようにしていく。特に、子供の長所を積極的に認め、励まし、子供自身が具体的な場面で芽生えてくる自分の長所にできるだけ多く気付き、実感していけるようにすることが、よさを伸ばすことにつながっていく。中学年においては、自分のよさを理解できるようになるため、自分の特徴を多面的に捉え、長所をさらに伸ばしていこうと考えられるようにしていく。そのためには、友達など他者との交流の中で多様な個性や生き方にふれ、憧れや希望を抱ける場面や機会を設定し、長所を伸ばそうとする意欲を引き出すことが大切である。高学年では、自分自身を客観的に見ることができるようになるため、さらに自分の長所を伸ばし、短所も改善し努力を重ね自己を高めようと考えられるようにしていく。また、このことを理解し、具体的な実践を試みることも重要である。中学校では、短所も自分の特徴の側面であることを踏まえつつ、かけがえのない自己を肯定的に捉え（自己受容）させるとともに、自己の優れている面などの発見に努め（自己理解）させることが大切である。

自己実現

　「自己実現」とは、自己が本来もっている真の絶対的な自我を完全に実現すること。転じて、自分の目的、理想の実現に向けて努力し、成し遂げることとされている。道徳科の内容で扱う道徳的諸価値は、主として自分自身に関することに関わっている。特に「自主、自立」「節度、節制」「向上心、個性の伸長」「希望と勇気、克己と強い意志」「真理の探究、創造」「相互理解、寛容」「公正、公平、社会正義」「よりよく生きる喜び」などの内容項目に深く関わる。また、学校生活においては、特別活動で育成を目指す資質・能力の一つでもあり、自己実現に必要な、自己の理解を深め、自己のよさや可能性を生かす力、自己の在り方生き方を考え設計する力は、集団の中において、個々人が共通して当面する現在及び将来に関わる問題を考察する中で育まれるとされている。つまり、自己実現とは単に自分の欲求や要求を実現することにとどまらず、集団や社会の一員として認められていくことを前提とした概念と言える。道徳教育の充実によって、自らの人生をよりよく生きていくための人間としての生き方についての考えを深めたり、特別活動の指導の充実によって、よりよい人間関係を築く態度を形成し、人間としての生き方についての自覚を深め自己のよさを社会の中で生かしていくことを学んだりすることで、将来において社会的に自己実現できるような資質・能力を形成できることにつながっていく。

　「希望と勇気、努力と強い意志」の内容は、人がよりよく生きていくためには、夢、希望、目標をもち、それに向かって粘り強く努力することは大切である。小さな目標であっても達成されたときの喜びは、自信や勇気をもたらし、人生を切り拓く原動力となる。しかし、失敗や困難はつきもので、目標に向かう前向きな気持ちは、怠け心などの弱さの克服を必要とする。こうしたことは、ただ漫然と努力するのではなく、自分に適した目標を設定し、見通しをもってよりよい自己を実現しようとする向上心と結び付けることで前向きな自己の生き方が自覚できるようになる。そのためには、内容項目を他律的に捉えさせるのではなく、自分の体験や生活実態に目を向けさせ、自律的に捉え主体的に価値の実現に向かうように支援することが大切となる。また「公正、公平、社会正義」の内容において、一人一人が確かな自己実現を図ることができる社会を実現する大切さを実感させることも必要である。そのためには、差別や偏見、自分と異なる考え方や感じ方をもつ人への排他的な態度をとったりするなどの人間としての弱さを乗り越え、自らが正義を愛する心を育むようにすることが不可欠であり、社会正義の実現について考え、自覚を深めていく指導を適切に行うことが大切である。

希望

1　道徳教育の改訂の概要

2　道徳教育と道徳科の目標

3　道徳科の内容

4　道徳教育の全体計画

5　道徳科の年間指導計画

6　道徳科の指導

7　指導上の配慮事項

8　道徳科の評価

9　道徳科の教材

　「希望」は、あることが実現することを強く望むこと、また、将来への見通し、可能性、見込みなどと解されている。「希」は、訓読みで「まれ」「こいねがう」である。「まれ」は珍しい、「こいねがう」は強く願う、ひたすら願うという意味がある。「望」は「のぞむ」こと、そうありたいと願うことを意味する。どちらもほぼ同義と考えることができる。希望は、自分がこうなりたい、こうしたいといった目的や目標であり、その実現や達成を強く望み、願う気持ちである。また、将来、それらがよい方向に進むことを期待する気持ちでもある。

　今後の目的の実現に向けて、目標の到達を前向きに、見通しをもって行えるようにするためには、希望をもって事に当たることが大切になる。目的と目標は同じような意味合いで用いることが多いが、目的を達成するためにあるものが目標である。目的の実現のためには、複数の目標が設定されることになる。

　道徳の内容項目で「希望」の意味合いを含んだ内容項目は、小学校の第3・4学年では、「自分でやろうと決めた目標に向かって、強い意志をもち、粘り強くやり抜くこと」、第5・6学年では「より高い目標を立て、希望と勇気をもち、困難があってもくじけずに努力して物事をやり抜くこと」である。第3・4学年の「意志」は、物事を実行しようとする積極的な心づもりであり、前向きに、よい方向にという視点から「希望」が大切になってくる。第5・6学年は正によりよい方向に物事を進めようとする希望が基盤となって、困難や障害を乗り越えることが可能となるものである。指導に当たっては、子供にある程度の見通しをもたせながら希望を膨らませるようにすることが求められる。そのためには例えば、希望をもって人生を歩んだ先人の生き方に学ぶことも有効である。

　中学校段階では、「希望」の意味合いを含んだ内容項目は「より高い目標を設定し、その達成を目指し、希望と勇気をもち、困難や失敗を乗り越えて着実にやり遂げること」である。よりよく生きるには、目標や希望をもつことが大切である。目標には、生涯をかけて達成するといった遠大なものだけでなく、身近で日常的な努力で達成できるものもある。小さな目標であっても達成されたときには満足感を覚え、より高い目標に向かって努力する意欲を引き出すことにもつながる。このことを積み重ねる中で、人生の理想や目標を達成しようとする強い意志が養われ、生きることへの希望も育まれる。指導に当たっては、生活の中で具体的な目標を設定させ、その実現に向けて努力する体験をさせ、その体験を振り返って、目標の達成には何が必要かを考えたり、自らの歩みを自己評価させたりする。

勇気

　「勇気」とは、恐れたり、ひるんだりすることなく積極的に行おうとする意気である。「勇」は、勇ましい、つよい、力強いなどと解されている。また、思い切りがよい、いつまでもこだわらないなどの意味合いがある。「勇気」は、一般の人々が恐れることでも怖がらずに立ち向かう、恥ずかしがらずに堂々と行うなどと解されるが、例えば、身の危険を顧みずに危険なことをしたり、道理に合わないことをしたりする蛮勇とは異なる。恐れたり、ひるんだりすることなく行うことは、正しいこと、つまり道理に合っていることである。勇気は、正しいことを行う際の恐れず、ひるまないで積極的に行おうとする意気である。「正しいこと」は全ての道徳的価値が関わっている。困っている人に親切にすることは正しいことである。また、きまりを守ることも正しいことである。これらを行為として実現する際には勇気が求められる。

　道徳科の内容として「勇気」を取り上げているのは、小学校第5・6学年の「より高い目標を立て、希望と勇気をもち、困難があってもくじけずに努力して物事をやり抜くこと」であり、希望と対で示されている。これは自分が立てた目標を達成する過程で、困難や障害に出合っても勇気をもってそれを乗り越えようとする態度を育てることを意図したものである。小学校の第1・2学年においては「よいことと悪いこととの区別をし、よいと思うことを進んで行うこと」、第3・4学年では「正しいと判断したことは、自信をもって行うこと」などに勇気が密接に関わっている。低学年の子供に対しては、様々な道徳的価値に関わって自分でよいと判断したことを物おじせずに行えるようにすることを指導したい。また、ともすると勇気と蛮勇を混同しがちであるため、具体例に基づいてその違いを理解させることが必要である。中・高学年においては、過度に周囲の評価を気にしたり、自己保身に終始したりすることなく、正しいことを恐れずに積極的に行うことができるようにすることが大切である。日々の指導において、子供の勇気ある行動を適切に取り上げ、価値付けることが求められる。

　中学校段階では、「勇気」を取り上げているのは「より高い目標を設定し、その達成を目指し、希望と勇気をもち、困難や失敗を乗り越えて着実にやり遂げること」である。「勇気」は、不安や恐れを抱いて躊躇する気持ちに屈せず、自分が正しいと思うことをやり遂げようとする積極的な気力である。目標に向かって努力し続けるには、困難や失敗を受け止めて希望と勇気を失わない前向きな姿勢が求められる。指導に当たっては、困難や失敗の体験を勇気をもって受け止め振り返る活動や、挑戦から逃げないで努力し続ける姿勢が大切であることを伝えていく。

克己

「克」の音読みは「コク」である。訓読みは「か（つ）」「よ（く）」があるが、これは常用漢字表外になる。「克」は象形文字で、人が戦いのとき身を守るための重い武具を身に着けた形をかたどっていることから、武具の重さに耐える、重さに打ち勝つという意味合いから成り立ったと言われている。

「克己」は、自分の内面に起こる欲望や衝動などに打ち勝つことを意味している。人間は本来よりよく生きようとする存在と言われているが、一方で易きに流れがちな弱い存在であるとも言われている。人間の弱さを自覚しつつも、少しでも弱さを克服する、自分自身の弱い心に打ち勝つように努めることが大切である。

「克己」は中学校の内容項目の手掛かりとなる言葉として付記されているが、小学校の内容項目にも密接に関わる道徳的価値である。小学校第1・2学年の「自分のやるべき勉強や仕事をしっかりと行うこと」といった内容では、日々の授業や家庭での学習、当番や係の仕事、家での手伝いなどやるべき仕事をしっかり行うことのよさや難しさを自分事として考える学習をする。その中で、特に自分のやるべき勉強や仕事をしっかりと行えない状況を考えた場合、違うことに興味がいってしまったり、勉強や仕事の大変さから逃げ出したくなったりすることを実感する学習を行うことがある。その際に、発達の段階を考慮しながら、易きに流れがちな弱さを受け入れた上で、自分の弱さに打ち勝つ強さも持ち合わせていることに気付かせていく。第3・4学年では、自分でやろうと決めた目標に向かって粘り強くやり抜く強い意志について考えるときに、その強い意志が自分の弱さを克服する上で大切であることを考えさせるようにする。第5・6学年では、困難があってもくじけずに努力して物事をやり抜くことが、易きに流れがちな弱さを克服することにつながることを、実感をもって考えられるようにすることが求められる。

中学校段階では、「克己」を取り上げているのは「より高い目標を設定し、その達成を目指し、希望と勇気をもち、困難や失敗を乗り越えて着実にやり遂げること」である。困難や失敗があっても、それを乗り越え最後までやり遂げようとする強い意志を養うことが大切である。指導に当たっては、目標の実現には困難や失敗を乗り越えることが必要であると実感させ、困難や失敗を乗り越える自分なりの方法について考えさせることが重要である。また、困難や失敗を乗り越える強い意志や逆境から立ち直る力を育むには、積極的な自己像の形成や困難に直面したときの心構えについて繰り返し学習し、積極的な思考や行動を習慣化していく指導も効果的である。

好奇心

　好奇心とは、珍しいことや未知のものに強く興味や関心をもつ心であり、人間が生まれながらにしてもっているものである。子供が一人の人間として、よりよく生きていくためには、自らを高めていこうとする意欲や態度を育てることが大切であるが、それには好奇心が大きく関わっている。つまり、自ら興味や関心をもったものをそのままにせず、確かめたり、探究したりすることを積み重ねることで、子供の自分の生活を少しでもよりよいものに改善していこうとする心を育むことにつながるということである。

　幼児期の子供たちは、いつも身の回りのことに興味や関心が向いており、「どうして」「なぜ」といった疑問をもち、自ら考えを広げている。幼児が納得のいくまで質問をする姿を見ることがあるが、まさにそのことである。あわせて、自らの疑問が解決すると、そのことに留まらず、もっと知りたいという欲求や新たな疑問が生じてくるものである。また、そのことにより一つのことを深く知ったり、考えもしなかったことに気付いたりすることもできる。日常生活の中で生じる好奇心、興味や関心により物事を探究する心（探究心）は育まれるものである。そして、好奇心を高めていくことは、子供がよりよく生きていくために必要不可欠なものと言える。

　さらに子供の発達の段階に応じた好奇心等については、小学校の「道徳科解説」の内容項目「５　希望と勇気、努力と強い意志」の指導の要点の中で以下のように示されている。

　小学校の第１・２学年では、何事も好奇心をもって行おうとする。興味・関心のあることについては、意欲的に取り組むものの、好き嫌いで物事を判断し、つらいことや苦しいことがあるとくじけてしまう傾向がある。

　第３・４学年では、様々なことに興味・関心を広げ活動的になる。自分の好きなことに対しては、自ら目標を立て、継続して取り組むようになる。

　第５・６学年では、高い理想を追い求める時期と言われる。先人や著名人の生き方に憧れたり、自分の夢や希望を膨らませたりする。

　なお、中学校においては、好奇心をもって意欲的に学び、工夫して新しいものを創造していこうとする積極的な態度を育てることが重要とされており、新しいものを生み出す上で大切である。

真理

Key word » **86**

真理とは、いつでも、どんなときでも変わることのない、誰もが否定することのできない普遍的で妥当性のある物事の筋道、道理を指すものである。とかく人間は、自らの思い込みから偏った見方をしたり、先入観にとらわれたりして、物事の真の姿に気付かず生活をしていることも少なくない。

子供が「本当のこと」や「まことの道理」を意味している真理を大切にして、物事のわけをよく考えたり、確かめたりして、新しいものを取り入れ、工夫ある生活をしていこうとする心を育んでいくことは、子供が人間としてよりよく生きていくために大切なことである。また、そのことにより真理を愛する心や生活を改善していこうとする態度が育まれていく。

真理について小学校の「道徳科解説」では、「真理の探究」として第5・6学年の段階の指導において、その要点が述べられている。

この段階における子供は、自己のよりよい成長を目指そうとする反面、つい安易なことに心が流されてしまい、なかなか自らが置かれている状況を甘んじてしまう傾向が見られることも否めない。それ故に、自ら安易なことに流されることなく、様々な困難を乗り越え、物事の本質を見極めようとする意欲を高めていくことが重要であり、子供の物事に対する感じ方や考え方をより創造的で可能性に富んだものとしていかなければならない。

指導に当たっては、子供が社会や学問、科学の発展に貢献した先人の生き方について学びながら、物事を多面的・多角的に考え、自分の生活を工夫してよりよいものにしていこうとする心を育てることが大切である。

また、小学校第1学年から第4学年までの内容項目には、直接的に真理に関わる内容項目は示されていないが、日常の道徳科の授業を要とし、学校における全教育活動を通して行われる道徳教育においては、子供が物事の筋道や道理に関して様々な考えがあることに気付いたり、新しい発見をしたりする機会をより多く設けることが求められる。このことがよりよく生きていこうとする態度を育むことにつながるものと考える。

なお、中学校においては、「真理」に関わって、その探究が新たな見方や考え方の発見や創造につながり、自らの生活をよりよくし、豊かにすることにつながることを自覚できるようにすることが大切となってくる。

探究心

　人間は疑問に思ったことや分からないことについて、知りたい、明らかにしたいという欲求、すなわち探究心をもっている。これまでの社会の歴史を振り返っても、少しでもよりよい便利な生活ができるように様々な課題に対して、積極的にその改善や解決を図ろうと、物事の本質を捉えながら、様々な研究及び探究活動が行われてきた。

　このことは子供に対しても通じるものがあり、人としてよりよく生きていくために、疑問に思ったことや分からないことをそのままにしておくことなく、物事の真の姿を見極め、真理を大切にし、知的な活動を通して探究する意欲を高めていくことが大切である。

　子供に真理を大切にした探究心を育てるには、生活上便利なことが生まれたきっかけを調べたり、生活をよりよくするためのアイデアを考えたりするなど日々の生活に目を向けさせ、様々な見方や考え方を大事にすることが必要である。また、探究心を育てることは子供の将来の夢や理想の実現へとつながっていく。

　探究心については、内容項目「真理の探究」だけではなく、他の内容項目に関わる指導でも育まれている。

　小学校の「道徳科解説」では、内容項目「善悪の判断、自律、自由と責任」の指導について例示されている。具体的に小学校の第1・2学年では、小さなことでも遠慮しないで進んで行うことができる意欲と態度を育てることや、第3・4学年では、正しいと判断したことは自信をもって行うことなどが挙げられている。

　日々の指導に当たっては、探究する意欲の喚起のために、物事を多面的・多角的に見るようにし、疑問を探究し続けることの大切さを実感させることが大切である。そして、そのことは新しい見方や考え方の発見へとつながり、自分の生活をよりよくするために工夫しようとする心を育てることとなる。

　なお、中学校の段階では、人間としての生き方や社会の仕組みなどについての関心が高まってきて、真実を求め、真理を探究しようとする思いが一層強くなる。このことから、探究心に関わる指導については、広い視野に立って多面的・多角的に見ることや、結論を真に受けることなく論理的・批判的に考える姿勢が必要であることに気付かせ、疑問や問いを探究し続けることが新たな見方や考え方の発見や創造につながり、自分の生涯を豊かにすることにつながることを自覚できるようにしていくこととなる。

創造性

創造性とは、感性を豊かに働かせながら、思いや考えを基に構想し、新しい意味や価値を創造していく資質・能力である。学校教育において、子供の創造性を育むことはとても大切なことであり、豊かな心の涵養と関わりが深いものである。学校の教育活動全体を通じて行う道徳教育は、教育基本法や学校教育法に定められた教育の根本精神に基づき、道徳性を養うことを目標としている。特に教育基本法第2条2においては、創造性に関わって以下のことが示されている。

> 二　個人の価値を尊重して、その能力を伸ばし、創造性を培い、自主及び自律の精神を養うとともに、職業及び生活との関連を重視し、勤労を重んずる態度を養うこと。

また、小学校学習指導要領第1章　総則第1の2の（2）にも創造性を育むことについて以下のように示されている。

> （2）道徳教育や体験活動、多様な表現や鑑賞の活動等を通して、豊かな心や創造性の涵養を目指した教育の充実に努めること。

上記の「豊かな心や創造性の涵養」については、同じく総則の中に主体的・対話的で深い学びが具現化された授業を通して実現が図られるものであると示されている。

子供の創造性を養い、育てるためには、幼児期や低学年の時期から子供の好奇心を大切にし、それを絶やすことのないようにしていくことが肝要である。そのことが新たな見方や発見、そして創造につながるものと考える。さらに日々の教育活動においても子供の好奇心を引き起こし、刺激し、高め、自由な発想を大切にしていくことが必要である。子供が知らないことを知りたいという欲求から物事に対する興味や関心をもち、課題や疑問が生じ、その解決を図るために探究しようとする心を育むことにより、自らの生活を少しでもよりよくしていこうとする心が育まれ、子供の将来の夢や理想の実現につながっていくものと考える。創造性を養い、育むに当たっては、子供の「好奇心」「興味や関心」「課題や疑問」「探究心」とのつながりを十分に意識し、日常の指導に当たることが大切である。

なお、中学校の段階では、「模倣によってではなく、独自の考えに基づいて物事を創り出そうという強い気持ちが必要であること」「好奇心を寄せ、疑問や分からないことにこだわり続け、物事の真の姿を探り見極めようと格闘し続けること」「時には開放的で、従来の思考の筋道から離れる柔軟性をもつこと」等が創造性につながるものとして示されている。

1 道徳教育改訂の概要
2 道徳教育と道徳科の目標
3 道徳科の内容
4 道徳教育の全体計画
5 道徳科の年間指導計画
6 道徳科の指導
7 指導上の配慮事項
8 道徳科の評価
9 道徳科の教材

親切

　小学校学習指導要領「B主として人との関わりに関すること」には、「親切、思いやり」として、「親切」が「思いやり」を含めて示されている。

　小学校の第1・2学年では「身近にいる人に温かい心で接し、親切にすること」、第3・4学年では「相手のことを思いやり、進んで親切にすること」、第5・6学年では「誰に対しても思いやりの心をもち、相手の立場に立って親切にすること」と示される。「親切」は「思いやりの心を伴う、相手に向けた行為」を指しているのである。すなわち、第1・2学年では身近な人に対する好意的な関わりとしての「親切な行為」を、第3・4学年では、相手の状況や気持ちを推察した上での積極的な「親切な行為」を、第5・6学年では相手の立場に立って考えた「親切な行為」が求められている。

　中学校になると、「思いやり、感謝」の内容項目で、「思いやりの心をもって人と接するとともに、家族などの支えや多くの人々の善意により日々の生活や現在の自分があることに感謝し、進んでそれに応え、人間愛の精神を深めること」と示され、「親切」の大切さを踏まえた発展的な心の在り方が示されている。多くの人間的な関わりを思い起こし、他者から受けた「思いやりの心を伴う親切な行為」に対する感謝の心を大切にすることが求められている。

　「親切」によって恩を売ったり、報酬を期待するのでは真の親切とは言えない。無私、無報酬の行為が本当の親切なのである。親切な行為に対して自然発生的に生まれる感謝や代償は、あくまでも結果的に招くものであって目的とするものではない。一見親切のようで、実は「お節介」や「親切の押し売り」の場合もある。これは、他人のために考えていない行為であって、「自己満足」あるいは「自己中心的なふるまい」であり、無私な親切からは程遠い。

　「親切」は、相手の困りを察し自発的に励ましや援助をすることである。土台となるのは、身近な触れ合いを通して相手を大事に思い、優しい気持ちで接するよさを知ることである。相手の困りを受け止める想像力と共感力はその中で育まれる。指導に当たっては、親切な行為が相手の助けとなり、相手のみならず行為者としての自分にとっても喜びにつながることに気付かせることが大切である。また、単に手を差し伸べることだけでなく、時には相手のことを考えて温かく見守ることも親切な行為としての表れである。発達の段階に即して、相手の気持ちに沿う共感的な心情、相手のことを親身になって考えようとする態度を育てることが求められる。

思いやり

Key word » **90**

　よりよい人間関係を築く上で求められる基本的姿勢として、相手に対する思いやりの心は不可欠のものである。小学校学習指導要領には、「B 主として人との関わりに関すること」の「親切、思いやり」として、「思いやり」が「親切」を含めて示されている。小学校の第1・2学年では「身近にいる人に温かい心で接し、親切にすること」、第3・4学年では「相手のことを思いやり、進んで親切にすること」、第5・6学年では「誰に対しても思いやりの心をもち、相手の立場に立って親切にすること」と示される。また、中学校学習指導要領には、「思いやり、感謝」の内容項目で、「思いやりの心をもって人と接するとともに、家族などの支えや多くの人々の善意により日々の生活や現在の自分があることに感謝し、進んでそれに応え、人間愛の精神を深めること」と示されている。

　「思い」を「遣る」わけである。思いやりは、そこに思いやる人がいて、その人に対する思いであり、対象としてのその人に同情、同感、共感を含む心の働きを寄せるという意味である。つまり、思いやりとは、相手の気持ちや立場を自分のことに置き換えて推し量り、相手に対してよかれと思う気持ちを相手に向けることである。見えない心を推し量るということは、単に相手に対する喜怒哀楽のような直接的な感情を抱くことではなく、想像力という知的な働きが必要とされる。思いやりの心は、思いやる人間が相手に対して主体的に接するときに必要な心の在り方である。それはまた、黙って温かく見守るといった表に現れない場合もある。したがって、思いやりの心の根底には、人間尊重の精神に基づく人間に対する深い理解と共感がなければならない。自分の優越感や支配欲から、相手を見下して憐れむのであれば、それは「思いやり」とは言えない。人の悲しみに自分も悲しみ、人の喜びに自分も喜ぶ、同格者としての連帯感、信頼感、そして友愛が本当の「同情」であり「思いやり」と言えよう。

　指導に当たっては、思いを相手に向けるためには、相手の存在を受け入れ、相手のよさを見いだそうとする姿勢が求められる。また、単に手を差し伸べることだけではなく、時には相手のことを考えて温かく見守ることも親切な行為としての表れである。相手のことを親身になって考えようとする態度を育てることが期待される。様々な人と直接的に多様な関わり合いをもてるようにし、相手の立場を考えたり、相手の気持ちを思いやったりすることを通して、思いやりや親切な行為の意義を実感できる機会をつくっていくことが重要である。

感謝

　小学校学習指導要領には、「B感謝」に、第1・2学年「家族など日頃世話になっている人々に感謝すること」、第3・4学年「家族など生活を支えてくれている人々や現在の生活を築いてくれた高齢者に、尊敬と感謝の気持ちをもって接すること」、第5・6学年「日々の生活が家族や過去からの多くの人々の支え合いや助け合いで成り立っていることに感謝し、それに応えること」と示されている。

　また、中学校学習指導要領には、「B思いやり、感謝」に、「思いやりの心をもって人と接するとともに、家族などの支えや多くの人々の善意により日々の生活や現在の自分があることに感謝し、進んでそれに応え、人間愛の精神を深めること」と示されている。

　よい人間関係を築くためには、互いを認め合うことが大切であるが、その根底には、相手に対する尊敬と感謝の心が必要である。人々に支えられ助けられて自分が存在するという認識に立つとき、相互に尊敬と感謝の心が生まれてくる。そして、それは、日々の生活、さらには自分が存在することに対する感謝へと広がり、生命尊重や人間尊重の精神を支えることになる。そこからさらに範囲を拡げ、人々や公共のために役に立とうとするところまで指導を深めていくことが大切になる。

　「感謝の心」は具体的に物的なものの助けを受けた際の感謝から、集団生活で感じられる所属感や一体感とともに生まれる感謝、自分自身の生や自然の恵みという根源的なものへの感謝等まで、その範囲は広がりを留めない。ただし、どこまで理解させ得るかは難しい。子供たちの知的領域の範囲でどこまでも考え得るものでもある。むしろ、教師は、身近なところに引き寄せて子供たちに具体的に考えさせながら感性を耕す必要がある。

　指導に当たっては、低学年から中学年、高学年、中学校へと段階が進むにつれ、経験を通した認識が増えるとともに、抽象思考ができるようになり、想像力に広がりが生まれることに留意する必要がある。自己中心的な「感謝」から次第に視野が広がるとともに、直接的な関わりがなくても類推して感謝することができるようになる。また、感謝の心は、他の人との関わりに始まり、多くの社会の人々への感謝、さらには自然の恵みへの感謝と、次第に広がっていくものである。Bの視点やCの視点、Dの視点との関連を図りつつ指導する必要がある。

礼儀

Key word » **92**

　小学校学習指導要領には、Bの視点の内容項目「礼儀」に、第1・2学年「気持ちのよい挨拶、言葉遣い、動作などに心掛けて、明るく接すること」、第3・4学年「礼儀の大切さを知り、誰に対しても真心をもって接すること」、第5・6学年「時と場をわきまえて、礼儀正しく真心をもって接すること」と示されている。

　また、中学校学習指導要領には、同様に「礼儀」の内容項目に「礼儀の意義を理解し、時と場に応じた適切な言動をとること」と示されている。

　「礼儀」は、他の人との関わりにおける習慣の形成に関するものであり、相互の心を明るくし、人と人との結び付きをより深いものにするための適切なふるまい、正しい行為に関する内容項目である。礼儀は、相手の人格を尊重し、相手に対して敬愛する気持ちを具体的に示すことであり、心と形が一体となって表れてこそ、そのよさが認められる。つまり、礼儀とは、心が礼の形になって表れることであり、礼儀正しい行為をすることによって、自分も相手も気持ちよく過ごせるようになる。

　また、礼儀は、具体的には言葉遣い、所作や動作など作法として表現されるが、それは、人間関係を豊かにして社会生活を円滑にするために創り出された文化の一つであると言うことができる。

　種々様々な人間関係において、自他の人格、人権を損なわず良好な関係をもつために、古来様々な礼儀作法がつくられ維持されてきた。礼儀、エチケット、マナー等々同様である。社会の進展とともに人間関係が広がりをもち、多岐で複雑になればなるほど礼儀作法の内容もまた多岐にわたる。しかしその根本は、全て互いの人格・人権を相互に尊重し、相手への敬意を基に、節度を保ち、よりよい関係性を築くことにある。

　人間関係は、「区別と関係」「距てと交わり」において成り立つ。「区別」や「距て」は、むやみやたらに他人の私的な部分に踏み込んだり、他人にもたれかかったり、べたべたと馴れ合ったりしないで、一定の距離を置き、一線を画すことにある。「関係」や「交わり」は、適度な距離を保ちながら、親愛や敬意をもって交わることである。つまり、「礼儀作法」は、人間相互の「親和」の仕方ではあるが、単なる「親和」ではなく、距てをもった上での「親和」であることを踏まえた上で指導に当たることが大切である。「親しき中にも礼儀あり」などのことわざなどを示して、具体的な礼儀のイメージをもたせることも必要である。

真心

Key word » 93

　小・中学校学習指導要領には、内容項目として直接的に「真心」は取り上げられていない。内容項目「礼儀」の中で、小学校の第3・4学年「礼儀の大切さを知り、誰に対しても真心をもって接すること」、第5・6学年「時と場をわきまえて、礼儀正しく真心をもって接すること」と示され、「真心」という文言が盛り込まれている。さらに、小学校の第3・4学年の解説の中で「〜誰に対しても真心をもって接する態度を育てるようにする」とある。また、「人との関わりを通して、真心は相手に態度で示すことができることに気付かせることもできる」とある。「真心」そのものの意味や概念の説明はない。ただ、第5・6学年の解説に「心のこもった接し方」という表現もある中で、「心」という柔軟で広がりのある言葉ではなく、「真心」と限定的に表現されているところに、ぶれのない礼儀の本質が見えてくる。

　『真心』（まごころ）を辞書で引くと、いつわりや飾りのないありのままの心、気持ち。誠心誠意他にほどこし、尽くす心、またそのさま、赤心、とある（出典：『精選版　日本国語大辞典』（小学館））。

　『類語大辞典』（講談社）には、「相手のためを思うこと」の項に、「真心」偽りのない、親身になって相手を思いやる気持ち、とあり、用例として「〜を込めて作った料理」と、紹介されている。同じ項には、類語として、「思い遣り」「人情味」「人間味」「慈悲」「温情」等が並ぶ。また、「良心・まごころ」の項には、「真心」嘘偽りのない、真剣で純粋な気持ち、とあり、用例として「〜を込めて話す、〜の込もったプレゼント」が紹介されている。同じ項には、「良心」「道徳心」「真情」「誠」「誠心」「誠意」等が並ぶ。これらを考えても、「真心」には、いささかも他意の混じらぬ心の底から相手を思う優しさと温かさが感じられる。この真心が形になって表れたときに誠意のある行為につながるのである。

　よい人間関係を築くには、まず、相手に対して真心が込もった気持ちのよい応対ができなければならない。そのため、指導に当たっては、そのような応対は人としての生き方の基本であり、まずは大人が作法として教える必要がある。さらに、日常生活での様々な関わりや道徳科の指導を通して、真心が込もった態度や時と場に応じた態度のよさを感じ、それらを礼節をわきまえた行為へと深めていくことが必要である。真心が具体的な行為に載って相手に伝わったときに心地よさを感じるとともに相互の関係性がさらに深められる。人との関わりにおいて、真心を込めることの意味を行為を通して感じ取らせることが、子供の人間性を育てる上でも大切である。

礼節

礼節とは、「礼儀」に対して「節度」が加えられていることである。

礼儀は、相手の人格を尊重し、相手を敬愛する気持ちを具体的に示すことであり、心と形が一体となって表されてこそ、そのよさが認められる。具体的には、挨拶や言葉遣い、所作や動作など作法として表現される。これらは、人間関係を豊かにし、社会生活を円滑にするために創り出された文化の一つと言える。

節度は、言動や所作に行き過ぎがなく、適当な程度、度を越さない、ほどほどにという意味である。相手に対する挨拶や言葉遣い、動作や所作が心の込もらない形だけのものや慇懃無礼な態度は、適度な程度を超えたものであり、人間関係を豊かにするものとは言えない。

真心の込もった態度や時と場をわきまえた態度など礼節をわきまえた行為へと深めていくことが必要である。人との関わりにおいて相手のことを真に思いやり、そのことが形となって表されることが礼節を身に付けた行為であると言える。

小学校の第1・2学年の段階では、気持ちのよい挨拶や言葉遣い、話の聞き方や食事の作法など度を超えない具体的な振る舞い方を身に付けることを通して明るく接することのできる態度を育てることが大切である。指導に当たっては、具体的な状況の下での体験を通し実感的に理解を深め、社会との関わりの中で礼節について考えさせることが重要である。第3・4学年においては、日常生活の中での挨拶や言葉遣いなど礼節の大切さを考えさせることが必要である。指導に当たっては、誰に対しても真心をもって接する態度や「親しき中にも礼儀あり」など礼節をわきまえた言動をとる態度を育てることが大切である。第5・6学年においては、礼節についてのよさや意義を理解し、時と場に応じて、例えば、自ら挨拶をしてからお辞儀をするなど適切な言動ができるようにすることが求められる。この段階では、相手の立場や気持ちを考え、礼節を重んじた接し方ができるようにすることが大切である。

中学校では、礼儀や礼節に関する知識は十分でも、従来のしきたりや形への反発や照れなどによって望ましい行動がとれなかったり誠実さの伴わない礼儀への拒否感を抱いたりすることもある。これまで無意識に習慣化していた受け身の姿勢から、礼儀や礼節の意義を主体的に考え、理解し、時と場に応じた適切な言動ができる自律的な態度への変容が求められる。また、国際化に伴い、他国の礼儀についても理解を深め、相手を尊重する礼節を伴う行為が求められる。

1 道徳教育と改訂の概要

2 道徳教育と道徳科の目標

3 道徳科の内容

4 道徳教育の全体計画

5 道徳科の年間指導計画

6 道徳科の指導

7 指導上の配慮事項

8 道徳科の評価

9 道徳科の教材

誠意

Key word » **95**

誠意は、よりよい人間関係を築く上で求められる基本的な姿勢として、相手に対して常に真心をもち、うそやごまかしのない態度で接することに関する内容項目である。

誠意とは、私利私欲を離れ、うそや偽りのない正直な気持ちで相手に接することを意味する。相手の立場をくみ取り、相手のためになる行為をすることにより、相互信頼関係が生まれ、豊かな社会生活を築くことができるようになる。

友達関係や他の人との関係において、自分の思うようにならないときや不利な立場に立たされた場合、それを回避しようとしてうそをついたり、ごまかしをすることがある。このような言動をとることによって他者との信頼を失うだけでなく、自分自身の中に後悔や自責の念が生まれることになる。

それらを乗り越えようとすることが誠実な心であり、相手の立場を考え、うそや偽りのない正直な心で接することが誠意ある態度であると言えよう。

小学校の第1・2学年においては、相手との関係を客観的に捉えることが十分にできないために、他者から叱られたり笑われたりすることから逃れようとしてうそをついたりごまかしたりしてその場をつくろうことがある。指導に当たっては、うそやごまかしは相手との信頼関係を失わせるものであることを理解させることが大切である。

第3・4学年においては、他者に対してうそを言ったりごまかしたりしないことに加え、そのことが自分自身をも偽ることに気付かせることが求められる。指導に当たっては、仲のよい友達集団にあっては、真心をもって接することで信頼関係が一層深まることにつながることを実感させることが大切である。

第5・6学年においては、自分自身に対する誠実さが外に向かって発揮されるように配慮することが必要である。指導に当たっては、他者と対立したり自分の利害にこだわることにより信頼関係が成り立たなくなることを押さえながら、うそや偽りのない心で相手と接することの大切さを考えさせることが重要である。

中学校では、小学校での指導内容をさらに発展させ、より高次の自立心や自律性を高め、規律ある生活をしようとする心を育てることが必要である。悪を毅然として退け、善を行おうとする良心の大切さに気付かせる。自らを律し、自分や社会に対して常に誠実でなければならないことを自覚し、人間としての誇りをもった、責任ある行動がとれるように指導することが求められる。

公共の場

Key word » **96**

公共の場とは、私的な場ではなく公に属するものとして共有される場所のことである。具体的には、公園、道路、図書館、学校、公衆トイレ、公共交通機関、デパート、スーパーマーケットなどがあり、不特定多数の人たちが利用し、様々な活動が行われる場所である。

これら公共の場においては、その場に合わせた行動、立ち振る舞いに関するきまりやマナーがある。例えば、電車・バス、教室内では大声を出さない、走り回らない、静かにするなどその場に適合した立ち振る舞いが求められる。このような行為は、場をわきまえて礼儀正しく他者と接することであり、マナーを守らないと多くの人に迷惑をかけ不快な思いを招くことを考えさせることが大切である。公共の場においてどのように行動するかを考えさせ、時と場に応じた立ち振る舞いができるようにすることが重要である。

小学校の第1・2学年においては、身近にある公共の場とはどのような場所であるかを考えさせ、多くの人が利用・活動していることを理解させることが必要である。指導に当たっては、公共の場での自分勝手な立ち振る舞いは他人に迷惑をかけ、不快な思いをさせることなどを具体的に実感させるようにしたい。

第3・4学年においては、公共の場にはその場に適合したきまりやマナーがあり、それらを守ることによってお互いに気持ちよく活動することができ、他者との豊かな関係が築けることを考えさせることが大切である。指導に当たっては、この段階では気の合う友達同士で仲間集団をつくる傾向が見られるため、公共の場でどのように活動するか友達同士で考えさせ、他者の立場に立って行動しようとする態度を育てることが重要である。

第5・6学年においては、公共の場が社会生活をより豊かにすることの意義を考えさせ、きまりやルールを守り積極的に活動に参加できる態度が求められる。指導に当たっては、これまでの公共の場における活動を振り返らせ、様々な人との関わりが礼儀にかなったものであるかを考えさせることが大切である。

中学校では、社会において人間関係が希薄化する傾向もある中で、他者に対する配慮や公の場での自律的な振る舞いについて考えさせる必要がある。社会の一員としての認識をもつとともに、様々な場において様々な人々と主体的に関わり、協力してよりよい社会の実現に寄与しようとする意欲につなげたい。

1　道徳教育改訂の概要

2　道徳教育と道徳科の目標

3　道徳科の内容

4　道徳教育の全体計画

5　道徳科の年間指導計画

6　道徳科の指導

7　指導上の配慮事項

8　道徳科の評価

9　道徳科の教材

礼儀作法

　礼儀は、相手の人格を尊重し、相手に対して敬愛する気持ちを具体的に示すことである。作法は、物事を行う仕方、立ち振る舞いの仕方のことである。礼儀作法とは、心が礼の形になって表れることであり、礼儀正しい行為をすることによって、自分も相手も気持ちよく過ごせるようになる。

　礼儀作法は、具体的には挨拶や言葉遣い、所作や動作などとして表現される。よい人間関係を築くためには相手に対して真心の込もった気持ちのよい対応ができなければならない。そのような対応は人としての生き方の基本であり、まずは大人が作法として心得を教えることから始まる。さらに、真心が込もった態度や時と場をわきまえた態度など礼節をわきまえた行為へと発展させることが必要である。人との関わりにおいて、どのような立ち振る舞いが好ましいものかを考えさせることは大切なことである。

　小学校の第1・2学年においては、はきはきとした気持ちのよい挨拶や言葉遣い、話の聞き方や食事の作法などの具体的な立ち振る舞いを身に付けることを通して、明るく接する子供を育てることが大切である。指導に当たっては、日常生活を送る上で欠かせない基本的な挨拶などについて、具体的な状況の下での体験を通して実感的に理解を深めさせることが重要である。

　第3・4学年においては、相手の気持ちを自分に置き換えて自らの行動を考えることができるようになってくる。このことを考慮して、毎日の生活の中でのあいさつや言葉遣いなど、礼儀作法の大切さを考えさせる必要がある。指導に当たっては、この時期は友達同士で仲間集団をつくる傾向があるため、誰に対しても真心をもって接する態度を育てることが特に大切である。

　第5・6学年においては、特に礼儀作法についてそのよさや意義を正しく理解し、時と場に応じて、適切な言動ができるようにすることが求められる。指導に当たっては、挨拶などの礼儀は社会生活を営む上で欠くことのできないものであることを押さえ、礼儀作法に込められた相手を尊重する気持ちを自分自身の体験などを通して考えさせることが効果的である。

　中学校では、日常生活において、時と場合に応じた適切な言動を体験的に学習するとともに、形の根底に流れる礼儀の意義を深く理解することが大切である。また、日本古来より伝わる武道や茶道等、伝統芸能にふれるなどして特有な様式美や作法の意味を知ることも礼儀作法を違う視点から考える機会にできる。

武道

1 道徳教育の改訂の概要
2 道徳教育と道徳科の目標
3 道徳科の内容
4 道徳教育の全体計画
5 道徳科の年間指導計画
6 道徳科の指導
7 指導上の配慮事項
8 道徳科の評価
9 道徳科の教材

　武道とは、「①武士の守るべき道。武士道。②武術に関する道」（広辞苑）である。武道にはスポーツの面もあるが、主要武道９連盟（柔道、剣道、弓道、相撲、空手道、合気道、少林寺拳法、なぎなた、銃剣道）が加盟する日本武道協議会では根本となる心掛けとして、次の「こども武道憲章」が制定されている。

> 　武道は、日本古来の武勇を尊ぶという精神を受けつぎ、長い歴史の中でつちかわれ、発展してきた伝統文化です。武道は、礼儀正しさを身につけ、技をみがき、心身をきたえ、りっぱな人になるための修業の方法です。わたしたちは、技の稽古や試合の勝ち負けだけを目的にするのではなく、武道を正しく理解して、このすばらしい日本の伝統文化を大切にしなくてはなりません。これからも武道を愛し、修業を続けていくために、わたしたちが心がけなくてはならないことを「こども武道憲章」として掲げ、これを守ります。

　武道の基本的な精神として、「礼に始まり礼に終わる」というものがある。審判や対戦する相手に対してはもちろんのこと、武道場への入退や畳への上がり下りのときにも真心をもってお辞儀をすることが重んじられている。試合においては勝敗が決してすぐに感情を表すのではなく、対戦相手への敬意、さらには敗者の思いを気遣う心と立ち居振る舞いが尊ばれている。

　柔道においては「柔よく剛を制す」（『三略』）ということが言われるが、「柔軟なものでも剛強なものを制すことができる」という意味である。技を使って相手の力を利用し、弱小の人が強大の人を投げる姿の表現として用いられている。

　武道において重視されている「残心」とは、「剣道で、撃突した後、敵の反撃に備える心の構え。弓道で矢を射放した後の反応にこたえる構え」（広辞苑）であり、一つの動作が終わってもなお緊張を解かないことが大切とされる。

　これらのことは、道徳科の授業において、内容項目「礼儀」や「思いやり」「伝統と文化の尊重、国や郷土を愛する態度」等との関連が深い。

　武道は、中学校学習指導要領に保健体育の領域の一つとして示されている。原則として柔道、剣道又は相撲のいずれか一つを選択して履修させるが、学校や地域の実態に応じて、空手道、なぎなた、弓道、合気道、少林寺拳法、銃剣道などについても履修させることができることとしている。

　保健体育の武道の授業は、道徳教育と関連付けながら展開することが重要である。また、道徳科の授業公開等にて、例えば子供が武道の演武や練習の様子を観たり、選手等の講演を視聴して学んだりするとともに、保護者・地域の人たちが理解を深めたりする機会を設定することも道徳教育として意義深い。

茶道　　　　　　　　　　　　　　Key word » 99

　茶道とは、「茶の湯によって精神を修養し、交際礼法を究める道」（広辞苑）のことであり、亭主と客人との精神的な交流を旨とし、庭、茶室や茶道具、床の間の掛け物、振る舞われる料理や和菓子、作法等が一体となって全体を構成しながら、茶事として流れる時間そのものが総合芸術とされる。

　お茶は、鎌倉時代に栄西（1141〜1215）が中国から禅宗と共に持ち帰ったとされる。室町時代（1392〜1491年）には、中国からの「唐物」を使ったお茶会が流行る一方で、「和物」と言われる日本独自の茶道具を用い、茶室や茶道具を質素なものにして亭主と客人との精神的な交流を重んじる「わび茶」が生まれ、その後に千利休（1522〜1591）が完成させた。それを受け継ぎ、今日においては、いわゆる「三千家（表千家、裏千家、武者小路千家）」をはじめ様々な流派が誕生し、日本だけでなく国際的にも"Japanese tea ceremony"として多くの人たちに親しまれている。

　茶道の心について千利休が唱えた「和敬清寂」の意味は、「主人と客とは心なごやかにお互いをうやまい、茶室・茶道具などは清楚・質素を心がけること」（広辞苑）である。また、茶道のおもてなしの精神については「利休七則」というものがあるが、裏千家キッズページの「お茶の心ってなんだろう」では次のようなことが紹介されている。これは現代にも通じる、思いやりやおもてなしの精神である。

> 　茶は服のよきように（－心を込める－）、炭は湯の沸くように（－本質を見極める－）、夏は涼しく冬は暖かに（－季節感をもつ－）、花は野にあるように（－いのちを尊ぶ－）、刻限は早めに（－心にゆとりをもつ－）、降らずとも雨の用意（－柔らかい心をもつ－）、相客に心せよ（－互いに尊重し合う－）。

　茶道教室や茶道クラブ等の活動を年間指導計画に位置付けて実施している学校がある。地域の茶道愛好サークル等の人たちを招いて交流し、実際に茶道を体験して、その心と作法を学ぶ機会を設けている。こうしたことは、道徳教育として内容項目「親切、思いやり」「礼儀」「伝統と文化の尊重、国や郷土を愛する態度」等との関連が深い。

　また、道徳科の授業においては、例えば、茶道について見聞きし体験した活動を生かして、導入や展開の後半で子供が自らを振り返り発表し合ったり、終末で教師の説話に取り入れたり、茶道を愛好する人をゲストティーチャーとして招いて話を聞いたりする場を設けるなどして、工夫することができる。

友情

Key word » **100**

1　道徳教育の改訂の概要

2　道徳教育と道徳科の目標

3　道徳科の内容

4　道徳教育の全体計画

5　道徳科の年間指導計画

6　道徳科の指導

7　指導上の配慮事項

8　道徳科の評価

9　道徳科の教材

　友情の意味は、「友人間の情愛。友達のよしみ」であり、「よしみ」は「親しいまじわり。親しみ。交誼」（広辞苑）のことである。友情は互いの信頼等に基づいて成り立っているものであり、学習指導要領（平成29年告示）の道徳科の内容項目「友情、信頼」に次のように示されている。

〔第1学年及び第2学年〕友達と仲よくし、助け合うこと。
〔第3学年及び第4学年〕友達と互いに理解し、信頼し、助け合うこと。
〔第5学年及び第6学年〕友達と互いに信頼し、学び合って友情を深め、異性についても理解しながら、人間関係を築いていくこと。
〔中学校〕友情の尊さを理解して心から信頼できる友達をもち、互いに励まし合い、高め合うとともに、異性についての理解を深め、悩みや葛藤も経験しながら人間関係を深めていくこと。

　指導に当たっては、小・中学校の「道徳科解説」に述べられている学年の発達の段階に即した「指導の要点」を踏まえながら進めることが重要である。例えば、小学校の第1・2学年では「友達と一緒に活動して楽しかったことや友達と助け合ってよかったことを考えさせながら」、第3・4学年では「友達のよさを発見することで友達のことを理解したり、友達とのよりよい関係の在り方を考えたり、互いに助け合う」、第5・6学年では、異性間の在り方も含めて「協力して学び合う活動を通して互いに磨き合い、高め合うような、真の友情を育てる」「互いの人格を尊重し合う人間関係を築いていく」、さらに中学校では、小学校での学習を基盤に「互いの個性を認め、相手への尊敬と幸せを願う思いが大切であること」「友達であるからこそ、悩みや葛藤を経験し、共にそれを乗り越えることで、生涯にわたり尊敬と信頼に支えられた友情を築く」等が挙げられる。

　日頃より子供の人間関係の把握に努め、具体的な指導を積み重ねることが必要不可欠である。孤立したり友達関係で悩んでいたり、閉鎖的な仲間を作って他の者を疎外しいじめたりすること等を見逃してはならない。全教育活動の中で、友情の意義やよさを実感できるようにすることが大切である。

　道徳科の授業の終末では、音楽を聴き、詩の意味を感じ取ったり歌ったりすることも効果的である。例えば、『ともだちはいいもんだ』（岩谷時子作詞・三木たかし作曲）や『ひまわりの約束』（秦基博作詞・作曲）、『Best Friend』（玉城千晴作詞・作曲）等が挙げられる。また、これらを学級・学年の歌、音楽会や学芸会等の学校行事と関連付けるとより効果的である。

信頼

　信頼の意味は、「信じてたよること」である。「信ずる」は「①まことと思う。正しいとして疑わない。②まちがいないものと認め、たよりにする。信頼する。信用する。③信仰する。帰依する」であり、「頼る」は「①縁を求める。②よりすがる。たのみとする。③てづるとする。④心がひかれる。つられる。⑤言い寄る」（以上広辞苑）である。「信頼感」は乳幼児期から芽生え、親子間の基本的な信頼の獲得はその時期における発達課題とされる。

　学習指導要領（平成29年告示）に示されている道徳科の内容項目「友情、信頼」は前ページのとおりである。

　小学校の「道徳科解説」には、指導の重点として、信頼というキーワードは第3・4学年から示されているが、第1・2学年においては、友達と一緒に楽しく活動し助け合ったり、約束を守ったり、けんかの仲直りをしたりするなど、信頼の下地となる様々な体験を通して実感できるようにすることが重要である。第3・4学年では「友達のよさを発見することで友達のことを互いによく理解すること」、第5・6学年では「異性に対しても、信頼を基にして、正しい理解と友情を育て、互いのよさを認め、学び合い、支え合いながらよい関係を築こうとすることに配慮して指導すること」等のポイントが明示されている。

　さらに中学校では、内容項目の概要の中で「友達を『信頼』するとは、相手を疑う余地がなく、いざというときに頼ることができると信じて、全面的に依頼しようとする気持ちをもつことであり、その友達の人間性に賭けることである」と述べられている。小・中学校9年間を見据えて発達の段階に応じながら、繰り返し指導を積み上げていくことが重要である。

　信頼に焦点を当てた道徳科の授業の終末では、『ビリーブ』（杉本竜一作詞・作曲）等を聴いて詩の意味を考えたり、みんなで歌ったりすることや、名言・ことわざ等、例えば、古代ギリシャの哲学者ソクラテス（BC470頃～399年）の「あなたのあらゆる言動をほめる人は信頼するに値しない。間違いを指摘してくれる人こそ信頼できる」、アメリカの作家スティーブン・R・コヴィー（1932～2012年）の「人は、他人を信頼することによって信頼を得る資格が与えられる」等の言葉を黒板に掲示し、子供が各自で本時の学習を振り返り締めくくる等も工夫できる。また、平素から子供の「信頼する・される言動」等を記録し、よりよい人間関係の形成や健全な仲間集団づくりにとって有益なエピソードを教師の説話で紹介することも効果的である。

友達

1 道徳教育の改訂の概要
2 道徳教育と道徳科の目標
3 道徳科の内容
4 道徳教育の全体計画
5 道徳科の年間指導計画
6 道徳科の指導
7 指導上の配慮事項
8 道徳科の評価
9 道徳科の教材

　友達は家族以外で特に深い関わりをもつ存在であり、互いに心を許し合って、対等に交わっている人である。小学校の時期までは、「家が近い」「接する機会が多い」などが友達との結び付き方の大半である場合が考えられる。友達関係は共に学んだり遊んだりすることを通して、互いに影響し合って構築される。子供にとって、友達関係は最も重要な人間関係の一つであり、友達との人間関係が円滑かどうかは、学校生活が楽しいかどうかのバロメーターにもなっている。そのため子供の実態としては、自分の損得を考えて行動したり、友達を失いたくないという気持ちからよくないことにも追従してしまったりする友達関係に甘んずる場面が垣間見られる。指導に当たっては、友情は互いの信頼を基盤とする人間として最も豊かな人間関係であることを理解させることが大切である。

　また、友達関係をさらに深めた間柄として親友があり、親友は心から信頼できる友達関係であり、互いに励まし合い支え合って、高め合う存在であると考える。親友とは、単に仲がよいだけではなく、相手のためを思って時には忠告や苦言を呈する存在であると子供は考えている。そのため自分が親友をもつことは難しいと感じている子供も少なくない。

　友達とは、共感や信頼の情を抱き合って互いを肯定し合う人間関係である。友情を実感し、どのようにすればよい友達関係をつくることができるかが自覚されれば、よい友達を得る道が開けてくるであろう。子供一人一人がよい友達関係をつくっていくことができるようにすることが、本内容項目「友情、信頼」の指導にとって重要な意味があると考える。

　指導に当たっては、「小学校低学年⇒中学年⇒高学年」の発達の段階を踏まえて、小学校第1・2学年では、いたずらに友達に追従することなく、注意したり励まし合ったりする友達関係をつくることを、第3・4学年では、互いに相手を敬愛し、心から信頼し合うことのできる友達関係をつくることを、第5・6年では、心から信頼できる友達をもち、相手の向上を願って助け合う友達関係をつくることを視点に学習指導過程を構想することが考えられる。また、中学校では、友達同士が互いに人間として人格を尊敬し、高め合うことに心を砕くことの大切さを考えられるようにすることが求められる。

　道徳科の授業を通して、友達の在り方について考え、議論させ、今後の人生において心から信頼できる友達をもつことがいかに大切であるかを理解し、友達同士互いに助け合って向上を図ることの大切さを自覚させていくことが大切である。

切磋琢磨

　友達関係の基本として、友達との間に信頼と切磋琢磨の精神をもつこととある。切磋琢磨とは、仲間同士が互いに戒め合い、励まし合い、また競い合って向上することである。友達関係における切磋琢磨とは、単なる好みや利害によって結び付く友達関係ではない。感情に流されることなく、理性的であることによって望ましい友達関係を築いていくところにある。理性に裏付けられ、互いを認め合い、時には忠告し励まし合うことができる友達関係が大切なのである。友達関係を失いたくないからと言って、よくないことでも友達に追従してしまうことは切磋琢磨ではない。追従関係のみでは友達関係は長続きせず、友達として相互に心が満たされる関係にはなり得ない。

　このように友達に忠告されることで壊れてしまう友達関係は、本当の友達とは言えないのである。自分のためを思って言ってくれることが分かれば、忠告も素直に受け止めることができるのである。

　易きに流されてしまう人間の弱さを乗り越え、共に励まし合う友達関係をつくることが大切である。よくない方向に流されようとする友達に忠告することも、その忠告を素直に聞けることも、その友達関係が互いの好意に基づいているからであり、自分のためを願ってくれていることが分かるからである。このように相互の切磋琢磨が可能になるのは、よりよい友達関係が築かれているからこそであると考える。友達同士が互いに切磋琢磨するところに友情のよさがある。

　学習指導要領の指導の重点で「切磋琢磨」に着目すると、小学校の第1・2学年では、友達とけんかをしても、友達の気持ちを考え、仲直りできるようにすることを、第3・4学年では、友達とのよりよい関係の在り方を考えたり、互いに助け合うことで友達の大切さを実感したりすることを、そして第5・6学年では、友達同士の相互の信頼の下に、協力して学び合う活動を通して互いに磨き合い、高め合うような、真の友情を育てることなどに着目させて学習を展開したい。また、中学校では、友達への進言や忠告を辞することなく、友情を深めることの大切さを考えられるようにしたい。

　友達関係で相互の切磋琢磨が可能になるためには、友情について自分事として主体的に考え、級友相互が対話し、これからの生き方として深く考えていくことが肝要である。

自己中心性

　内容項目「友情、信頼」の第1学年及び第2学年の冒頭に「この段階においては、幼児期の自己中心性から十分に脱しておらず」と記載されており、低学年段階の特性として自己中心性を捉えている。

　自己中心性には、自分自身の視点を中心にして周囲を見ることが多く、自己本位に考えて、他人のことをあまり考えない傾向があると言える。ピアジェはこれを子供の思考の特徴と指摘し、自分自身を客観的に見ることができず、自分の考えを意識したり、活動を反省したりすることができないとしている。

　自己中心性が強い子供にけんかが多いのは、そのとき、その場の自分の物の見方、感じ方、行動の仕方に強くこだわっているからである。低学年段階の子供は、論理性に欠け、思いついたままに言動を発する傾向があり、友達関係をうまく築くことが難しい傾向がある。

　ではこの時期の子供の自己中心性を踏まえて、第1・2学年で円滑な友達関係を育んでいくようにするにはどのような手立てがあるのだろうか。自己中心性をこの時期の子供の思考の性質と受容し、自分勝手な狭い見方や他者に対する狭い見方を放任して子供一人一人の自己成長を待つだけでは指導にならない。一人一人の子供の道徳性の発達を促すためにも、よりよい友達関係をつくろうとする意欲や態度を養うよう指導していくことが必要である。子供に自己の行為についての内省を促すような働き掛けをし、友達によってものの見方、考え方に違いがあることを理解し、他者の考えや立場を尊重し、自分のものの見方、考え方を見直すような態度を身に付けさせることが大切である。道徳科における指導の積み重ねが、子供に友達との相対的関係判断の力を育むことにつながると考える。

　例えば、「友情、信頼」の指導に当たっては、特に身近にいる友達と一緒に活動し、仲よくすることのよさや楽しさ、助け合うことの大切さを実感できるようにすることが重要になる。また、友達とけんかをしても、自己主張するばかりでなく、友達の立場になって考え、自分の行動を振り返って考えさせ、仲直りできるように支援していくことが求められる。

　そのためには、子供が自分中心に考えるのではなく、友達と一緒に遊んだり学習したりして楽しかった経験を踏まえて、友達と互いに助け合ってやり遂げていくことの成就感や達成感を想起させていくことで、自分事として考えさせ、友達と仲よくする大切さを育んでいくことが必要である。

1　道徳教育改訂の概要

2　道徳教育と道徳科の目標

3　道徳科の内容

4　道徳教育の全体計画

5　道徳科の年間指導計画

6　道徳科の指導

7　指導上の配慮事項

8　道徳科の評価

9　道徳科の教材

第二次性徴期

Key word » 105

　小学校の「道徳科解説」の内容項目「友情、信頼」の第5学年及び第6学年の冒頭に「この段階が第二次性徴期に入る」と記載されており、高学年段階が第二次性徴期に当たると捉えている。

　第二次性徴期は、10歳くらいから現れ、男性、女性としての体の特徴が顕著になってくる。この時期は思春期と呼ばれ、子供から大人へ移行する時期として心身ともに成長する時期である。思春期には性ホルモンの分泌が増え、新しい生命を授かるための身体の準備が整うようになる。第二次性徴期には個人差があり、その個人差が子供の自尊心に影響することが分かっている。一人一人の子供が自分らしく成長できるよう支援していくことが必要である。

　第5・6学年の「友情、信頼」の指導においては、第二次成長期に入ることから、異性に対する関心が強まることに着目し、健全な友達関係としての異性観を育むことが必要である。第二次性徴期は、一般に異性への関心が強くなる傾向にあるが、子供の心身の発達には個人差が大きく、異性に対する感情や考え方にも大きな差異が見られる。

　指導に当たっては、異性に対する関心が高まることは、自然な成長の流れであることを踏まえつつ、異性のもつ見方や考え方を知るように心掛けることが必要であり、それを基に自分の異性に対する姿勢を見直すきっかけとなるように指導することが大切である。この異性間の在り方についても根本的には同性間におけるものと同様であり、互いの人格を尊重することを基盤としている。異性に対しても、信頼を基に、正しい理解と友情を育て、互いのよさを認め、学び合い、支え合いながらよい友達関係を築かせていくことが肝要である。

　なお本内容項目は、SDGsの視点としての「ジェンダー平等」とも関わりがある。生物学的な性別に対して、社会的・文化的に作られる性別についても考え、議論させ、男女差別をなくしていくことが求められる。

　さらに、LGBTQについても視野を向け、道徳科の授業において多様な性について考え、議論することで、これまでの常識を変えていくことも必要だと考える。性的少数者（セクシャルマイノリティ）である当事者が「自分の居場所がある」と実感できる機会を増やしていくことが大切である。実際に、中学校に進学するに際して標準服を着ることに抵抗があり、自らの性について悩んでいる子供も少なからず存在する。現在、中学校でも標準服は、スカートはA、スラックスはBとした区分で誰でも選択できるように改善されてきており、学校現場で多様な性を受容している実態があり、道徳科でもそうした考えを踏まえる必要がある。

相互理解

　「相互理解」とは、互いに相手の意見や思惑がどういうものであるのかを知ること。互いに互いを理解すること、とされている。

　「相互」とは、何らかの関係がある場合の相手と自分の両方を意味している。人間同士が望ましいコミュニケーションをとろうとする際は、お互いに相手の考えや気持ちを分かろうとする姿勢が大切になる。そのためには、相手のことを周到に理解することが大切になる。このことを欠いてしまうと、上辺だけの人間関係になりかねない。「相」には、「手相」「人相」に代表されるように、見るという意味合いもある。相互理解には、何よりも相手をよく見て、相手を受け止めることが肝要である。

　コミュニケーションは、意思や感情などの伝達や交換が基盤となることから、良好なコミュニケーションを図るためには、互いに相手をよく見合い、相手の考えや気持ちを分かり合おうとすることが何よりも重要なのである。

　また、多様さを互いに認め合い理解しながら高め合う関係を築くことが不可欠であり、自分の考えや意見を相手に伝えることで、自らを高めていくことができる。

　例えば、小学校の第3・4学年の指導に当たっては、相手の言葉の裏側にある思いを知り、相手への理解を深め、自分もさらに相手からの理解が得られるように思いを伝える相互理解の大切さに気付くようにすることが大切である。日常の指導においては、子供同士、子供と教師が互いの考えや意見を交流し合う機会を設定し、異なる意見を大切にすることのよさを実感できるように指導することが大切である。

　また、授業のねらいの設定例としては、以下のようなものが挙げられる。

①相手のことを理解し、互いを尊重しようとする心情を育てる。

②自分と異なる意見であっても相手の言葉に耳を傾け言葉の裏側にある思いに気付かせることを通して、相手を理解して行動していこうとする判断力を育てる。

③相手と互いに理解し合って、自分と違う意見も大切にする心情を育てる。

④自分の考えを伝えるときには、どんなことが大切かについて考えさせ、行動の背景を理解しながら、自分の考えを伝えようとする実践意欲と態度を育てる。

⑤互いに分かり合うために大切なことについて考えさせ、相手の思いを理解するとともに、相手からの理解を得られるように伝えようとする実践意欲や態度を育てる。

1 道徳教育の改訂の概要

2 道徳教育と道徳科の目標

3 道徳科の内容

4 道徳教育の全体計画

5 道徳科の年間指導計画

6 道徳科の指導

7 指導上の配慮事項

8 道徳科の評価

9 道徳科の教材

寛容

Key word » **107**

　「寛容」とは、一般的に広い心をもち他を受け入れるさまとされている。具体的には、自分とは異なる意見や価値観を安易に拒絶せず許容しようと努めたり、他人の失敗や失礼な振る舞いを殊更に咎めだてせず許そうとする姿勢などが寛容であると形容される。

　「寛」には、心にゆとりがある、他人の言行を受け入れる心の広さ、つまり、度量が豊かなどの意味がある。また、「容」は形や姿の他に器の中に入れる、盛る、あるいはゆとりがある、安らかなどの意味がある。

　同じ集団に属している成員であっても人にはそれぞれ個性があり、それぞれのよさを発揮しながらともに集団生活の維持、向上、発展に努めている。当然ながら、人はそれぞれ容姿や性格は異なり、同じ集団に属していて思想、信条も同じとは限らない。他者とともによりよく生きていくためには、自分と異なる立場や考え方、感じ方などに出合ったときに、それらを否定したり、敬遠したりすることなく、なぜ相手がそのような立場をとるのか、なぜそのような考え方、感じ方をするのかを推し量るようにすることが大切である。

　寛大な心をもって他人を受け止めることができるのは、自分も過ちを犯すことがあると自覚しているからであり、自分に対して謙虚であるからこそ他人に対して寛容になることができる。このように寛容と謙虚さが一体になったときに、広い心が生まれ、それは人間関係を潤滑にするものとなる。広い心で相手の過ちを許す心情や態度は、様々な人間が共によりよく生き、創造的で建設的な社会を作っていくために必要な資質・能力である。

　例えば、小学校の第5・6学年の指導に当たっては、広い心で自分と異なる意見や立場を尊重することで違いを生かしたよりよいものが生まれるといったよさや、相手の過ちなどに対しても、自分にも同様のことがあることとして謙虚な心、広い心で受け止め、適切に対処できるようにすることが大切である。

　また、授業のねらいの設定例としては、以下のようなものが挙げられる。

①広い心で自分と異なる意見や立場を尊重し、相手の過ちを受け止め、適切に対処できる心情を育てる。

②相手の立場や気持ちを考え、過ちを許そうとする態度を養う。

③自他の違いを認め、広い心で相手を受け入れる態度を養う。

④広い心で自分と異なる人の立場を受け入れようとする態度を養う。

謙虚

「謙虚」とは、控えめで、つつましいこと。へりくだって、すなおに相手の意見などを受け入れること、とされている。

つまり、他者への敬愛の気持ちをもって、他者への配慮を欠き利己的に自分が目立とうとすることなく、また自分自身を過度に誇示することなく、素直に相手の考えなどを受け止め、受け入れようとすることと言える。

「謙」には、自分を押さえて人に譲る、相手を敬うといった意味がある。また、「虚」には、実が伴わないという意味がある。自分自身を過度に誇示しないということは、自分を価値のない存在だと卑下することではない。

また、謙虚であるということは、自己主張をせずに相手に迎合するということでもない。相手に対して自分自身を飾ったり、不相応な体裁を繕ったりすることなく、自分自身の資質や能力を客観的に評価しそのことを自覚して、相手に対することが必要である。

自分自身が成長の途上にあり、至らなさをもっていることなどを考え、自分を謙虚に見ることについて考えさせることが大切である。相手から学ぶ姿勢を常にもち、自分と異なる意見や立場を受け止めることは、様々な人間が共によりよく生き、創造的で建設的な社会を作っていくために必要な資質・能力である。

広がりと深まりのある人間関係を築くためには、謙虚で広い心をもたなくてはならない。しかし、人間は自分の立場を守るために他人を非難してしまったり、異なる意見を受け入れようとしなかったりする弱さをもっている。重要な教育課題である「いじめ」も謙虚な心、広い心が十分に育っていないことが原因の一つである。互いのものの見方、考え方の違いを意識するようになるこの時期に、相手の意見を素直に聞き、相手の立場に立って考える態度や許し合う心を育てていきたい。

また、授業のねらいの設定例としては、以下のようなものが挙げられる。

①謙虚な心をもち、広い心で自分と異なる意見や立場を大切にしようとする心情を育てる。

②自分だけが正しいと思わずに、相手の思いや考えを理解し、尊重していくことの大切さが分かり、自分とは意見や立場が異なる人に対しても、謙虚な心で接していこうとする心情を育てる。

1 道徳教育改訂の概要

2 道徳教育と道徳科の目標

3 道徳科の内容

4 道徳教育の全体計画

5 道徳科の年間指導計画

6 道徳科の指導

7 指導上の配慮事項

8 道徳科の評価

9 道徳科の教材

権利

Key word » 109

　「権利」とは、「物事を自由に行うことができる資格」（『パーソナル現代国語辞典』学研プラス）という意味で、対義語は「義務」である。

　中学校の「道徳科解説」において「権利」という言葉が内容項目に登場するのは「C 遵法精神、公徳心」で、「法やきまりの意義を理解し、それらを進んで守るとともに、そのよりよい在り方について考え、自他の権利を大切にし、義務を果たして、規律ある安定した社会の実現に努めること」と示されており、「他人の権利を尊重し、自分の権利を正しく主張するとは、互いの権利の主張が調和し両立できるようにすることである」と説明されている。

　「権利」という言葉が内容項目に初めて登場するのは小学校第5・6学年からであり、小学校第3・4学年までは「権利」という言葉は登場せず、「約束やきまりを守り、みんなが使う物を大切にすること」（低学年）、「約束や社会のきまりの意義を理解し、それらを守ること」（中学年）のように、「義務」の面のみが示されている。

　他者の権利を認めるということは、権利尊重の義務を同時に負うことにもなる。道徳科においても「権利」について考えるときは「義務」と対応させて考える場合が多い。

　教育の現場では、近年「人権に配慮した指導」「子どもの権利の尊重」などが一層重視されている。人権とは人間が生まれながらにもつ（享受されるべき）、生命や財産が守られるなどの権利であり、日本国憲法にも「基本的人権」として示されている。「権利」は「正義」や「公共」「社会参画」「自由」「相互理解」などを考える際にも重視すべき事柄である。また、道徳科でも扱われることの多い重要な課題の一つである「いじめ」は重大な人権侵害である。

　人権について考える場合も、公共の福祉に反しないこと、他者の人権を配慮することなどから「義務」と対応させて考え、指導に当たる必要があるが、人権の場合は「義務を果たさなければ主張できない」ものではなく、「誰もが等しく、生まれながらにもつ権利」であることを意識する必要があるだろう。

　道徳科の授業においては、複数の立場で「権利」が対立する場面や、互いの権利の主張が調和の取れない場面などで、葛藤や道徳的判断の迷いが生まれ、考えを深めるきっかけとなることがある。その場合は、「どちらの権利が大切か」という権利の優劣や、「何人の権利か」という利害関係者数の多寡や、「どうやって異なる立場の権利を調和させるか」という方法論などによる二元論に終始せず、広い視野から生き方について考えられるよう教師が適切に促す必要がある。

義務

「義務」は「権利」の対義語であり、「人として、しなければならない事がら」（『パーソナル現代国語辞典』学研プラス）という意味である。

中学校の「道徳科解説」において「義務」という言葉が内容項目に登場するのは、「権利」と同じく「C 遵法精神、公徳心」で、「法やきまりの意義を理解し、それらを進んで守るとともに、そのよりよい在り方について考え、自他の権利を大切にし、義務を果たして、規律ある安定した社会の実現に努めること」と示され、「自らに課せられた義務を果たすことが、結果として規律ある安定した社会の実現に貢献することになる。義務とは、ここでは人に課せられる法的拘束であり、自分の好き嫌いに関わりなくなすべきことである」と説明されている。

小学校においては、第1〜4学年では約束やきまりを守ること、みんなが使う物を大切にすることとして、第5・6学年では中学校に近い内容として法やきまりの意義や、自他の権利を大切にし、義務を果たすということについて指導されている。

中学校においても、道徳科に限らず、「義務」は「権利」と対応させて扱う場合が多い。また、文部科学省が作成した道徳教育用教材の「私たちの道徳　中学校」（2014）では『権利と義務って何だろう』において「法やきまりは、人々の権利を守りみんなで社会を支え合うために、義務として『しなければならない』ことや、『してはならない』ことを定めている」と書かれている通り、「してはならないことをしない」ことも義務である。

法的には義務を果たさないことは義務違反として処罰の対象となるが、道徳科の指導においては、義務を義務だからと何も考えずに従うのではなく、また観念的理解を深めることに終始するのではなく、人間として果たすべき義務の意義や、一人一人が義務を果たす社会のよさについて考えさせたい。特に法やきまりという側面から「義務を果たす」という行動面だけが強く意識されると、「処罰されない」ことが義務を果たす意義として強調され、「罰せられなければよい」「気付かれなければよい」という表面的な議論になる可能性もある。

中学生段階では社会のルールやマナーについての知識が豊かになっている生徒や、利害関係や対立場面における調整力が身に付いてきている生徒もいるため、道徳科の話合いでは実際の行動や処世術の優劣について終始することもある。そういった場合は、内面としての道徳性を育むという道徳科の本質を忘れず、教師が「なぜその義務を果たさなければいけないのだろうか」「果たさなければどうなるか」という問い返しをして、話合いをファシリテートする必要がある。

公共物

　中学校の「道徳科解説」において「公共物」という言葉が直接登場することはないが、「公共」が「C 社会参画、公共の精神」で、「社会参画の意識と社会連帯の自覚を高め、公共の精神をもってよりよい社会の実現に努めること」と示されている。また、「C 遵法精神、公徳心」につながる内容として、小学校第1・2学年で「約束やきまりを守り、みんなが使う物を大切にすること」という内容で指導されている。「みんなが使う物」は「公共物」である。

　「公共物」は社会一般で共有する、特定の誰かではない「みんなで利用するもの」のことである。子供にとって馴染み深い「公共物」は、学校とその設備、公園とその設備、道路や駅といった身近なものである。

　小学校第1・2学年でも「みんなが使うものを大切にする」ことは指導されて、十分に考えることができる内容であるにもかかわらず、大人の社会でも公共物を大切にしないことで起こるトラブルや事件は発生している。中学生にとっても公共物は「誰が使うか」「誰が所有するか」や「誰のお金で購入しているか」といったことが直感的にイメージされないために、なんとなく雑に扱ったり、無駄に消費したりする場面が学校生活の中で見られるのが実態である。

　道徳科において公共物の扱い等について考える際には、「公共物だから大切にする」という観念的な理解にとどまるのではなく、「どんな人が使うのか」「なんのために、どんな思いで使うのか」「どんな思いで設置されているのか」など、その意義についても考えを深めさせたい。時には場面を再現したり、演じたり、画像や映像で実感したりする体験的な学習を交えることも効果的である。

　また、中学生は抽象的な思考ができる発達の段階であるので、「公共」の範囲を広げることで「全世界」のみんなで使うもの、「地球上の全生物」で共有する地球環境などを大切にすることにもつながったり、時間軸の視点で広げ、未来の人類や生き物との共有をイメージしたりすることで、公共物について考えた学習を生かしつつ、地球環境へ配慮したり、地域の文化を大切にしたりという意欲に結び付ける指導も可能である。

　同じく目に見えづらいものや形のない共有物、例えば「空気」「水」「通信ネットワーク」や「サイバー空間」「地域の文化」なども、公共物としての性質を意識することで、「どんな人が大切にしているのだろう」「なぜ、大切なのだろう」と考えを深めたり、教師が授業計画の際に問い返しを想定したりするのに役立つであろう。

公徳心

　公徳とは公共（公衆）の道徳のことである。中学校の「道徳科解説」においては、「C 遵法精神、公徳心」と、内容項目の見出し（タグ）にも使われている言葉であり、「遵法精神は、公徳心によって支えられている。公徳心とは、社会生活の中で守るべき正しい道としての公徳を大切にする心である」と説明されている。「公徳心」は「特定の人ではない社会一般に対する思いやりの心」と捉えることもできる。

　道徳科においては、中学生にとって「きまりやマナーを守る」ということと「公徳心」は重なる部分が大きい。しかし、本質的には「なぜきまりやマナーを守る」のか、自律的に「きまりやマナーを大切にしたいと思う」のかという理由に思いを巡らせる心が「公徳心」である。「公徳心」について理解を深めるためには、「自己」と「社会」を対立するものとして考えたり、別の存在として捉えたりするのではなく、自分自身も社会を構成する一員であるという自覚をもち、社会をよりよくしようと考えることが主体的に「公徳心」について考えるために必要な捉え方である。

　また、自分以外にも社会にはどんな構成員がいるのか、想像することも公徳心を育むということにおいては重要な捉え方である。具体的な授業場面としては、「小さな子供」「赤ちゃんを連れた人」「お年寄り」「障がいのある人」などが社会にいることを想像できるような問い返しや教材の提示を行う、という展開などが挙げられる。

　「公徳心」を扱う場合の「公衆」「公共」「みんな」という概念は「社会」と重なる部分が大きい。そのため、中学生が所属する社会や育ってきた社会が変化したり、教材場面の国や地域が置かれている環境（教室）と違っていたりすると、大切にする対象が異なることになる。具体的には、TPO（時、場所、場合）によってマナーや適切な行動が異なってくることになる。

　「きまりやマナー」が普遍的なものではないことにより、「公徳心」の発露である「きまりやマナーを守る」という行動の在り方が変化するので、実際の授業でも「公徳心」に関わって道徳心を深めるべきであるのに、「こういうマナーがある」「こういったきまりも存在する」などの適切な行動の是非や知識についての交流に終始し、教師も子供も「たくさん考えを広げた」つもりで終わってしまうような授業になることもある。こういった場合は、それらの行動を取るために「共通する思いはなんだろう」「どんな考えが大切だろう」などと問い返す方法が考えられる。

遵法精神

Key word » **113**

中学校で指導する内容項目に「遵法精神、公徳心」がある。

法（法律）は国会が定めるきまりであり、憲法、民法、刑法などがある。多くの人間が集まって形成される社会においては、「法やきまり」は、必要不可欠であり、この「法やきまり」を守ろうとする意識（精神）が遵法精神である。

小学校の段階では、内容項目「規則の尊重」において、発達の段階に応じて、第1・2学年では「約束やきまりを守り、みんなが使う物を大切にすること」、第3・4学年では「約束や社会のきまりの意義を理解し、それらを守ること」、第5・6学年では「法やきまりの意義を理解した上で進んでそれらを守り、自他の権利を大切にし、義務を果たすこと」について学ぶことになっている。

しかし、子供たちの中には、「きまりだから守る」と他律的に捉えたり、「法やきまり」は自分たちを拘束するものとして反発したり、自分の権利は強く主張するものの、自分の果たさなければならない義務をないがしろにしたりする傾向も少なからず見受けられる。

そこで、「遵法精神」の指導に当たっては、自ら考え判断し、自分の意志によって正しく行動する「内からの規制」（道徳性）と、人が悪いことをしないように「外から規制」する「法やきまり」というように対極的に捉えるのではなく、「法やきまり」は自分や他の人の生活や権利を守るためにあることを理解し、それを遵守することの大切さについての自覚を促していかなければならない。

その際、「自由」と「自分勝手」との違いを考えることや、自分勝手な行動は許されないという観点から、小学校の内容項目「善悪の判断、自律、自由」、中学校の内容項目「自主、自律、自由と責任」との関連を押さえておく必要がある。

さらに、「遵法精神は、公徳心によって支えられている。公徳心とは、社会生活の中で守るべき正しい道としての公徳を大切にする心である」（P.107参照）こと、すなわち「法やきまり」を遵守するとともに、他の人の権利を尊重し、自分に課せられた義務を果たすことにより、互いを大切にし、よりよい集団や住みやすい社会をつくることにつながっていくのである。

また、学習指導要領で示されたことを踏まえて、進んで「法やきまり」を守って行動するだけでなく、人と人とのよりよい人間関係を構築するために、自分の思いのままに行動するのではなく、集団や社会のために自分が何をすればよいのか、自他の権利を十分に尊重する中で果たすべき自らの義務は何かについて考え、「規律ある安定した社会の実現」に貢献しようとする態度を養うことが重要である。

公正

Key word » 114

1 道徳教育の改訂の概要

2 道徳教育と道徳科の目標

3 道徳科の内容

4 道徳教育の全体計画

5 道徳科の年間指導計画

6 道徳科の指導

7 指導上の配慮事項

8 道徳科の評価

9 道徳科の教材

　小・中学校で指導する内容項目に「公正、公平、社会正義」がある。この内容項目は平成29年（2017）の学習指導要領改訂で、小学校第1・2学年、第3・4学年でも新たに扱うことになった。これは、道徳教育を進める際の配慮事項として、「いじめの防止や安全の確保等にも資することとなるよう留意すること」に基づくものである。

　「誰に対しても差別をすることや偏見をもつことなく、公正、公平な態度で接し、正義の実現に努めること」というように、「公正」と「公平」は一緒に使われることが多いので、意味も同じだと考えている人が多いが、「公正」の意味は、公平「判断や言動などが偏っていないこと」（P.110参照）に加えて、「判断や言動などが偏っていなくて、正しいこと」である。例えば、公正な勝負と言えば、正しいことに重点が置かれ、不正などがないように勝負することである。

　しかし、判断や言動に偏りがなく正しく行動することは大切だということは、誰もが理解しているが、「人間は自分と異なる感じ方や考え方、多数ではない立場や意見などに対し偏った見方をしたり、自分よりも弱い存在があることで優越感を抱きたいがために偏った接し方をしたりする弱さをもっている」と言われている。差別をしたり偏見をもったりすることは、無意識のうちに誰にも起こり得ることなのである。いじめ問題は、「このような人間の弱さ」が原因で起こることも多いのではないだろうか。

　また、小学校第5・6学年から中学校にかけては、「友達の視線」を強く意識する段階である。問題行動を見ても「自分には関係ない」「注意したらどう思われるか」と考えてしまい、どうしても多数派に加勢したり、同調圧力に屈してしまったりして、傍観者的な立場に立つことが多くなりがちである。

　「公正」を指導するに当たっては、不正な行為は絶対に行わない、許さないという断固たる態度を育てることが大切である。日頃から主体的に正しく判断する力を育て、同調圧力に屈することなく、まずはどの問題に対しても自分の考えをしっかりもつこと、そして「周囲の雰囲気や人間関係に流されない態度」を育んでいかなければならない。

　また、「社会的な差別や不公正さなどの問題」は、大人社会に限った問題ではなく、自分たちの身近にある問題であり、現在の新型コロナウイルス感染症の拡大がそれを顕在化させていることにもふれて、差別や偏見を見抜き、差別や偏見を許さない心を育て、「社会正義の実現について考え、自覚を深めていく指導を適切に行うこと」が重要である。

公平

　小・中学校で指導する内容項目に「公正、公平、社会正義」がある。「誰に対しても差別をすることや偏見をもつことなく、公正、公平な態度で接していく」には、まず最初に「公平」に接することについて考える必要がある。

　「公平」の意味は、「判断や言動などが偏っていないこと」である。例えば、ケーキを公平に分けるならば、特定の人だけに大きく分けることなく、全員に同じように分けることである。

　しかし、人は誰しも「好き嫌い」という感情があるので、自分の好きな人に対しては好意的に接するが、嫌いな人に対しては別の行動をとってしまうことが多い。これが「公平」の対義語に当たる「不公平」である。「公平」は全ての者に同じように扱うことであり、行動が偏っていないことである。

　特に小学校低学年の子供たちは、自分の好きな子が問題となる行動をとっても気にしないのに対して、自分の嫌いな子が少しでもみんなと異なる行動をとっただけで大問題だと感じてしまうなど、「好き嫌い」の感情が善悪の判断に影響を及ぼすことが多いのではないだろうか。そのような低学年の段階で「公平」に接すること（「自分の好き嫌いにとらわれないで接すること」）や、「公平」に行動することの大切さを指導することは、極めて重要である。

　また、集団の中で一人一人が自分の好き嫌いにとらわれて「公平」に接していないと、仲間外れや一人ぼっちの子供が出てしまい、その子供も嫌な気持ちになるが、自分や周りの子、ひいてはその集団全体が嫌な気持ちになること、逆にみんなが「公平」に接して、仲間外れや一人ぼっちの子供がいなくなると、その子供はもちろん、集団のみんなが楽しく、よい気持ちになる。だから、自分の好き嫌いにとらわれず「公平」に接することが大切なのだということを理解させたい。

　そして、小学校中学年になり、「ギャングエイジ」と呼ばれるように、気の合った人だけで仲間をつくり、他の人に対しては「排他的」になってしまう傾向にある子供たちには、自分たちだけではなく、他の友達も含めて一つの同じ集団に属している仲間であることを自覚させる必要がある。

　その上で、誰かが仲間外れにされたり、辛いを思いをしていたら、それは自分たちの集団の問題であり、自分たちの仲間の問題として、正していかなければいけないことだと気付かせたい。好き嫌いではなく、誰に対しても「公平」に接して、仲間外れをつくらないことが、「誰に対しても差別をすることや偏見をもつことなく、公正、公平な態度で接し、正義の実現に努めること」につながっていくと考えられるようにすることが大切である。

社会正義

Key word » **116**

1 道徳教育 改訂の概要
2 道徳教育と 道徳科の目標
3 道徳科の内容
4 道徳教育の 全体計画
5 道徳科の 年間指導計画
6 道徳科の指導
7 指導上の 配慮事項
8 道徳科の評価
9 道徳科の教材

　小・中学校で指導する内容項目「公正、公平、社会正義」の「社会正義」については、「正義」ではなく「社会正義」だということに留意する必要がある。

　「正義」とは何か、一般的には、「人の道にかなっていて正しいこと」となり、用例として、「正義を貫く」「正義の味方」とされている。ところが近年、「正義」を言葉だけで捉え、これが正しいと判断して、自分なりの「正義」を振りかざしてしまうことを多く見受けるようになった。「間違ったことや間違っている人が許せない」「私は正しいのだから、どんなひどい言葉をぶつけても構わない」とインターネット上に書き込む人が増加していることは大きな問題である。

　これに対して「社会正義」とは、「人として行うべき道筋を社会に当てはめた考え方である」。様々な人が様々な考えをもって生活している社会においては、多様な価値観を尊重し、自分だけの判断ではなく、社会全体として正しいのか、正しくないのかを判断する必要がある。さらに、例え社会的に正しくないことであっても、攻撃するのではなく、その考えを受け止め、正していくことも大切である。

　「社会正義」を指導するに当たっては、まず、一人一人が「自己中心的な考え方から脱却して、公のことと自分のこととの関わりや社会の中における自分の立場に目を向ける」ことが必要である。そして、「真実を見極める社会的な認識能力を高め、思いやりの心など」を育んでいくようにする。

　また、「正義の実現を目指す社会の在り方について考える」ことについては、道徳科の授業だけでなく、小学校社会科第6学年及び中学校社会科公民的分野の学習活動や、特別活動の児童会・生徒会活動などと関連を図りながら指導を進めていくことが求められる。

　「公正、公平、社会正義」は、「民主主義の基本である社会正義の実現に努め、公正、公平に振る舞うこと」に関する内容項目である。社会正義の実現を妨げるものに人々の差別や偏見がある。自分とは違う考え方や行動、特に少数派に対して、偏った見方や接し方をしてはいけないということはよく理解していても、「公正」「公平」な態度を取ることができず、偏見をもち、軽い気持ちで差別をしてしまうことがある。

　人が誰でももっている弱さについて、道徳科の授業において教材を自分事として捉え、道徳的諸価値の理解（価値理解、人間理解、他者理解）を基に、自己を見つめ、その弱さを乗り越えて「法やきまりに反する行為と同様に、自他の不公正を許さない断固とした姿勢をもち、集団や社会の一員として力を合わせて積極的に差別や偏見をなくそうとする」心を育てていくことが重要である。

差別

　差別をなくそうとする取組があるにもかかわらず、いつの時代にも差別に苦しむ人たちは存在する。差別は、人間の弱さに起因した意識・行為だからだ。相手の立場を思うよりも、自分の立場を優先する。他者を異質と見なして、合理的でない接し方をする。文化・宗教、価値観、社会情勢等に影響されて不当な扱いをする。激しくなると、相手を冷遇して尊厳を傷付ける。

　人間には、自分よりも弱い存在に優越感を抱き、偏った接し方をしてしまう弱さがある。私心にとらわれない公正、公平な振る舞いがいつもできるわけではない。個人の存在や人権を無視した接し方をしてしまう。自分と異なる感じ方や考え方、多数ではない立場や意見などに対して、偏った見方をする。現実生活では、個人や社会に対する不満や不安、根拠のない思い込みが度を超えて、差別となる。例えば、子供の生活では、えこひいき・仲間外れ・いじめ等がある。

　学級集団に所属する一人一人の子供が差別や偏見のない社会の創り手になるためには、自己肯定感を高め、人間の弱さを乗り越えて相手の立場も考える心、公正、公平な心を育むことが不可欠である。集団や社会生活での差別の解消は、互いの人格・個性を尊重し合う平等観と共生社会への自覚が必要となる。私心にとらわれず誰にも分け隔てなく接する見方や考え方ができることが大切である。一人一人の子供が他者と共によりよく生きるために、社会正義の実現につながる道徳的実践に努めさせたい。真実を見極める社会的な認識能力と道徳性を高め、自他の不公正を許さないよりよく生きようとする姿勢を養い、集団や社会の一員として力を合わせ、積極的に差別や偏見をなくそうとする努力が重要である。

　偏ったものの見方と考え方や法やきまりに反する行為がまかり通る社会では、いじめの問題なども解消しない。社会を構成する一人一人が、公正、公平に育まれるように、生命の自覚や思いやりの心に関する内容項目の指導との関連を図りながら指導を進めることが基本である。

　小学生の段階では、自己中心的な考え方をしがちであることから、異なる感じ方や考え方を否定せずに、それぞれのよさを考えさせるようにする。さらに、誰に対しても分け隔てをしないで接することの大切さを受け止められるようにする。特に高学年には、差別がいじめなどの問題につながることを理解させて、してはいけないという意識をもたせる。自他の不公平に気付き、差別や偏見を許さない、力を合わせてなくそうとする姿勢を指導することが重要である。中学生には、差別や偏見をなくす意欲や態度に向けて、集団規範として公平で公正な差別のない社会の実現について考えさせ、自覚を深めていくように指導する。

偏見

　偏見とは、十分な根拠もなく人や集団に対して偏った見方や考え方をすることである。差別と密接な関わりがあり、不公平な考え方から社会問題を生み出す。公正、公平からかけ離れた他人を悪いと思い込んだりする一方的な考え方だ。社会通念や経験によって植え付けられることもある。例えば、嫌悪感、反感、差別感等の否定的な感情や偏った公平性に欠ける知識や意見が偏見につながる。中学校の「道徳科解説」には、偏見について「避けるよう努めることが大切である」と次のように触れている。

> 　公正さとは、分配や手続の上で公平で偏りがなく、明白で正しいことを意味する。公平に接するためには、偏ったものの見方や考え方を避けるよう努めることが大切である。好き嫌いは感情であるため、全くなくすことはできないが、とらわれないようにすることはできる。好き嫌いから他者に対して偏見をもたないように努めることはできるのである。自分と同様に他者も尊重し、誰に対しても分け隔てなく公平に接し続けようとすることが重要である。

　文字通り「偏った見方」である偏見は、公平性を欠いた考えや意見である。小学校高学年の頃より、差別や偏見をもつことなく、公正、公平な態度で接して正義の実現に努める大切さ及びその意義などを理解できるようになってくる。

　中学生ともなると、いじめや不正な行動等が起きても、多数の意見に同調したり傍観したりすることなく、自分の意志を強くもつことができるようになってくる。社会での差別や偏見といった問題に対する見方や考え方もできるようになってくるこの時期に、偏見のない公平な社会にしたいという思いにつながる指導を重ねることが求められる。その人や集団の見える部分は一側面でしかないことを意識させて、自分の経験からもっているイメージだけで理解・判断することがないように指導する必要がある。

　自己中心的な考え方ではなく、社会の中における自分の立場にも目を向けて、よりよい社会の創り手としての判断力や心情を大切に育てたい。さらに、できないと諦めず、公平で公正な社会の実現のためには、人や集団に対して偏った見方や考え方をなくすように積極的に努力しようとする実践意欲と態度を育む必要がある。「見て見ぬふりをする」「避けて通る」という消極的な立場ではなく、自他の不公正に気付き、許さないという姿勢と力を合わせて差別や偏見をなくす努力が重要である。偏見や差別がいけないことだという認識と理解を深め、偏った見方や考え方をしない道徳性が育つように指導を重ねることが大切である。

1 道徳教育改訂の概要

2 道徳教育と道徳科の目標

3 道徳科の内容

4 道徳教育の全体計画

5 道徳科の年間指導計画

6 道徳科の指導

7 指導上の配慮事項

8 道徳科の評価

9 道徳科の教材

同調圧力

Key word » **119**

　同調圧力という言葉は、否定や否認の意味で使われるのが一般的である。みんなが同じでなくてはいけないという暗黙の空気、無言の圧迫、逆らえない雰囲気を作り出すのが同調圧力である。集団の意思決定、合意形成を行う際に、少数意見をもつ者に対して、周囲の多くの人と同じように考え行動するように暗黙のうちに強制・誘導する社会正義に反する威圧感である。学級でいじめられている子供がいても、支配力のある子供に逆らうと今度は自分がいじめられるので、「かわいそうだ」「やめろよ」などと言えない。いじめが重なると、同調圧力を伴う怖さから、いじめられる者の判断力は鈍り、抵抗できなくなってくる。

　同調圧力は、発達の段階ごとの特徴から考えると、幼児期を離れ、物事をある程度対象化して認識することができるようになり、客観的に捉えることのできる9歳以降に重視すべき課題である。小学校の「道徳科解説」には、第5学年及び第6学年で同調圧力について次のように触れている。

> 　不正な行為は絶対に行わない、許さないという断固たる態度を育てることが大切である。日頃から自分自身の考えをしっかりもち、同調圧力に流されないで必要に応じ自分の意志を強くもったり、学校や関係機関に助けを求めたりすることに躊躇しないなど、周囲の雰囲気や人間関係に流されない態度を育てるようにする。また、社会的な差別や不公正さなどの問題はいまだに多く生起している状況があるため、これらについて考えを巡らせ、社会正義の実現について考え、自覚を深めていく指導を適切に行うことが大切である。

　思春期に入る中学生の時期には、不公正があっても自己中心的な考え方や偏った見方をしてしまい、多数の意見に同調したり傍観したりするだけで、制止することができないこともある。いじめや不正な行動等が起きても、勇気を出して止めることに消極的になってしまう。自分の弱さに向き合い、同調圧力に流されないで意志を強くもち、時には学校等に助けを求めることを躊躇しないなど、正義と公正を実現するために力を合わせて努力する実践意欲と態度が大切である。

　社会の在り方についても目を向け始めるこの時期は、現実の矛盾や葛藤、差別や偏見といった社会的な問題を見つめて、自己の在り方も思考するようになる。単に現状を諦めて見過ごすのではなく、社会の一員として正義と公正を重んじ、威圧感に屈せず、道徳上どのような問題があるかを考え、解決に向けて協働して話し合う姿が求められる。道理にかなった正しいことを認識し、適切な行為を主体的に判断して、しっかりした自分の意志、実践意欲や態度を育むときである。

勤労

　勤労は、心身を労して一定の仕事に従事、励み賃金をもらうことである。小学校から中学校段階の道徳科の指導の要点は、「働くことのよさを知る➡働くことの大切さを知る➡働くことや社会に奉仕することの充実感を味わう➡勤労の尊さや意義を理解し、将来の生き方について考えを深める」ことから、「みんなのために働くこと➡進んでみんなのために働くこと➡働くことの意義を理解し、公共のために役に立つことをすること➡勤労を通じて社会に貢献すること」に発展していく。小学校の「道徳科解説」には、勤労について「集団の一員として自分の役割を積極的に果たそうとする態度を育成する」と、次のように述べている。

> 　今日、社会環境や産業構造等の変化に伴い働き方が一様でなくなり、働くことに対する将来の展望がもちにくくなっている。働くことや社会に奉仕することの意義の理解は大切であるが、このことは一律に望ましいとされる勤労観・職業観を教え込むことではない。身近な人から集団へと人との関わりを広げながら、児童一人一人が働く意義や目的を探究し、みんなのために働くことの意義を理解し、集団の一員として自分の役割を積極的に果たそうとする態度を育成することが重要である。

　未来社会Society 5.0では、これまでにはなかった新たな価値が産業や社会にもたらされる。AIやロボットが今まで人間が行っていた作業や調整を代行・支援することで、これまであった仕事が姿を消し、新しい仕事が創出されていく。「働くことの意義を理解し、公共のために役に立つことをする」ということが見えにくくなる可能性がある。社会を生きる上で、仕事・働くこととは何か、「勤労を通じて社会に貢献する」について、現在以上に道徳的価値を考えることは重要になる。転職や働くことをやり直すとき、「勤労の尊さや意義を理解し、将来の生き方について考えを深める」人間中心の社会へとつながらねばならない。勤労を通して社会に貢献すること、充実した生き方を追求し実現していくことが、一人一人の真の幸福につながっていくことになるからである。

　発達の段階に応じて働くことについて理解を深めるために、キャリア教育と関連させて、体験活動などを取り入れた指導の工夫が必要である。働くことや職業についての考え方、勤労の尊さや意義について考えを深めることが大切である。勤労を通して、快適で活力に満ちた質の高い生活を送ることのできるように職業や勤労に対する価値観が喜びを伴う充実感として子供一人一人に体得され、心から満足し、生きがいのある人生を実現しようとする意欲や態度へと高めたい。

1 道徳教育改訂の概要

2 道徳教育と道徳科の目標

3 道徳科の内容

4 道徳教育の全体計画

5 道徳科の年間指導計画

6 道徳科の指導

7 指導上の配慮事項

8 道徳科の評価

9 道徳科の教材

公共の精神

Key word » **121**

　中学校の「道徳科解説」では、「社会参画、公共の精神」について、「社会参画の意識と社会連帯の自覚を高め、公共の精神をもってよりよい社会の実現に努めること」として取り上げている。

　「公共」とは、社会一般、公衆（社会一般の人）のことである。

　「公共の精神」とは、社会全体のために尽くす精神である。政治や社会に関する豊かな知識や判断力、論理的・批判的精神をもって自ら考え、社会に主体的に参画し、公正なルールを形成し遵守する精神である。この精神に基づき、社会の発展に寄与する態度を養うことが大切になる。本内容では、集団や社会の一員として、よりよい集団や社会を実現する主体は自分自身であることについて考えを深めさせたい。

　一方、小学校の「道徳科解説」では、「勤労、公共の精神」について、特に第5・6学年の内容として、「働くことや社会に奉仕することの充実感を味わうとともに、その意義を理解し、公共のために役立つことをする」と示している。

　指導に当たっては、勤労が自分のためだけではなく、社会生活を支えるものであるということを考えさせたい。社会への奉仕活動などから得た充実感を基に、勤労と公共の精神の意義を理解し、公共のために役に立とうとする態度を育てていきたい。

　子供たちに「働く」「勤労」について考えさせる際のポイントは、「自分」「相手」「地域社会」の「三方よし」となる（「私たちの道徳　小学校5・6年」（2013）P.152）。まず、働くことは「自分」のために重要だということに気付かせる。そして、「喜び」や「やりがい」を感じるようにさせる。次に、この思いを「相手」のために働いて役に立ちたいという思いに生かすことにより、「みんなの役に立つ」ということ、つまり、働くことで社会の役に立つという思いに広がっていくように指導したい。

　「公共の精神」について指導する際には、小学校段階での「働くことの喜び」「相手やみんなの役に立つ」「社会の役に立つ」という思いを踏まえて、中学校段階の「よりよい集団や社会を実現する主体は自分自身」であるということについて考えを深めさせることができるように、小・中学校で一貫して指導することが重要になる。

社会参画

1　道徳教育
改訂の概要

2　道徳教育と
道徳科の目標

3　道徳科の内容

4　道徳教育の
全体計画

5　道徳科の
年間指導計画

6　道徳科の指導

7　指導上の
配慮事項

8　道徳科の評価

9　道徳科の教材

　中学校の「道徳科解説」では、「社会参画、公共の精神」について、「社会参画の意識と社会連帯の自覚を高め、公共の精神をもってよりよい社会の実現に努めること」として取り上げている。

　「社会参画の意識」とは、共同生活を営む人々の集団である社会の一員として、その社会における様々な計画に積極的に関わり、よりよいものにしようとする主体が自分自身であるという意識をもち、役割と責任を果たしていくことである。

　小学校の段階では、特に第5・6学年において社会に奉仕することの意義を理解し、公共のために役立つことをしようとする意欲や態度をもつように指導している。

　中学校の段階では、現代的な課題等も取り上げ、どのように社会に参画し、どのように連帯すべきかについて、多面的・多角的に考えを深めるように指導することが大切である。また、人間としての生き方や在り方について深く考え、よりよい民主的な社会を実現するためにどのように社会に参画し、連帯できるかについて多面的・多角的に話し合うことが大切である。

　中学校での指導に当たっては、まず、学級活動や生徒会活動に積極的に参画するなどの体験を生かして、社会参画や社会連帯についての考えを深めさせ、現実の学校生活に生かすことができるよう公共の精神についての考えを深めさせることが大切である。子供一人一人に自分も社会の一員であるという自覚を深めるようにして、積極的に協力し合おうとする意欲を育てるように工夫したい。

　これまで述べてきた内容について子供一人一人の心に響かせるためには、教師が指導内容を的確に理解した上で、学級活動や生徒会活動に参画している子供に「活動の目的」を分かりやすい言葉で丁寧に伝えること、活動の途中で「目的」を再確認する言葉掛けをすることが大切である。また、活動の終了時には「目的の実現状況」を教師と子供が共に語り合いながら確認し合うことが重要になる。教師と子供が教育活動の目的やねらいを共有し合うことを忘れてはならない。

　このような道徳教育における指導の充実が、道徳科の指導の充実につながることの意味を深く理解して、道徳科ではその要としての重要な役割を認識して、計画的・発展的な指導を行うようにしたい。

社会連帯

Key word » **123**

「連帯」とは、二人以上の者が共同である行為または結果に対して責任を負うことである。

中学校の「道徳科解説」において「社会連帯の自覚」については、「社会生活において一人一人が共に手を携え、協力し、誰もが安心して生活できる社会をつくっていこうとすることである」と示されている。また、「この社会の全ての人々が、自分も他人も共によりよく生きようとしていることを自覚することから、互いに助け合い励まし合うという社会連帯の自覚も出てくる」としている。そして、「一人一人の個性を尊重し民主的な社会を築くためには、社会を構成する多くの人と助け合い励まし合いながら社会連帯を深めることが求められる」とまとめている。

人間関係が希薄化し、社会の「私事化＝公的社会より自分個人のことを重視すること」が進行し、問題となる中で、すでに述べてきた「公共の精神」「社会参画」も含めて集団や社会の関わりについて考えることは極めて重要である。ここで、大切にしたい基本的な考え方は、「私たち一人一人は集団や社会のメンバーとして、その維持だけではなく、発展に向けて主役になること」である。

将来の政治参加を含め、どのように社会に参画し、互いに助け合い励まし合って連帯していくかについて、子供一人一人が考えを深める場を設定することが重要になる。ここでのキーワードは「参画」である。子供一人一人がその集団や社会の様々な場面に積極的に関わり、発展させる役割と責任を果たしていきたい。

今まで述べてきた「公共の精神」「社会参画」「社会連帯」は密接に関連している。人間が他者と共によりよく生きるための原動力には、常に複数の道徳的価値が絡み合っている。

指導に当たっては、子供に自分との関わりで道徳的諸価値を理解させることをもとにして、広い視野から多面的・多角的に考えさせながら、人間としての自己の生き方について考えを深める学習をさせたい。

また、例えば、中学校社会科の公民的分野での社会参画や社会連帯の在り方や公共の精神の学習など、他教科と関連付けたり、高等学校段階への発展につなげたりすることも必要である。

勤労観

Key word » 124

　「観」とは、自分自身による主体的な「見方・考え方」である。道徳教育において「道徳的価値観」、つまり「道徳的価値に対する見方・考え方」を磨くことは、子供が人間としての自己の生き方を深めるために大変重要な学習になる。特に、教師が「道徳的価値の普遍性」と「道徳的価値観の多様性」を明確にして指導しなければならない。

　小学校の「道徳科解説」における「勤労」の捉え方は、本章における「公共の精神」（P.116参照）の中で述べている。ここでは、中学校の「道徳科解説」における「勤労」の捉え方について整理して述べていく。内容項目について、「勤労の尊さや意義を理解し、将来の生き方について考えを深め、勤労を通して社会に貢献すること」として設定している。

　さらに、「内容項目の概要」「指導の要点」についても整理して示す。

　「勤労」とは、自分の務めとして心身を労して働くことである。勤労は、人間生活を成立させる上で大変重要なものであり、一人一人がその尊さやその意義を理解し、将来の生き方について考えを深め、社会生活の発展・向上に貢献することが求められている。

　指導に当たっては、まず、勤労の尊さを重んじる生き方を基に、社会における自らの役割や将来の生き方等についてしっかり考えさせることが大切である。保護者や地域の方に外部講師として、働くことの意味や大切さについて語ってもらう機会を設けることも効果的である。

　さらに、体験的な学習を生かして、働くことの重要性について理解を深めさせることが重要である。そのためには、キャリア教育と関連させて、職場体験活動やボランティア活動、福祉体験活動などの体験活動を生かすなどの工夫が求められる。勤労の尊さや意義について考えを深めるとともに、働くことについての理解を通して職業についての正しい考え方を育てることが大切である。勤労を通して、社会貢献に伴う喜びと誇りが自らの充実感として子供一人一人に体得され、心から満足でき、生きがいのある人生を実現しようという意欲にまで高めていきたい。

職業観　Key word » 125

　中学校の「道徳科解説」の「勤労」における内容項目の概要として、職業について、「自分の幸福を追求するため収入を得て個人や家庭の生活を維持するという面と、分業化の進んだ社会の中で一定の役割を果たして社会を支えるという面があり、共に重要である」と示している。

　また、「人は職業に意味を求め、自分の能力や個性を生かして自らの内面にある目的を実現するために働くという職業を使命として捉える考え方もある」とも記している。

　ここまでの説明では、「職業観＝何のために働くか」について、「自分自身に対すること」「社会に対する役割」の二つに分けて明確にしている。

　さらに、「職業は、一人一人の人生において重要な位置を占めており、人は働くことの喜びを通じて生きがいを感じ、社会とのつながりを実感することができる。現代社会は巨大で複雑な産業社会となり、自分のしている仕事の意義が見えにくく、自らの目的をもちづらくなっている。これまであった仕事が姿を消し、新しい仕事が創出されていく社会の中で、職業とは何かについて考えることは大切である」と続けている。

　そして、「今日、職業や勤労に対する価値観が多様化する中にあっても、勤労を支える道徳的価値として重視すべきなのは、勤勉である。勤勉とは、自己の精神を集中させようと努力することであり、一つの仕事に没頭することである。勤労を通して社会に貢献するということを自覚し、充実した生き方を追求し実現していくことが、一人一人の真の幸福につながっていくことにもなる」とまとめている。

　以上の説明からも、「職業観」の育成について、その重要性を確認することができる。「自分自身に対する職業観」「社会に対する役割としての職業観」は共に、自分自身の職業に対する誇りであり、「誰かの役に立っている」「集団や社会の向上や発展に貢献している」という喜びにつながるものである。これは、本章で述べた主体的な「社会参画」（P.117参照）と深く関わるものである。

　「職業観」の育成は、社会的な自己実現を図り、一人一人の社会的、職業的自立を目指すために大変重要なことである。

当番活動

Key word » 126

1 道徳教育 改訂の概要

2 道徳教育と 道徳科の目標

3 道徳科の内容

4 道徳教育の 全体計画

5 道徳教育の 年間指導計画

6 道徳科の指導

7 指導上の 配慮事項

8 道徳科の評価

9 道徳科の教材

　当番活動は、主に学級内での活動で全員が順番に数名のグループになり、決められた仕事を行うものである。子供の自発的な活動である係活動とは異なり、仕事の内容が決められていることが多い。一般的には給食当番、掃除当番などがある。その他、水やり当番、餌やり当番など、各学級で必要に応じて設けていることもある。

　当番になると与えられた仕事に責任をもって行わなければならない。例えば給食当番では、決められた時間内に配膳を行わなければ、学級全体の予定がずれてしまう。下膳する時刻に遅れると、給食主事の仕事にも迷惑がかかってしまう。掃除当番では学校によっては異学年の子供で構成されたグループで担当箇所の掃除を行うこともあるが、各自が割り当てられた仕事を行う。

　このように当番活動は決められた人数で協力して行うので、自分勝手におろそかにしたり怠けたりすることは迷惑がかかるので許されない。子供の日常生活においての様々なトラブルも当番活動での出来事が原因になることが多い。道徳科の教材にも取り上げられている。

　当番活動で育まれる道徳的価値を考えると、内容項目では「規則の尊重」「勤労、公共の精神」、中学校段階では「公徳心」や「社会参画」も加わる。「よりよい学校生活、集団生活の充実」そして、「善悪の判断、自律、自由と責任」なども関係している。

　小学校の第1・2学年においては、その仕事の存在の理由や意味は何なのかを考えさせることが大切であり、自分の仕事が学級の役に立っていることが実感できるようにすることが重要になる。そして、しっかりと仕事を行う子供の姿を称賛し意欲を高めるようにすることがこの時期に特に大切である。子供は、認められ、褒められることで自分の仕事が役に立つうれしさを感じ、自分にはその仕事をする能力があるという自己効力感が育まれる。第3・4学年においては、自分勝手な言い分で当番活動をいい加減にしてしまう様子も見られるようになってくるが、自分の仕事を確実に行うこととともに、みんなと一緒に働いて仕事をやり遂げる成就感を味わわせるようにしたい。第5・6学年においては、勤労の意義について考えられるようにし、自分たちの仕事が多くの人々の役に立っていることを実感させることで自尊感情を高めるようにしたい。

　中学校においては、当番活動の仕事内容や役割の意義、勤労の尊さを理解させ、やがては社会貢献につながることも意識させたい。

係活動

　小学校学習指導要領「第6章　特別活動」の目標に「集団や社会の形成者としての見方・考え方を働かせ、様々な集団活動に自主的、実践的に取り組み、互いのよさや可能性を発揮しながら集団や自己の生活上の課題を解決することを通して、次のとおり資質・能力を育成することを目指す」と述べられており、さらに係活動は「(3) 自主的、実践的な集団活動を通して身に付けたことを生かして集団や社会における生活及び人間関係をよりよく形成するとともに、自己の生き方についての考えを深め、自己実現を図ろうとする態度を養う」ということに関係する。

　学級活動の「2 内容 (1) 学級や学校における生活づくりへの参画」の「イ 学級内の組織づくりや役割の自覚」の項目には「学級生活の充実や向上のため、児童が主体的に組織をつくり、役割を自覚しながら仕事を分担して、協力し合い実践すること」と述べられている。中学校においても同様の記載である。道徳科の内容項目では「よりよい学校生活、集団生活の充実」や「個性の伸長」「友情、信頼」などと関わりがある。

　係活動は、学級生活をより豊かに楽しくするためにはどんな係があったらよいかを学級で話し合ったり、こういう係があると学級生活が楽しく豊かになると提案したりして自主的に係をつくって活動するものである。

　新聞係、クイズ係、お楽しみ会係、遊び係などの創造的な係。生き物係、体育係、保健係、黒板係、専科係、掲示係、配り係などの学級生活が円滑に行われるための係。このような毎日の学級生活が楽しくなるための係を学級で決めていく過程も学級づくりの大切な時間になっている。そして、自分で決めた係の仕事を実践していくことで成就感や責任感をもち、一人一人に学級への所属意識が育まれていく。

　指導に当たっては、小学校の第1・2学年では、自分のできることを考えて実践することの楽しさを味わわせたい。第3・4学年では、よりよい係活動ができるように友達と協力し合って計画し実践できるようにしたい。第5・6学年では、自分の役割を自覚した上で、創意工夫して自分らしさを発揮できる機会にもさせていきたい。中学校ではさらに自分の役割と責任を自覚してより積極的に活動させたい。

　自分の係の仕事に愛着を感じ、実践することが学級のみんなのためになり、喜ばれる。また、係活動は学級での居場所づくりとしての役割も担っている。

ボランティア活動

Key word » **128**

1 道徳教育の改訂の概要

2 道徳科の目標と道徳科の目標

3 道徳科の内容

4 道徳教育の全体計画

5 道徳科の年間指導計画

6 道徳科の指導

7 指導上の配慮事項

8 道徳科の評価

9 道徳科の教材

　ボランティアとは一般的に、自発的にかつ無償で社会福祉事業を行う人を指す言葉として認識されている。

　学校教育法第31条には、「小学校においては、前条第1項の規定による目標の達成に資するよう、教育指導を行うに当たり、子どもの体験的な学習活動、特にボランティア活動など社会奉仕体験活動、自然体験活動その他の体験活動の充実に努めるものとする。この場合において、社会教育関係団体その他の関係団体及び関係機関との連携に十分配慮しなければならない」と、社会奉仕体験活動の充実が明記されている。

　平成23年（2011）3月11日に発生した東日本大震災では東北地方を中心に壊滅的な被害が発生し、被害を受けた地域や被災した人々の惨状が連日報道された。その悲惨な現状に、一刻も速く役に立ちたいと全国各地から、さらに海外からも多くの人々が被災地に向かい、ボランティアとして復興、復旧に尽力した。その中で、学校が避難場所になり、通常授業ができない状況で、子供たちも大人に混じって働く姿があった。

　ある小学校では、子供が自発的に自分たちにできることを考えて実践していた。例えば、幼児を集めて遊び場をつくったり、お年寄りの話し相手になったり、リコーダーの演奏や合唱で愉しんでもらったりしていた。明るく元気な子供たちの活動は、辛い避難所生活に潤いと安らぎをもたらし、人々に生きる希望を与えていた。プールの水をトイレの排水として、バケツでリレーしていたこともあった。中学生や高校生はスコップを手に、土砂や瓦礫を片付ける重労働を大人に負けずに黙々と行っていた。「ありがとう」「うれしい」「助かった」などの感謝の言葉に子供たちは、やってよかったという充足感、自分にはこんな力があったという自己効力感、人の役に立つことができたという自己有用感などを味わうことができ、心身共に大きく成長していった。そして、地域のために役立ちたいとの思いから地元の役場に就職したり、人命を助ける医療従事者を目指したりする子供が多数見られた。

　ボランティア活動における「社会奉仕の精神」は、道徳科の内容項目「勤労、公共の精神」の指導により発達の段階に応じて育まれていくことが期待できる。中学校では「社会参画」も含まれる。身近な人から集団へと人との関わりを広げながら、自分の役割を積極的に果たそうとする態度を育成することが重要である。

家族愛

　家族愛とは、家族のために何かしたい、役に立ちたいと思う心である。そこには、家族に対する敬愛の念が育まれていることが前提となる。

　家族は子供が生まれて初めて所属する集団であり、その人らしさを形成していく上での基盤となるものである。その形態は現代社会においては実に多様である。以前は「母子家庭」や「父子家庭」と呼ばれたが、現在では「一人親家庭」とされている世帯が祖父母と同居する三世代世帯よりも多くなっているという統計の報告がある。また、血縁関係のない大人に保護され、生育されている場合もある。

　家族の形態は異なっていても、子供が愛情を感じることのできる関係が構築され、家族が集う家庭は子供が最も安心して暮らすことのできる場であってほしい。そのための福祉の制度は充実されてきているので、必要に応じて援助を受けられるように相談体制をつくり、子供の健全育成をサポートできるようにしたい。

　家族愛を育むためには、現在の自分の存在が父母や祖父母から受け継がれたものであることを理解し、自分を慈しみ愛情をもって育ててくれたことに感謝し、父母、祖父母を敬愛する心を強くしていくことが大切である。このことは「生命の尊さ」を実感することにも深く関係している。

　指導に当たっては、小学校の第1・2学年では、自分が家族から愛されていることを実感させたい。生活科や道徳科の授業では、自分自身を見つめることを通して、自分の生活や成長、身近な人々の支えについて考えさせたい。家庭環境に配慮しながら、自分の名前の由来に込められた両親の願いを知る機会もつくることができる。

　第3・4学年では、授業を通して親や兄弟姉妹との接し方や、自分に対する思いに気付かせることが必要となる。家族の一員として、家庭生活により積極的に関わろうとする態度を育てたい。家族みんなで協力し合って楽しい家庭をつくろうとする態度を育てるよう、家庭学習でそのような機会を設定することも考えられる。

　第5・6学年及び中学校では、心身共に成長し、一層積極的に家族の一員としての自覚をもって、家庭生活に貢献していくことが求められる。しかし、自己確立期の時期で、家族からの恩恵は分かってはいても、家族が自分のために何かをしてくれていることに対しては当然のことと考えてしまいがちである。授業を通して家族について改めて考えることで、家族の深い信頼関係に気付いていくような機会にしたい。

家庭

　小学校道徳科の内容項目「家族愛、家庭生活の充実」では、次のように述べられている。「児童が生を受けて初めて所属する社会は家庭である。家庭は、児童にとって生活の場であり、団らんの場である。児童は家庭で家族との関わりを通して愛情をもって保護され、育てられており、最も心を安らげる場である。そうした意味からも、児童の人格形成の基盤はその家庭にあると言ってよい。家庭で養われる道徳性は、様々な集団や社会との関りの基盤にもなっていく」。この考えは中学校へもつながっていく。

　子供が安心して健全に育つことのできる家庭は、大人だけがつくっていくものではない。子供自身も兄弟姉妹とともにその家族の一員として、積極的に役に立とうとする精神が育まれていくことが望まれる。

　小学校の第1・2学年では、生活科において、家庭生活を支えている家族のことや自分でできることなどについて考え、自分の役割を積極的に果たそうという内容がある。指導に当たっては、家族の一員として自分ができることを具体的に表し、実践できるようにしたい。そのためには家庭との連携を図り、これらの仕事が家庭生活の中でどのように役立つのかを考えさせ、できたときには、ねぎらいや感謝の言葉とともに、家族の一員として役に立った喜びが実感できるようにしたい。

　第3・4学年では、家庭生活において自分の行動が具体的に家族の役に立っていることを実感したり、家族に喜ばれ感謝されるという経験を積み重ねたりすることができるようにしたい。道徳科の教材には、主人公が家庭への不満やわがままなどから家族に迷惑をかけてしまい後悔の念を抱く話がある。主人公と自分を重ね合わせて考え、自分の言動が家庭の雰囲気を居心地のよいものに変えることができることに気付かせたい。

　第5・6学年及び中学校では、家庭科や技術・家庭科で、家庭生活を大切にする心情を育み家族の一員として生活をよりよくしようとする実践的な態度を育てる具体的な学習が行われる。例えば、調理実習では献立を考え、調理をし、食後の片付けまでを経験するが、子供たちは手順の煩雑さや、やることの多さに驚き、あらためてその大変さに感謝の気持ちを抱く。学習で身に付けた力を家庭でも発揮できるように、家庭環境に配慮しながら、実践し、自信を付けさせていきたい。

1 道徳教育改訂の概要

2 道徳教育の目標と道徳科の目標

3 道徳科の内容

4 道徳教育の全体計画

5 道徳科の年間指導計画

6 道徳科の指導

7 指導上の配慮事項

8 道徳科の評価

9 道徳科の教材

愛校心

　「愛校心」に関わる内容項目は昭和33年（1958）の学習指導要領から今日まで続いて設けられている。「愛校心」とは、自分が在学している（していた）学校のよさを積極的に見つめて大切に思ったり、その学校に誇りや愛情をもったりする心であり、「よりよい学校生活、集団生活の充実」に含まれる道徳的価値である。

　「愛校心」は、ただ単に子供が在学している（していた）学校に対して自然に湧いてくるものとは言い難い。在学している過程における教師や級友、先輩、後輩等との関わりの中で互いに信頼関係を築いたり、人間としての自らの成長を実感したり、今後の生き方を発見したりすることで育まれる。また、学校にはそれぞれ独自の校風があるが、それは先輩や保護者、地域の人々の長年にわたる努力によって培われたものである。これを後輩たちが協力し合って継承し、さらに発展させ、よりよい校風づくりをしていくことが愛校心を培うことにつながる。

　愛校心について、小・中学校では、発達の段階に応じて次のように指導していくことが求められる。

　小学校第1・2学年では、まずは教師や友達と一緒に遊んだり学んだりすることを通して、学校生活の楽しさを実感できるようにする。また、学校探検などで学校のことをより深く知り、学校には自分たちと関わる様々な人々がいることを理解させることも重要である。

　第3・4学年では、教師をはじめ学級や学校で自分を支え励ましてくれる人々との関わりにおいて感謝や敬愛の念を深め、進んで学級や学校のために働くなどの体験を通して充実した学校生活が構築できるようにする。さらに、学校に愛着をもっている卒業生や地域の人などの思いにふれ、学校の一員であることの喜びを再確認できるようにするとよい。

　第5・6学年では、児童会活動などの異年齢集団活動を通して、集団を支えているのは自分たち自身であるということに気付かせ、よりよい校風を醸成していくリーダーとしての認識を高めるようにする。同時に、集団における自分の役割を自覚し責任を果たそうとする態度を育てるよう指導する。

　中学校では、教師が共感的で確かな生徒理解に努めていきながら、学校のよさや校風等を取り上げ、学級や学校の一員であることの自覚を促すことが必要である。また、特別活動における学校行事の儀式的行事で学校への所属感を深めた後や、文化・体育的行事において学級や学校での自らの役割や責任を果たした後などに、よりよい校風づくりや集団生活の充実について考えるなど、他教科等と関連した指導も積極的に行っていく。

異年齢集団活動

　人は様々な集団や社会に属して生活している。それらの中で一人一人が尊重され、主体的に参加・協力することで集団生活が成り立ち、その質的な向上が図られる。よって、子供時代における集団活動は、将来に向けての人間形成及び社会性の育成のためにも必要なことである。

　異年齢集団活動とは、学級や学年の枠を超え、高学年の子供がリーダーシップを発揮しながらよりよい学校づくりに参画し、協力して諸問題の解決を行う活動である。

　『小学校学習指導要領（平成29年告示）解説　特別活動編』には、異年齢集団による交流の重視について、「特別活動における異年齢集団による交流は、各活動・学校行事において大変重要である。具体的には、児童会活動の児童会集会活動や、クラブ活動、学校行事などの場面で異学年の児童が協力して活動する」としている。そして、「特別活動として実施する以外にも、学校の実情に応じて、「縦割り活動」などと称して、学年の異なる児童でグループを編成して、遊びや掃除、給食、登下校などの異年齢集団活動に取り組むことも考えられる」と記している。

　また、「異年齢集団が交流することによって、上学年の児童はリーダーとしての意識や下学年への思いやりの気持ちが高まり、リーダーシップを発揮することができたり、自己有用感をもつことができたりするようになる」とした上で、「下学年の児童は上学年を補佐したり、憧れの気持ちをもったりすることにより、成長や学習への意識が高まることにつながる」としている。そして、「そのためにも、各活動・学校行事の特質や内容に応じて、上学年の児童が主体的に下学年の児童をリードする活動ができるような内容や時間確保の工夫が必要である」とまとめている。

　児童会活動は、卒業後において地域社会における自治的な活動につながる活動であり、クラブ活動は、卒業後において地域・社会におけるサークル活動や同好会など同好の者による自主的な活動につながる活動である。小学校の「道徳科解説」では、「よりよい学校生活、集団生活の充実」の指導の要点（第5・6学年）において、学級集団、児童会やクラブなどの異年齢集団、地域社会における身近な集団において、自分の立場やその集団の向上に資する自分の役割、個人の力を合わせてチームとして取り組んでこそ達成できることなどを自覚して、様々な活動に積極的に参加できるようにしていくことが重要だとされている。

郷土愛

　「郷土愛」に関わる道徳の内容は、昭和52年（1977）の学習指導要領から示された。現行の学習指導要領では、「郷土愛」は「伝統と文化の尊重、国や郷土を愛する態度」（小学校）及び「郷土の伝統と文化の尊重、郷土を愛する態度」（中学校）に含まれる道徳的価値である。ここで言う「国や郷土を愛する」とは、教育基本法の教育の目標として「伝統と文化をはぐくんできた我が国や郷土を愛する態度」（第2条第5号）を養うと定めているのと同様の趣旨である。

　「郷土」とは、自分が生まれ育った土地ないし地理的環境のことである。また、郷土とは文化的な面を含んでおり、自らがその土地で育てられてきたことに伴う精神的なつながりがある場所である。郷土は、その後の人生を送る上で心のよりどころ、精神的な支えとなる。したがって、「郷土愛」とは、そこにある自然や文化に対する愛情だけではなく、郷土の人々と関わり、郷土の伝統と文化にふれ、豊かな体験を重ねることも含めて、それらに対して抱く愛情であると考えられる。

　郷土愛について、小・中学校では発達の段階に応じて次のように指導していくことが求められる。

　小学校第1・2学年では、自分たちの生活が地域の人々や様々な場所と関わっていることを学んだり、身近な自然や文化などに直接ふれる機会を増やしたりし、郷土に親しませる。これらの学習を通して、地域のよさや地域の一員として過ごす喜びを実感させるようにする。

　第3・4学年では、地域の人々や生活、伝統、文化に親しみ、それを大切にすることなどを通して、郷土を愛することについて考えさせ、地域に積極的に関わろうとする態度を育てることが必要である。郷土愛を養うためには、子供自身と地域社会との関わりを作文や日記などによって振り返らせて、関わることのよさを自覚させるようにする。

　第5・6学年では、特に郷土の伝統と文化、先人の努力に対して関心を高めるようにすることが大切である。我が国の歴史や伝統と文化を学ぶ際、その出発点を郷土とすることで我が国への関心も高まり、郷土の伝統文化との往還により、郷土愛も高めるようにする。

　中学校では、地域の人々との人間関係を問い直したり、地域社会の実態を把握させたりして、郷土に対する認識を深める。そして、郷土のために尽くした先人や高齢者などの先達への尊敬と感謝の気持ちを育み、郷土を愛し、その発展に努めるよう指導していく必要がある。問題意識をもち、進んで主体的に郷土の発展に努めようとする実践意欲と態度を育てることが求められる。

愛国心

Key word » **134**

1 道徳教育改訂の概要

2 道徳教育と道徳科の目標

3 道徳科の内容

4 道徳教育の全体計画

5 道徳科の年間指導計画

6 道徳科の指導

7 指導上の配慮事項

8 道徳科の評価

9 道徳科の教材

　「愛国心」に関わる道徳の内容は、昭和33年（1958）の学習指導要領から今日まで続いて設けられており、現行の学習指導要領では「伝統と文化の尊重、国や郷土を愛する態度」（小学校）及び「我が国の伝統と文化の尊重、国を愛する態度」（中学校）に含まれている。内容項目に規定する「国」や「国家」とは、政府や内閣などの統治機構を意味するものではなく、歴史的に形成されてきた国民、国土、伝統、文化などからなる、歴史的・文化的な共同体としての国を意味する。

　「愛国心」とは、自分の国を大切に思う気持ちや自分の国を愛そうとする心である。ここで言う「国を愛する心」とは、教育基本法の教育の目標として「伝統と文化をはぐくんできた我が国や郷土を愛する態度」（第2条第5号）を養うと定めているのと同様の趣旨であり、我が国や郷土を愛する「態度」と「心」は、教育の過程を通じて一体として養われるものである。また、国を愛することは、偏狭で排他的な自国賛美ではなく、国際社会と向き合うことが求められている我が国の一員としての自覚と責任をもって、国際親善や国際貢献に努めようとする態度につながっている。

　愛国心について、小・中学校では、発達の段階に応じて次のように指導していくことが求められる。

　小学校第1・2学年では、昔の遊びを体験させたり、我が国に古くから伝わる催しやそこに込められている人々の思いを知らせたりする。それらのことから我が国の一員としての自覚が芽生え、国への愛着が深まり、親しみをもって生活できるようにする。

　第3・4学年では、我が国の伝統と文化について理解を深めるようにする。そのために、様々な活動を通して我が国の伝統と文化に関心をもち、これらに親しむ気持ちを育てるよう指導することが必要である。

　第5・6学年では、我が国の国土や産業の様子、我が国の発展に尽くした先人の業績、優れた文化遺産について話題にしたり、直接ふれたりする機会を増やすことを通して、そのよさについて理解を深めることが求められる。このことを通して、伝統や文化を育んできた我が国を受け継ぎ、発展させていくべき責務があることを自覚し、努めていこうとする心構えを育てていく。

　中学校では、我が国の発展に尽くした先人たちの努力とその精神をたどり、そのよさを継承するとともに新たな文化を創造してその発展に寄与していく責務があることを自覚し、国家及び社会の形成者として努めていこうとする意欲や態度を育む。その際、国際社会との関わりについて考えを深めることも求められる。

国際理解

Key word ≫ 135

　新型コロナウイルス感染拡大の影響から、我が国を訪れる外国人観光局は激減したところであるが、日本政府観光局によると、平成28年（2016）の訪日外客数は、2400万人を上回ったとしている。前年の平成27年（2015）の1900万人余り、前々年の平成26年（2014）の1300万人余りを考慮すると今後ますます増加することが推察されていた。また、法務省の「出入国管理統計」の統計表によると、入国外国人の国や地域の数は、1970年ではおよそ130、1990年ではおよそ190、2016年ではおよそ200となっており、世界のあらゆる国や地域から我が国に入国していることが分かる。一方で、日本人の出国者数は、1970年ではおよそ93万人あまりであったが、1990年ではおよそ1090万人あまり、そして、2016年ではおよそ1900万人あまりと増加の一途をたどったところである。

　昨今、当たり前のように使用されている「グローバル」（global）という用語は、地球的な規模である状態、あるいは全世界にわたる状態、国境を越えた状態であると言われている。国立国語研究所「外来語」委員会の「『外来語』言い換え提案」の意味説明でも、グローバルを「ものごとの規模が国家の枠組みを越え、地球全体に拡大している様子」としている。

　「国際理解」は、「国家と国家の関係」「国民と国民の関係」を理解することと考えられるが、これらの関係を理解するためには、相手の国家、国民に関する理解を図ることが必要である。他国に対する理解を図るということは、例えば地勢や気候、産業、伝統、文化などについて知ると同時に、風俗、習慣、国民性などの理解も求められる。さらに、必要に応じては言語などの理解も大切になる。

　教育課題としての国際理解教育は、ユネスコ（国際連合教育科学文化機関）が憲章の中に「大衆通報（マス・コミュニケーション）のあらゆる方法を通じて諸国民が相互に知り且つ理解することを促進する仕事に協力すること並びにこの目的で言語及び表象による思想の自由な交流を促進するために必要な国際協定を勧告すること」を示したことが起源とも言われている。

　国際理解に関わる指導は、例えば小学校第1・2学年では、日常生活の中の衣食住や身近な出来事をテレビなどで見聞を通して、他国や他国の人々に親しみをもてるようにすることが大切である。第3・4学年の段階では、他国のことを理解しようとする意欲をより一層高めるようにすること、第5・6学年や中学校では、我が国と異なる伝統や文化、風俗、習慣、国民性などを理解しようとする意欲を高めることが求められる。

C　主として集団や社会との関わりに関すること

国際親善

Key word » 136

　「親善」とは、親しく付き合い、仲がよいということである。「親」には、近しい、仲がよい、むつまじいという意味があり、「善」は、正しい、道理にかなっているという意味の他に、むつまじい、仲がよい、親しいという意味がある。「親善」は、同様の意味の漢字を重ねた熟語と言える。なお、「親善」は、国家や団体の関係として用いられることが一般的である。

　「国際親善」は、基本的には国家と国家が親しく付き合い、仲よくするということである。用いられる言葉としては、自国と他国との親善事業、親善大会、親善試合などが挙げられる。国家同士が親しく、仲よく付き合うためには、相互理解が基盤となる。したがって、「国際親善」を促進させるためには、「国際理解」の深化が何よりも重要になる。「国際理解」は前述の通り、他国の諸事象や立場、思いなどを理解し、受け入れようとすることであるが、「国際親善」は、さらに、その上に立って相互の違いをも認め合い、親愛の情をもってよりよい関係を構築しようとすることと捉えることが適当であろう。

　自国と他国には伝統、文化、風俗、習慣、国民性など様々な違いが存在する。昨今、地球の環境に関わる様々な問題が表面化しているところであるが、例えば持続可能な社会の開発に関わって、環境や資源、食糧や健康などの問題は、到底特定の国や地域だけで解決できるものではない。関係国を中心に全ての国や地域が協力して英知を出し合い、解決に当たることが何よりも大切である。こうした協力関係を良好に保つ上でも「国際親善」は欠くことができない。今後は、グローバル化が一層進展することから、進んで他国の人々との交流活動を進め、親しくしようとする国際親善の態度を養うことが重要になる。

　実際の指導に当たっては、小学校第1・2学年では、日常生活の中の他国に関わる諸事象に興味をもてるようにして、それらに親愛の情をもてるようにすることを、第3・4学年の段階では、スポーツ大会など様々な活動の中での日本人と他国の人々との交流を見聞したりする中で、他国に対する興味・関心を深めさせ、親愛の情をもてるようにすることが大切である。

　また、第5・6学年及び中学校段階では、我が国が様々な文化交流をする上で、互いに異なる文化や習慣を尊重し合うことが大切であることを理解できるようにすることや、これまでの歴史の中での親善の具体例を取り上げて、進んで他国の人々との関わりを求め、交流活動を進めたりより親睦を深めたりしようとする国際親善の態度を養うことが求められる。

131

社会的認識能力

Key word » 137

　人間は、多くの場合、誕生すると家族という集団に属する。また、その血縁関係としての親族の一員にもなる。そして、就学前には、幼稚園や保育所に入園・入所することで、それらの集団の一員となる。そして、就学することで小学校の一員となり、その構成単位としての学級の一員にもなる。学級では当番活動や学習集団としての班の一員となり、特別活動の自発的・自治的活動としての係に所属するなど、集団との関わりが広がっていく。さらに、クラブ活動がスタートすればクラブに所属し、児童会活動では各種委員会に所属し、その一員としての役割を担うこととなる。中学校では部活動において、同好の生徒とともに活動する。

　学校における集団活動には、それぞれねらいがある。例えば、特別活動であれば、自主的、実践的な集団活動を通して身に付けたことを生かして、集団や社会における生活及び人間関係をよりよく形成するとともに、自己の生き方についての考えを深め、自己実現を図ろうとする態度を養うことが挙げられる。総じて言えば、小・中学校における集団活動の目的は、個々の能力を伸ばしつつ社会において自立的に生きる基礎を培い、国家及び社会の形成者として必要とされる基本的な資質を養うことであり、子供が生涯にわたって、自身が所属する集団、言い換えれば社会において自己実現を図ることができる資質や能力を養うことを目的としていると言えよう。

　その基盤となるものの一つが、社会的認識能力である。子供は小学校第1・2学年における生活科の学習や第3学年からの社会科の学習によって知見を獲得し、前述の集団活動を通して実践的に学ぶことを通して、自分が所属する社会は何を目指しているのか、そこに所属する構成員はどのような個性を有し、それぞれがどのような役割を担っているのか、その社会は他の社会とどのようなつながりがあるのか、また、それらの社会と自分が所属する社会にはどのような異同があるのか、その中で自分はどのような役割を果たすべきかなどについての認識を深めていくことになる。

　このような社会的認識能力は、今後ますますグローバル化が進展し、地球規模で解決しなければならない課題を考える上で必須の能力と言える。国連が2030年までに、途上国・先進国関係なく達成することを目指そうとする貧困や教育、エネルギー、消費やパートナーシップなどの世界中で抱える問題を17に分類した目標である「持続可能な開発目標（Sustainable Development Goals）」を達成する上でも、社会的認識能力を育成することは重要であると言えよう。

生命の有限性

1 道徳教育改訂の概要

2 道徳教育と道徳科の目標

3 道徳科の内容

4 道徳教育の全体計画

5 道徳科の年間指導計画

6 道徳科の指導

7 指導上の配慮事項

8 道徳科の評価

9 道徳科の教材

「生命の有限性」とは、生命そのものが本質的に有している側面の一つである。

「生命」とは、多様な側面をもっており、生命には終わりがあるという「有限性」の他に、生命はずっとつながっているという「連続性」や自然界における他の生命との関係性、自分が今ここにいることの不思議「偶然性」など、様々な側面をもつ。

その側面の一つである「生命の有限性」とは、生命にはいつか終わりがあり、その消滅は、不可逆的で取り返しがつかないという生物的・身体的に有限なものと言える。この有限でかけがえのない生命を家族や社会的な関わりの中での生命や自然の中での生命、さらには、生死や生き方に関わる生命の尊厳など、発達の段階を考慮しながら計画的・発展的に指導し、様々な側面から「生命の尊さ」についての考えを深めていくことが重要である。

「生命を尊ぶことは、かけがえのない生命をいとおしみ、自らもまた多くの生命によって生かされていることに素直に答えようとする心の現れ」と学習指導要領に示されている。ここで言う「生命」とは、連続性や有限性を有する生物的・身体的生命に限ることではなく、その関係性や精神性においての社会的・文化的生命、さらには人間の力を超えた畏敬されるべき生命として捉えている。

指導に当たっては、小学校の第1・2学年では、生命の尊さを知的に理解するというより生命そのものを実感させていく。「体にはぬくもりがあり、心臓の鼓動が規則的に続いている」「おいしく朝食が食べられる」など日常の生活の中で生きることの証を実感させ、さらには自分の誕生を心待ちにしていた家族の思いに気付き、自分の生命そのもののかけがえのなさを自覚させていく。第3・4学年においては、生命は、唯一無二であることや自分一人のものでなく、多くの支えにより守り育まれている尊いものであること、自分と同様に生命あるもの全てを尊いものとして大切にしようとする心情や態度を育てることが求められる。第5・6学年では、家族や仲間とのつながりの中で共に生きることの素晴らしさ、生命の誕生から死に至るまでの過程、人間の誕生の喜びや死の重さ、限りある命を懸命に生きる尊さ、生きることの意義を追い求める高尚さ、生命を守り抜こうとする人間の姿の尊さなど様々な側面から生命のかけがえのなさを自覚し、生命を尊重する心情や態度を育んでいくことが大切である。

中学校では、生命の有限性や連続性だけでなく、生命体の組織や生命維持の仕組みの不思議などを手掛かりに自らの生命の大切さを深く自覚させるとともに、他の生命を尊重する態度を身に付けさせることが大切である。

生命の連続性

「生命の連続性」とは、生命そのものが本質的に有している側面の一つである。

「生命」は、多様な側面をもっており、生命はずっとつながっているとともに関わり合っているという「連続性」の他に、生命には終わりがあるという「有限性」や自然界における他の生命との関係性、自分が今ここにいることの不思議「偶然性」など様々な側面をもつ。

その側面の一つである「生命の連続性」とは、今ある自分の生命は、遠い先代から受け継がれてきたものであり、祖先から祖父母、父母、そして自分、さらに自分から子供、孫へと受け継がれていくものである。また、その生命は多くの生命のつながりの中にあるかけがえのないものであり、自分一人のものでなく、多くの人々の支えによって守り育まれている尊いものである。

この受け継がれ、多くの生命とのつながりの中にある生命を家族や社会的な関わりの中での生命や自然の中での生命、さらには、生死や生き方に関わる生命の尊厳など、発達の段階を考慮しながら計画的・発展的に指導し、様々な側面から生命の尊さについての考えを深めていくことが重要である。

指導に当たっては、人間の生命の尊さだけでなく、生きているもの全ての生命の尊さも大切に考えなければならない。生命の尊さを概念的な言葉での理解とともに、自己との関わりで生命の尊さや生きることの素晴らしさを考え、自覚を深められるように指導することが求められる。小学校の第1・2学年では、生命の尊さを知的に理解するというより日常の生活の中で生きることの証を実感させ、さらには自分の誕生を心待ちにしていた家族の思いに気付き、自分の命そのもののかけがえのなさを自覚させていく。第3・4学年においては、生命は、唯一無二であることや自分一人のものでなく、多くの支えにより守り育まれている尊いものであること、自分と同様に生命あるもの全てを尊いものとして大切にしようとする心情や態度を育てることが求められる。第5・6学年では、家族や仲間とのつながりの中で共に生きることの素晴らしさ、生命の誕生から死に至るまでの過程、人間の誕生の喜びや死の重さ、限りある命を懸命に生きる尊さ、生きることの意義を追い求める高尚さ、生命を守り抜こうとする人間の姿の尊さなど様々な側面から生命のかけがえのなさを自覚し、生命を尊重する心情や態度を育んでいくことが大切である。

中学校では、人間の有限性や連続性だけでなく、生命体の組織や生命維持の仕組みの不思議などを手掛かりに自らの生命の大切さを深く自覚させるとともに、他の生命を尊重する態度を身に付けさせることが大切である。

自然愛護

Key word » **140**

　学習指導要領に示されている「自然愛護」とは、自分たちを取り巻く自然環境を大切にしたり、動植物を愛護したりすることに関する内容項目である。

　古来人間は、自然から受ける様々な恩恵に感謝し、自然との調和を図りながら生活を営んできた。動植物は、自然環境の中で生きており、それぞれの環境に適応して生活を営んでいる。人間も動植物と同じように地球に住む一員として環境と関わり合って生きており、自然の中で育まれた伝統文化は、人々の心を潤し自然と人間のよい関係を象徴するものである。一方、人間の力を超えた自然の驚異は、その不思議さにとどまらず、偉大なる自然の前に人間の無力さを見せつけられることもある。

　自然の中で生かされている人間が自然に対して謙虚に向き合い理解していくことが生命の大切さや尊さ、人間として生きることの素晴らしさの自覚につながり、とかく独善的になりやすい人間の心を反省させ、生きとし生けるものに対する感謝と尊敬の心を生み出し、自然を大切にすることの意義を実感することができる。

　自然愛護とは、人間が保護の主体ではなく、自然の生命を感じ取り、自然との心のつながりを見いだして共に生きようとする自然への積極的な対し方である。科学技術の進歩に伴い、物の豊かさや便利さを手に入れた代償として環境破壊が進んでいる。私たちはこの現状に向き合い、人間と動植物と自然が共存できる在り方を積極的に考え、自分たちにできる範囲で自然を大切にし、持続可能な社会の実現に努めようとする態度を育てることが重要である。

　指導に当たっては、小学校の第1・2学年では、自然や動植物との触れ合いを通して自然の不思議さ、生命の力、そして、共に生きていることのいとおしさなどを感じ、大事に守り育てようとする気持ちを育むようにする。第3・4学年では、動植物と自然環境との関わりを考え、身近なところから少しずつ自分たちなりにできることを実行しようとする意欲を高めることが大切である。第5・6学年では、自然環境と人間との関わりから、人間の生活を豊かにすることを優先し、十分な思慮や節度を欠いて自然と接したことに気付かせていく。人間も自然の中で生かされていることを自分の体験を基に考えられるようにすることが必要である。

　中学校では、体験を生かして人間と自然との関わりを多面的・多角的に捉え、自然を愛し、守ることといった環境の保全を通して、有限な人間の力を超えたものを謙虚に受け止める心を育てることが求められる。

環境破壊

　環境破壊とは、公害や自然破壊など環境の状況が悪化し、破壊される事態であり、現代的な課題の一つである。道徳科の内容で扱う道徳的諸価値は、この現代社会の様々な課題に直接関わっている。

　例えば、持続可能な発展を巡っては、環境、貧困、人権、平和、開発といった様々な問題があり、これらの問題は、生命や人権、自然環境保全、公正・公平、社会正義、国際親善など様々な道徳的価値に関わる。特に「規則の尊重」「相互理解、寛容」「公正、公平、社会正義」「国際理解、国際親善」「生命の尊さ」「自然愛護」などの内容項目に深く関わる。子供には、発達の段階に応じて現代的な課題を身近な問題と結び付けて、自分との関わりで考えられるようにすることが求められる。

　科学技術の進歩に伴い、物の豊かさや便利さを手に入れた代償として環境破壊が地球規模で進んでいる中で、自分たちにできることは何だろうかと考え、現状の改善に自分たちができることから少しずつ取り組んでいくことが大切である。特に、自然や動植物を愛し、自然環境を大切にしようとする態度は、地球全体の環境破壊が懸念され持続可能な社会の実現が求められる中で、身に付けなければならないものである。

　「自然愛護」の内容における指導では、自然環境と人間との関わりから、人間が自らの生活を豊かにすることを優先し、十分な思慮や節度を欠いて自然と接してきたことに気付かせ、人間も自然の中で生かされていることを自分の体験を基に考えられるようにすることが求められる。また、有限な力を超えたものを謙虚に受け止める心を育て、自然を美の対象とだけ扱うのではなく、畏敬の対象として捉えさせることが大切である。

　その際、東日本大震災や熊本地震・水害などの災害の事実の理解から、自然の中で生かされていることを謙虚に受け止める感性を高めることに留意する。そのことが、自然を外から制御する者となって保護するという自然への対し方でなく、一人一人が自然との心のつながりを見いだし同行する者として生きようとする自然への対し方につながっていく。このことは、持続可能な開発目標（SDGs）のための教育でも求められる。これらは、現在及び未来の自然環境の課題に取り組むために必要な心を育てることになる。

畏敬の念

Key word » **144**

　人間としての自己の在り方を探究するとき、人間は様々な意味で有限なものであり、人間関係の中ばかりではなく、自然の中で生かされていることを自覚し、自然の恩恵なしには、生き続けることができないことを実感する。この自覚とともに、人間の力を超えたものを素直に感じ取る心が深まり、これに対する畏敬の念が芽生えてくるであろう。

　また、人間の有限性の自覚は、生命のかけがえのなさや尊さ、人間として生きることの素晴らしさの自覚につながり、生きとし生けるものに対する感謝と尊敬の念を生み出していくものである。人間は自らの有限性を知れば知るほど、人間の力を超えたものへの思いを深く抱くのではないだろうか。

　畏敬とは、畏れるという意味での畏怖という面と、敬うという意味での尊敬、尊重という面が含まれている。畏れかしこまって近付けないということである。

　人間のもつ心の崇高さや偉大さを感じたり、真理を求める姿や自分の可能性に挑戦する人間の姿に心を打たれたり、芸術作品の内に秘められた人間の業を超えたものを感じたり、自然の摂理に感動しそれを包み込む大いなるものに気付いたりするなどを通して、それらに畏敬の念をもつことが求められる。

　小学校段階では、特に第5・6学年で、文学作品、絵画や造形作品などの美術、壮大な音楽など美しいものとの関わりを通して、感動したり尊敬や畏敬の念を深めたりすることで、人間としての在り方をより深いところから見つめ直すことができるようにすることが大切である。

　中学校段階では、学年が上がるにつれて、美的な情操が豊かになり、自然や人間の力を超えたものに対して、美しさや神秘さを感じ、自然の中で癒される自己に気付くようになる。自然や優れた芸術作品等美しいものとの出会いを振り返り、そこでの感動や畏怖の念、不思議に思ったこと等の体験を生かして、人間と自然、あるいは美しいものとの関わりを抽象的な言葉による理解ではなく、人間理解に基づいての畏敬の念について多面的・多角的に捉えることが大切である。

　畏敬は、非日常的な体験を通して初めて自覚されることが多い。人の心の優しさや温かさなど気高いものや崇高なものに出会ったときの尊敬する気持ちなどを、子供の心の中により一層育てることが大切である。美的な情操を深め、感動する心を育てることは、豊かな心を育て人間としての成長をより確かなものにすることにつながる。そのためには、学校における自然体験活動や読書活動など、美しいものや気高いものなどに出合う機会を設定することが大切である。

1　道徳教育改訂の概要
2　道徳教育と道徳科の目標
3　道徳科の内容
4　道徳教育の全体計画
5　道徳科の年間指導計画
6　道徳科の指導
7　指導上の配慮事項
8　道徳科の評価
9　道徳科の教材

人間のもつ心の崇高さ、偉大さ

Key word » **145**

　世の中には、人間の想像を超えた神秘的な出来事や、限りなく美しいもの、気高いものなどがある。人間は自然が織りなす現象や景色に心を打たれ感動したり、人間の心の優しさや温かさなど気高いものや崇高なものに出会ったときに尊敬したりする気持ちなど、人間の心の美しさを感じ取ることができる。

　人間は、総体として弱さはもっているが、それを乗り越えて次に向かっていくところに素晴らしさがある。時として様々な誘惑に負け、易きに流れることもあるが、誰もがもつ良心によって悩み、苦しみ、良心の責めと戦いながら、呵責に耐えきれない自分の存在を深く意識するようになる。そして、人間として生きることへの喜びや困難を乗り越え人間の行為の美しさに気付いたとき、人間は強く、また、気高い存在になり得るのである。いわゆる壮美が感ぜられるのである。また、ここでの人間としての生きる喜びとは、自己満足ではなく、人から褒められたり、認められたりするという喜び、人間としての誇りや深い人間愛、崇高な人生を目指し、同じ人間として共に生きていくことへの深い喜びである。

　さらに、人間の存在の根源に目を向けるとき、人間の有限性を自覚し、人間の力を超えたものを感じ取ることも多い。自然や優れた芸術作品等との関わりについても、心に響いたものは何かを考えたり、自己の生き方を見つめ直したり、感受性豊かに崇高なものに素直に応える人間の姿がある。この感じる心が、自らの生き方に対しての謙虚さや誠実に生きようとする気持ちを高めるとともに、他者に対しても思いやりをもって温かい心で接することができるようになる。

　気高く生きようとする心は、自己の良心に従って人間性を外れずに生きようとする心であり、内なる自分に恥じない、誇りある生き方、夢や希望などの喜びのある生き方を見いだすことにつながる。

　子供には、自分を含め、人は誰でも人間らしいよさをもっていることを認めるとともに、決して人間に絶望することなく、誰に対してもその人間のよさを見いだしていく態度を育てることが大切である。誰の心の中にも弱さがあると同時に、人間はその弱さを克服したいと願う心をもっている。そして、崇高な人生を送りたいという人間のもつ気高さを追い求める心もある。そのため、弱い自分と気高さの対比に終わったりすることがないよう、自分を奮い立たせることで目指す生き方、誇りある生き方に近付けるということに目を向けられるようにすることが大切である。自然の美しさや人の心の気高さなどを感じ取る心をもっている自分に気付き、その心を大切にし、さらに深めていこうとする気持ちを高めるようにすることが重要である。

大自然の摂理

　自然には、人の営みがつくり出した自然と、山、川、海、草木、風雨など、人間の手によらず長い年月を通して存続してきた自然とがある。ここで考える大自然とは、後者を指す。

　大自然は、人間の力が到底及ばない存在である。四季折々の大自然の雄大さを感じながら時を過ごすことは、心に潤いとともに安心感も与えてくれる。その一方で、大規模な自然災害を目の当たりにすると、その場にいる、いないにかかわらず恐れや緊張を感じさせ、人間は大自然の猛威に抵抗することは決してできないという失望、絶望を感じさせる存在に変わる。

　大自然の摂理の類語には、「大自然のはたらき」「大自然の営み」「大自然の掟」などがある。これらは、全て人間が自由にコントロールできるものではない。よって、「大自然の摂理」を、「人間が抗うことができない自然（界）の法則（ルール）である」とすると考えやすい。

　自然との関わりに関する内容項目は、小学校、中学校ともに設定されている「自然愛護」である。小学校第1・2学年では、身近な自然に親しみ、動植物に優しい心で接することであり、第3・4学年では、自然の素晴らしさや不思議さの感得が加わる。さらに第5・6学年では、自然の偉大さを知り、自然環境を大切にすることへ発展する。そして、中学校では、「自然の崇高さを知り、自然環境を大切にすることの意義を理解し、進んで自然の愛護に努めること」とあり、大自然の摂理に基づいた人間としての生き方が示されている。

　さらに、中学校の「道徳科解説」には、「『自然環境を大切にすることの意義を理解』することとは、人間は有限なものであるという自覚によって、自然の中で生かされている人間が自然に対して謙虚に向き合うことの大切さを理解することにほかならない」とある。この「自然に対して謙虚に向き合う」生き方こそ、道徳科授業の中で考えを深めていきたい内容になる。

　授業を進めるに当たっては、文字情報だけでなく、映像資料等を効果的に活用し、可能な限り諸感覚を使って感じさせることが効果的である。例えば、キラウエア火山の映像資料の、靴底が溶けるほどの高温状態の固結した溶岩の様子は、人間を寄せ付けない、死を感じさせるものがある。その一方で、山全体の景観からその雄大さを感じるとともに、小さな草花の新たな誕生の発見も確認することができる。このように生と死を同時に感じ取ることができるような教材を効果的に活用し、考えるべき視点を適切に設けていくことで、「進んで自然の愛護に努める」という生き方につなげていきたい。

1　道徳教育の改訂の概要
2　道徳教育と道徳科の目標
3　道徳科の内容
4　道徳教育の全体計画
5　道徳科の年間指導計画
6　道徳科の指導
7　指導上の配慮事項
8　道徳科の評価
9　道徳科の教材

人間として生きる喜び

　中学校の「道徳科解説」では、人間として生きる喜びについて、以下のように示している。

　「人間としての生きる喜びとは、自己満足ではなく、人間としての誇りや深い人間愛でもあり、崇高な人生を目指し、同じ人間として共に生きていくことへの深い喜びである」。

　ここで示す人間として生きる喜びは、内容項目の四つの視点に関わっていて、それは深い喜びであると解説している。

　ここを紐解くために、平成27年改訂で削除された「人からほめられたり、認められたりするという喜び」に着目してみたい。これはマズローの承認欲求の段階で、深い喜びではない。これを対比的に浅い喜びとすると、浅い喜びは情動的で、表面的で、個別的である。よって、「自己満足」は浅い喜びになる。

　深い喜びは、自分の身体性や個別性ということから離れていくところで感じるもので、人間、誰もがそうだと思う喜びである。その喜びは、感情的に湧き立つような喜びではない。心の底の深くにあるような、埋まっているような喜びである。したがって、根底では人はつながっていて、それを感じたとき、誰もが深い喜びを感じることができる。

　内容項目の視点との関わりは、「人間としての誇り：Aの視点」「人間愛：Bの視点」「共に：Cの視点」「崇高な：Dの視点」である。深い喜びには多面性があり、多角的な視点で捉える必要があることを示している。

　指導に当たっては、誇りある生き方、夢や希望など喜びのある生き方を、多面的・多角的に考え、考えを深めることに努める。例えば、教材『いつわりのバイオリン』では、A、B、Dの視点がバランスよく加味され、喜びのある生き方を深く考えることができる。特に、ロビンとフランクが共に求めた「音」、彼らにとっての「音」とは何か、Cの視点が深い喜びへの入り口である。問いと問い返しを使って考えを深め、深い喜びとは何かを探り、喜びのある生き方とは何かにつなげていくことが求められる。

　なお、小学校においては、Dの視点において、人間としてのよさ、言い換えれば、人間としての生きる喜びについての感じ方、考え方を深めるために「よりよく生きようとする人間の強さや気高を理解し、人間として生きる喜びを感じること」が加えられている。

人間がもつ強さ、気高さ

Key word » **148**

1 道徳教育の改訂の概要

2 道徳教育と道徳科の目標

3 道徳科の内容

4 道徳教育の全体計画

5 道徳科の年間指導計画

6 道徳科の指導

7 指導上の配慮事項

8 道徳科の評価

9 道徳科の教材

　学習指導要領の内容項目で示されている「人間がもつ強さ、気高さ」については、小学校と中学校では表現が以下のように異なる。

> （小学校）よりよく生きる喜び〔第5学年及び第6学年〕
> 　よりよく生きようとする人間の強さや気高さを理解し、人間としての生きる喜びを感じ取ること。（下線は筆者）

> （中学校）よりよく生きる喜び
> 　人間には自らの弱さや醜さを克服する強さや気高く生きようとする心があることを理解し、人間として生きることに喜びを見いだすこと。（下線は筆者）

　中学校の「道徳科解説」の（1）内容項目の概要をまとめると、次のようになる。

①強さ

　強さは自らの弱さ、醜さと表裏の関係にあり、自己の弱さや醜さに向き合うことがなければ強さにつながらない。

②気高く生きようとする心

　自己の良心に従って人間性に外れずに生きようとする心。

　弱さは劣等感や妬み、恨みを生むが、強さにはこれを跳ね返す力がある。

　気高さは格調高く、気品の高いという意味がある。醜さが変化する先に気高さがあるとすると考えやすい。気高さは外面に表れ、高貴な雰囲気さえ醸し出す。それは人間性に外れずに生きようとする心が、意識にあるないにかかわらず現れているからである。

　さらに内容項目の概要では、「人間として生きることへの喜びや人間の行為の美しさに気付いたとき、人間は強く、また、気高い存在になり得るのである」とある。人間として生きることへの喜びは、己の弱さの苦しみに打ち勝ち、誇りをもつことで得ることができる。人間の行為の美しさは、良心に従い、誇りを胸に、よりよい生き方をぶれることなく生きる姿によって表現される。

　指導に当たっては、自己の弱さを強調したり、弱い自分と強い自分を対比させることに終始してはならない。例えば、教材『二人の弟子』では一時的に妬み、恨む内容になっているが、この弱さは誰にでもある。そこを強調するのではなく、主人公が白百合の美しさから自らを見つめ直す姿勢に焦点を当て、生きる喜びや人間の行為の美しさにつなげていきたい。

良心　　　　　　　　　　　　　　　Key word » 149

　文部科学省が作成した道徳教育用教材の「私たちの道徳　中学校」（2014）の「(3) 人間としての強さや気高さを信じ生きる」の冒頭（P.120）には、「誘惑に負け、易きに流れてしまったとき、『しまった』と思う心の揺れが、良心なのではないか」と示し、さらに「saying この人のひと言」（P.125）では、ルソー（Jean-Jacques Rousseau,1712-1778）の「良心は魂の声である」を取り上げている。これらは、『エミール、または教育について』の「サヴォワ助任司祭の信仰告白」での「良心! 良心! 神聖な本能、不滅の天の声、無知で有限ではあるが、知性と自由を持つ存在の確実な案内者、誤ることのない善悪の判定者、人間を神に似せ、人間本性を優れたものにし、人間の行為に道徳性を与える者」を踏まえていると思われる。

　中学校の「道徳科解説」では、良心を、「自己の行為や性格の善悪を自覚し、善を行うことを命じ、悪を避けることを求める心の働きである」とし、道徳科において扱う場合は、「自己の行為や性格の善悪」と扱う視点を定め、

　・「善悪を自覚し」……………道徳的な反省に基づいた判断を求める。
　・「善を行うことを命じ」………正しい生き方につなげる自己決定につなげる。
　・「悪を避ける」………………過ちを繰り返さない。

という時間的経過を踏まえて示している。

　道徳科の授業で取り上げる良心は、人間によってなされた行為に対する道徳的な反省意識として、多くの教材に関連している。教材『銀色のシャープペンシル』では、主人公の僕は卓也からの謝罪の電話によって強く心が揺れ動き、満天の星空を見て、ゆっくりと深呼吸した後、卓也の家の方に歩く向きを変える。主人公の僕は、自分が行った行為の間違いは自覚しているが、正直にそれを相手に伝えることができず、悶々とした時間を過ごす。「内なる言葉＝良心」から善悪の判断がなされても、行為につながるまで長く迷い続ける姿に、共感する子供も多い。この後、主人公は卓也に謝ることが本当にできるかについても、意見が分かれるところである。授業では、そのように考える子供もいることを踏まえ、自分の良心と向き合いながら、考えを深めていくことができる展開にしていきたい。

　小学校においては、内容項目「よりよく生きる喜び」に加えて、「正直、誠実」の解説の中で「良心の呵責」が取り上げられている。

D　主として生命や自然、崇高なものとの関わりに関すること

崇高な人生 Key word » 150

崇高な人生という言葉は、中学校の「道徳科解説」にある言葉である。

> 人間としての生きる喜びとは、自己満足ではなく、人間としての誇りや深い人間愛でもあり、崇高な人生を目指し、同じ人間として共に生きていくことへの深い喜びでもある。（下線は筆者）

「崇高」の意味は、「恐れや驚きを起こさせるほど気高いこと、尊いこと、または、そのさま」である。「気高さ」には気品の高さがあり、「尊さ」には信仰心のような感情が含まれている。「そのさま」は、これらの内面の感情が外に現れた状態を示している。また、Dの視点は「主として生命や自然、崇高なものとの関わりに関すること」としている。

崇高論は古くより議論がなされてきたが、そこには「美」が含まれていることが見てとれる。Sublime を崇高とし、美的範疇の一つとしたのも、そうした特性からと思われる。

これらを踏まえると、学習指導要領に示されている「崇高な人生」とは、「人間として、気高く、尊く、この世を生きていくこと」になり、そのような人生は「美しきもの」という意味が含まれる。

崇高の対義語は、卑劣である。人間には弱さや醜さがあり、時に卑劣な存在に陥ることがある。道徳的な問題を承知していても、向き合うことも乗り越えることもせず、過ちを繰り返すことがある。それでもなお、よりよく生きたいと願う心を失わず、良心の声に耳を傾け、気高く、尊く生きようと今もこれからも固く決意することで、よりよい人生を歩むことができ、その姿は美しいものになる。

指導に当たっては、生きる喜びにつながり、その生き様が美しいと感じ合えるような授業を構築する。教材『マザー＝テレサ』で、路上で死にかけた老人を医師に診てもらうために強い意思をもって訴えるテレサの姿に、読み手である子供は彼女の崇高な理念を、さらに人間としての美しさを感じ取ることができる。そこで感じ得た思いを単なる理想論に終わらせることなく、他者への敬意、感謝の念をもって自分も実現したいという思いに高めるような授業にしていく必要がある。

1 道徳教育の改訂の概要

2 道徳教育と道徳科の目標

3 道徳科の内容

4 道徳教育の全体計画

5 道徳科の年間指導計画

6 道徳科の指導

7 指導上の配慮事項

8 道徳科の評価

9 道徳科の教材

● 第3章 ［参考文献］

〈参考文献〉
・文部科学省（2018）『小学校学習指導要領（平成29年告示）解説　総則編』東洋館出版社
・文部科学省（2018）『中学校学習指導要領（平成29年告示）解説　総則編』東山書房
・文部科学省（2018）『小学校学習指導要領（平成29年告示）解説　特別の教科道徳編』廣済堂あかつき
・文部科学省（2018）『中学校学習指導要領（平成29年告示）解説　特別の教科道徳編』教育出版
・文部科学省（2018）『小学校学習指導要領（平成29年告示）解説　特別活動編』東洋館出版社
・細谷俊夫（1990）『新教育学大事典』第一法規出版
・文部科学省（2014）『わたしたちの道徳　小学校1・2年』文溪堂
・文部科学省（2014）『わたしたちの道徳　小学校3・4年』教育出版
・文部科学省（2014）『私たちの道徳　中学校』廣済堂あかつき
・文部省（1976）「小学校道徳の指導資料とその利用1」
・文部省（1966）「小学校道徳の指導資料　第3集」
・新村出（2018）『広辞苑　第7版』岩波書店
・小学館国語辞典編集部（2006）『精選版　日本国語大辞典』小学館
・赤堀博行（2021）『道徳的価値の見方・考え方』東洋館出版社
・柴田武・山田進（2002）『類語大辞典』講談社
・日本武道協議会（2004）「こども武道憲章」（https://www.nipponbudokan.or.jp/shinkoujigyou/kodomo）
・金田一春彦（1998）『パーソナル現代国語辞典』学研プラス
・永田繁雄（2016）『平成28年版　小学校新学習指導要領の展開　特別の教科　道徳編』明治図書出版
・柴原弘志（2016）『平成28年版　中学校新学習指導要領の展開　特別の教科　道徳編』明治図書出版

第 **4** 章

道徳教育の全体計画

　道徳教育推進教師とは、道徳教育の推進を主に担当する教師のことであり、学校の道徳教育の目標を達成するために、下記①～⑧のような役割が示されている（『小学校学習指導要領（平成29年告示）解説　総則編』（以下「総則編」））。

　学校においては、校長が道徳教育の方針を明確にし、指導力を発揮して、全教師が協力して道徳教育を展開できるようにする必要がある。そのためには道徳教育推進教師が中心となり、道徳教育の全体計画に基づく道徳科の年間指導計画を作成する必要がある。

　道徳教育推進教師は平成20年改訂の学習指導要領で示された。校長の方針の下に、全教師が協力して道徳教育を展開するための中心的な役割を果たすことを旨とし、その方針と役割は平成29年改訂の学習指導要領でも同様である。

　「総則編」に示される道徳教育推進教師の役割は、以下の通りである。

---

①道徳教育の指導計画の作成に関すること
②全教育活動における道徳教育の推進、充実に関すること
③道徳科の充実と指導体制に関すること
④道徳用教材の整備・充実・活用に関すること
⑤道徳教育の情報提供や情報交換に関すること
⑥授業の公開など家庭や地域社会との連携に関すること
⑦道徳教育の研修の充実に関すること
⑧道徳教育における評価に関すること　など

　道徳科の授業を実施しやすい環境を整えることも重要であり、例えば次のような環境整備の呼びかけをしたり、その場と機会を設定したりすることが考えられる。

・道徳科で用いる教材や教具等の準備
・掲示物の充実
・道徳コーナー等の整備（教員で分担して進める）

　さらに小・中学校間の接続を意識した取組として、近隣の小・中学校と連携し、互いに道徳科の授業参観をして学び合うことも考えられる。このような推進をすることで、計画的な学び合いの場の設定や授業の質の高まりが期待できる。

　なお学校が一体となって道徳教育を進めるためには、校長の明確な方針と道徳教育推進教師の役割の明確化とともに、全教師が指導力を発揮し、協力して道徳教育を展開できる体制を整える必要がある。

道徳教育の全体計画

1 道徳教育改訂の概要

2 道徳教育と道徳科の目標

3 道徳科の内容

4 道徳教育の全体計画

5 道徳科の年間指導計画

6 道徳科の指導

7 指導上の配慮事項

8 道徳科の評価

9 道徳科の教材

「全体計画」とは、学校教育において特定の教科だけでなく、複数の教科において横断的に行う教育活動の計画である。道徳教育の全体計画（以下「全体計画」）とは、学校における道徳教育の基本的な方針を示すとともに、学校の教育活動全体を通して、道徳教育の目標を達成するための方策を総合的に示した教育計画である。

「全体計画」は校長の明確な指導方針のもとに、道徳教育推進教師が中心となり作成する必要がある。学校としての道徳教育の目標を達成するために、どのようなことを重点的に推進するかを定め、各教育活動はどのような役割を分担し関連を図るのか、家庭や地域社会との連携をどう進めていくのかなどについても総合的に示すものとなるように作成する。

「全体計画」の意義は、以下の通りである。

①人格の形成及び国家、社会の形成者として必要な資質の育成を図る場として学校の特色や実態及び課題に即した道徳教育が展開できる
②学校における道徳教育の重点目標を明確にして推進することができる
③道徳教育の要としての道徳科の位置付けや役割が明確になる
④全教師による一貫性のある道徳教育が組織的に展開できる
⑤家庭や地域社会との連携を深め、保護者や地域の人々の積極的な参加や協力を可能にする

作成に当たっては「全体計画」の意義を踏まえ、基本的把握事項と具体的計画事項を含めることが望まれる。

基本的把握事項とは、計画作成に当たり前もって把握すべき事項である。例えば教育関係法規の規定、学校や地域社会の実態と課題、子供の実態と課題などが挙げられる。具体的計画事項とは、基本的把握事項を踏まえて、各学校が全体計画に示すことが望まれる事項である。例えば学校の教育目標、道徳科の指導の方針、年間指導計画を作成する際の観点や重点目標に関わる内容の指導の工夫などである。

機能性のある全体計画にするためには、それぞれの内容を吟味するとともに、その内容を学校通信に掲載したり、ホームページで紹介したりするなど、積極的に公開・発信していくようにすることが肝要である。さらに全体計画とともに、各事項についての詳細をまとめた別葉を作成することで、一層活用しやすいものになる。

基本的把握事項

基本的把握事項とは、全体計画の作成に当たって把握すべき事項の一つである。

道徳教育の全体計画は「各学校において、校長の明確な方針の下に、道徳教育推進教師が中心となって、全教師の参加と協力により創意と英知を結集して作成されるもの」であるが、このような特性をもつ全体計画の作成に当たっては、道徳教育の全体計画の意義（Key word⑫道徳教育の全体計画（P.149）を参照）を踏まえる必要がある。

全体計画作成の前に把握すべき事項として、基本的把握事項がある。基本的把握事項は、三つの要点があり、これらの事項を全体計画に盛り込むことが肝要となる。

1　教育関係法規の規定、時代や社会の要請や課題、教育行政の重点施策

教育基本法では、教育の目的は人格の完成と示されている。また学校で行うべきことは、学校教育法に示されている。全体計画の作成に当たっては、これらの教育の関係法規などを確認することが重要である。全体計画に条文を記載すると煩雑になるため、法令等の名称を示すようにする。

実際に道徳教育を行う際は、その時代や社会の要請や課題があり、現在の状況を考えて記載することも考えられる。

さらに学校を管轄する市区町村、都道府県などには、それぞれ教育に関わる方針や課題があり、これにも対応する必要がある。教育行政の施策などのポイントを全体計画に記載することも求められる。

2　学校や地域社会の実態と課題、教職員や保護者の願い

学校における道徳教育は、学校が目指す子供像に向かって、各学校が設定した道徳教育の重点目標の達成を期して行うものであり、関係法規や教育行政の施策だけでなく、学校の実情を考慮することで、地域の実態に即した実質的な教育活動を行うことができる。地域の人々や保護者、教職員の願いを明らかにして、その要点を全体計画に反映させる。

3　子供の実態と課題

道徳教育の対象は、学校に在籍する子供たちである。子供の実態は学校によって異なるものであり、各学校においては子供のよさを周到に把握して、子供の実態に応じた教育指導を行うことが大切である。子供のよさや課題などの傾向を把握するためには、保護者や地域住民との連携、協力を図ることが求められる。

1 道徳教育改訂の概要

2 道徳教育と道徳科の目標

3 道徳科の内容

4 道徳教育の全体計画

5 道徳科の年間指導計画

6 道徳科の指導

7 指導上の配慮事項

8 道徳科の評価

9 道徳科の教材

具体的計画事項

　具体的計画事項とは、基本的把握事項を踏まえ、各学校が全体計画に示すことが望まれる事項のことである。具体的に道徳教育を進める上で必要な事項を、全体計画に盛り込むようにする。

　全体計画の作成に当たっては、道徳教育の全体計画の意義（Key word❶❺❷道徳教育の全体計画（P.149）を参照）を踏まえる必要がある。

　全体計画に示すことが望ましい具体的計画事項は、以下の通りである。

①学校の教育目標、道徳教育の重点目標、各学年の重点目標
②道徳科の指導の方針
③年間指導計画を作成する際の観点や重点目標に関わる内容の指導の工夫、
　校長や教頭等の参加、他の教師との協力的な指導
④各教科、外国語活動、総合的な学習の時間及び特別活動などにおける道徳
　教育の指導の方針、内容及び時期
⑤特色ある教育活動や豊かな体験活動における指導の方針、内容及び時期
⑥学級、学校の人間関係、環境の整備や生活全般における指導の方針、日常
　的な学級経営を充実させるための具体的な計画等
⑦家庭、地域社会、他の学校や関係機関との連携の方法、協力体制や道徳科
　の授業公開、広報活動、保護者や地域の人々の参加や協力の内容及び時期、
　具体的な計画等
⑧道徳教育の推進体制
⑨その他
　例えば、次年度の計画に生かすための評価の記入欄、研修計画や重点的指
　導に関する添付資料等を記述する。

　全体計画に示す際は、必要な各事項について文章化したり具体化したりしたものを加えるなどの工夫が望まれる。例えば、各教科等における道徳教育に関わる指導の内容及び時期を整理したもの、道徳教育に関わる体験活動や実践活動の時期等が一覧できるもの、道徳教育の推進体制や家庭や地域社会等との連携のための活動等が分かるものを別葉にして加えるなどして、年間を通して具体的に活用しやすいものとすることが考えられる。

　赤堀（2010）はこの他に、学校としての道徳教育の推進体制、道徳教育の評価の在り方などを盛り込むことの可能性を述べ、日々の指導に生きて働く計画にするために、全体計画の内容を精選することが重要であると指摘している。

道徳教育の重点目標

　道徳教育の重点目標とは、学校の教育目標の具現化を目指して教育活動を進めるに当たり、特に道徳教育が目指す方向性を示したものである。

1　設定する根拠

　重点目標を設定する根拠は、小学校学習指導要領（平成29年告示）第1章総則第6道徳教育に関する配慮事項に、「道徳教育の全体計画の作成に当たっては、児童や学校、地域の実態を考慮して、学校の道徳教育の重点目標を設定する」とあるように、道徳教育の重点目標を設定することが示されている。

　上述の通り、重点目標の設定をする際は、子供や学校、地域の実態を考慮する必要がある。したがって近隣の学校であっても子供や学校、地域が異なるため、重点目標が同じということはない。

　道徳教育を進めるに当たっては、学校に道徳教育の重点目標があり、これを基に道徳教育の重点内容項目が設定され、日々の教育活動で行われる道徳教育が充実されることとなる。

2　設定する意味と意義

　重点目標を設定する意味と意義は、「総則編」に見ることができる。道徳教育の目標は「自己の生き方を考え、主体的な判断の下に行動し、自立した人間として他者と共によりよく生きるための基盤となる道徳性を養うこと」と示されている。

　学校の道徳教育の重点目標は、これを基にして、子供たちの実態を踏まえて策定する必要がある。学校としての重点目標を明確にし、それを全教師が共有することで、学校の教育活動全体で行う道徳教育に方向性をもたせることが、その意味と意義である。

3　明確化と道徳的実践の指導

　例えば、ある学校の道徳教育の重点目標が「規則尊重」や「健康安全」であったとする。廊下を走っている子供に注意を促す場面がある際に、まず「廊下を走ってはいけない」旨を注意する。それと同時に教師が重点目標を意識して、「廊下は右側を歩く規則がある（規則尊重）」ことや「怪我をしてしまったら大変なことになる（健康安全）」ことなどの道徳教育を、学校の教育活動全体で行うことが可能となる。重点目標を明確化することで、全教師が道徳教育を意識した指導が可能となる。

各学年の重点目標

Key word » **156**

　各学年の重点目標、すなわち「指導内容の重点化」については「総則編」の「道徳教育推進上の配慮事項」として、「どのような内容を重点的に指導するかは、最終的には、各学校が学校の実情や児童の実態などを踏まえ決定するものであるが、その際には社会的な要請や今日的課題についても考慮」することが求められるとある（波線は筆者）。特に、各学年を通じて配慮事項として、小学校では、①自立心や自律性の育成、②生命を尊重する心の育成、③他を思いやる心の育成の３項目が挙げられている。

　また、中学校では、①自立心や自律性を高め、規律ある生活をすること、②生命を尊重する心や自分の弱さを克服して気高く生きようとする心を育てること、③法やきまりの意義に関する理解を深めること、④自らの将来の生き方を考え主体的に社会の形成に参画する意欲と態度を養うこと、⑤伝統と文化を尊重し、それらを育んできた我が国と郷土を愛するとともに、他国を尊重すること、国際社会に生きる日本人としての自覚を身に付けることの５項目が挙げられている。

　そして、小学校においては、低・中・高学年毎にさらに以下のように細分化されている。

1　**低学年**：挨拶などの基本的な生活習慣を身に付けること。善悪を判断し、してはならないことや社会生活上のきまりを守ること。
2　**中学年**：善悪を判断し、正しいと判断したことを行うこと。身近な人々と協力し助け合うこと。集団や社会のきまりを守ること。
3　**高学年**：相手の考え方や立場を理解して支え合うこと。法やきまりの意義を理解して進んで守ること。集団生活の充実に努めること。伝統と文化を尊重し、それらを育んできた我が国と郷土を愛するとともに他国を尊重すること。

　これら指導内容の重点は、全教育活動を通して行われるべきものであることから、各教科等の指導においても充実、徹底を図ることが求められる。また、道徳科の授業においても、特に「ねらいの設定」において十分に検討したい。２学年にわたって重点内容を指導する場合、学期に１回授業しても２年間で計６回授業することとなるからである。いつも同じねらいではなく、発達の段階や指導内容、教材等に即したその授業ならではのねらいが設定されなければならない。

1 道徳教育改訂の概要

2 道徳教育と道徳科の目標

3 道徳科の内容

4 道徳教育の全体計画

5 道徳科の年間指導計画

6 道徳科の指導

7 指導上の配慮事項

8 道徳科の評価

9 道徳科の教材

このことは、「道徳科解説」では6点について記されているが3点を記す。

1　道徳科の特質を理解する

　道徳科の時間が道徳教育における道徳的実践の指導の時間になっているような授業を見た。道徳的な行為、行動を身に付ける授業であったり基本的な生活習慣や行動様式、所作を学ぶ時間であったりするのである。道徳性の諸様相の一つである「道徳的態度」がねらいとなっているので、授業の中でもいかにして態度形成を図るか、ということが議論となっていることもある。「(私たちは)今後どうしたらよいでしょう、どうすべきでしょう」「どのようにして解決すればよいでしょう」などの教師の問いかけも全てこれに当てはまる。このような授業が道徳科の特質を生かしていると言えるだろうか。

　道徳科の指導では、具体的な行為、行動など目に見える部分を扱うことはしない。目に見えない「内面的資質」を養う時間である。したがって、「道徳的態度」も「具体的な道徳的行為への身構え」と言っているのである。さらに、「補充」「深化」「統合」の作用である。道徳科の授業で補充、深化、統合するのであり、その逆であってはならない。運動会で頑張らせたいから「勤勉、努力」の授業をしようと学校行事の事前指導を道徳科で行ってはいないだろうか。

2　教師と子供、子供相互の信頼関係を基盤におく

　道徳科指導のキーワードは「語る」にある。語るとは「言＋吾(吾を言う)」である。そのためには、教師と子供はもちろんのこと子供相互が信頼に基づいたより豊かな人間関係が成立されていることが大前提である。したがって、教師は「目をかけ、手をかけ、声をかけ、一人一人に心をかけ」の姿勢で日々子供に接したり、授業中においても「待つ、聴く、受けとめる」態度で子供の発言などを大切にしたりすることが求められる。そのような教師の姿勢や態度が自ずと子供たちにも伝播し、子供相互の信頼関係(支持的風土)も強くなるものと考える。

3　問題解決的な指導を工夫する

　新学習指導要領になり、全ての教科等で「問題解決的な学習」が重要視されるようになった。道徳科においても同様である。しかし、算数科等における問題解決と道徳科におけるそれとは根本的に異なる。算数科では「既習事項➡未習事項の解決」であるが、道徳科で学習することはほとんどが既習事項である。すでに知っていることを何回も学習するのが道徳科である。教科化当初の「教材にある事例を解決しよう」との問題解決的な学習が少なくなったことは喜ばしい。解決すべき課題は、子供一人一人の生き方の中にあるのである。

校長や教頭等の授業参加

ここでは、主に校長や教頭といった管理職に焦点を当てた道徳科授業への参加及び協力的な指導による授業の充実について記す。

校長や教頭等の道徳授業への参加について目にしたのは、平成10年（1998）改訂の『小学校学習指導要領解説　道徳編』である。そこには、「校長や教頭の参加等による開かれた道徳の授業の工夫」によって授業が多様に展開されるよう工夫する、とある。また、別の項（指導の基本方針「協力体制の工夫」）では「授業を魅力的にし効果を上げるために、道徳の時間に校長や教頭の参加や協力が得られるように工夫する」とも述べられている。さらに、年間指導計画の評価とその創意工夫の箇所では「校長や教頭の参加、他の教師との協力的な指導、保護者や地域の人々の参加や協力などについて、具体的に計画されているか」が視点として盛り込まれている。ティーム・ティーチング、協力教授ということが盛んに言われ、子供にとって魅力的で面白く楽しい授業にするためには、人生経験や教職経験の豊富な校長や教頭等の授業参加により、さらに深みのある授業が展開されるとの理由からである。

一方、「開かれた道徳の授業」というキーワードの重要性も見過ごしてはならない。すなわち、道徳の授業をより一層家庭や地域に公開することが求められる。そこには、そのような仕組みや体制をつくらないと毎週の授業が確実に行われないという悲しい現実もあったのである。道徳の教科化の背景にもなっていることである。東京都における「道徳授業地区公開講座」開始もそのような現実の打開策として始められたものであると認識する。

現在の学習指導要領に話を戻す。「道徳科解説」の第3節「指導の配慮事項」の「(1) 協力的な指導などについての工夫」の箇所で「校長や教頭などの参加」が明記されている。ここで特に気をつけなければならないことは、「校長等が授業に参加する際は、道徳科の特質を十分に理解して臨む必要がある」との記載部分である（波線は筆者）。このことは、授業に参加する際、道徳科の特質を十分に理解して臨んでいない校長等がいるということである。道徳科の授業では、あくまでも子供たちの内面的資質を育成することが求められる。しかし、道徳性の諸様相である「道徳的態度」を具体的な行為、行動を身に付けさせることであると誤解する管理職もいると聞く。これは一例ではあるが、やはり道徳科の特質をきちんと理解した上で職員の指導、育成に努めてもらいたいものである。全てを学級担任に任せるのではなく、道徳教育推進教師と密な連携をもった上で基礎・基本をしっかり指導すべくリーダーシップを発揮してもらいたい。

1 道徳教育 改訂の概要

2 道徳教育と道徳科の目標

3 道徳科の内容

4 道徳教育の全体計画

5 道徳科の年間指導計画

6 道徳科の指導

7 指導上の配慮事項

8 道徳科の評価

9 道徳科の教材

　小学校の「道徳科解説」の「第3節　指導の配慮事項」の「1　道徳教育推進教師を中心とした指導体制　(1) 協力的な指導などについての工夫」が本項目に該当する部分である。「道徳科の指導体制を充実するための方策としては、まず、全てを学級担任任せにするのではなく、特に効果的と考えられる場合は、道徳科における実際の指導において他の教師などの協力を得ることが考えられる」と記されている（波線は筆者）。

■**指導体制の充実について**：道徳教育推進教師のリーダーシップのもと、道徳科授業の一層の活性化のため全校を挙げてその充実に努めることである。授業力向上のための研修体制の確立、年間指導計画に基づく週1時間の確実な授業の実施、教材・教具の共有化などが考えられる。

■**学級担任任せにするのではなく**：一人の教師にはもてる力にも限界があり、限度もある。さらには、偏りがあるかもしれない。より多くの教師による協力的な指導を充実させることで担任一人ではできなかった授業が可能となる。道徳科に限ったことではないが、それぞれの教師のもつよさや可能性、専門性や得意分野を授業の中で活かすことでさらに充実した魅力的な道徳科授業が可能となる。

■**効果的と考えられる場合**：新鮮味溢れ効果も期待できるが、時折、失敗事例も見られる（最後の説話が長くなり過ぎるなど）。思いつき、行き当たりばったりではなく、十分な準備と計画性が必要である。手間暇はかかるが入念な打ち合わせも必要である。年間指導計画にも位置付けたい。

■**他の教師など**：担任以外の教師全員を指す。特に、養護教諭や栄養教諭、専科教員やALTの力を借りると効果的である。また、教員に加えて事務や用務主事、給食調理員などの職員も視野に入れたい。「など」には保護者や地域の方々も含まれる。愛校心の授業で、卒業生である中学生に説話をしてもらうことも考えられる。

　具体的な指導の一例は、次の通りである。

　(教材提示)：学年教師三人で教材提示を行う。体育館などに学年児童を集め、三人の教師で劇化して教材提示をした。その後、各学級で担任が引き続き授業を行う。読み聞かせに来て下さる保護者に手伝ってもらうのもよいだろう。

　(説話)：人生経験豊富な方の説話には説得力がある。道徳科は生き方そのものに関わる学習だからである。長く地域の振興に関わってきた経験や昔話などもよい。

　(学習指導過程)：道徳的価値に関わる問題について多面的・多角的に捉え、考えることがますます求められる。複数の教員による課題別学習の推進なども考えられるだろう。複数の教員がいれば複数の課題に分かれた話合いも可能となる。

道徳教育の推進体制

道徳教育の推進体制については、小学校の「総則編」に述べられている。一つは「校長の方針の明確化」、次に「道徳教育推進教師の役割」、そして「全教師の協力体制の充実」である。最初の2点について記す。

1 校長の方針の明確化

道徳教育の活性化と充実を図る鍵は校長のリーダーシップにある。なぜなら、校長は学校の教育課程の管理者であり統括者であるからである。このことは前回の学習指導要領にも明示されていたが、今回の改訂でさらに詳しく記されるようになった。特に、「その指導力を発揮し」「関係法規や社会的な要請」などの文言が新たに付け加えられた。すなわち、校長の指導力が未だ十分に発揮されない、いじめの増加や規範意識の低下に対して十分な対応ができていないという現状があると考える。このことは、「(方針等を)明示する必要がある」という前回の表現が「明示しなければならない」といったより強い表現になっていることからもうかがわれる。教職員一人一人に明確なプランを具体的に提示することである。

校長は、学校や地域社会の実情、子供の道徳性に関わる実態、家庭や地域社会の期待などを踏まえ、学校教育目標との関わりで「道徳教育の基本的な方針」を明示しなければならない。そして、それが「道徳教育の全体計画」に反映されなければならない。例えば、「心を鍛える」を基本方針として掲げて、「ならぬものはならぬ」姿勢での規範意識の向上、あいさつの徹底、履物をきちんとそろえて靴箱に収納するなど基本的な行動様式の定着、週1時間の道徳科授業の完全実施、たゆまぬ授業改善への取組などの方針を打ち出すとよいだろう。

2 道徳教育推進教師

校長の方針を具現化するリーダーは、その学校の道徳教育推進教師である。そのリーダーシップが十全に発揮されるよう、全教師による協力体制を整備することが肝要である。そのためには、道徳教育に対して豊富な知識や識見をもつ教師をその任に当てなければならない。さらには、他の教員からも一目置かれるような人望のある者を任命したい。いなければ計画的に育てなければならない。

具体的な役割については「総則編」に明記されているが、多岐に渡っている。筆者は道徳教育推進教師の補佐役(サブキャップ)を設け、道徳主任をその任に当てた。例えば、「道徳教育の指導計画の作成に関すること」では、道徳教育の全体計画を推進教師に、道徳科の年間指導計画を道徳主任に担当させた例もある。道徳授業地区公開講座においても、全体的な企画・運営は推進教師に、当日の授業に関しては道徳主任に指導力を発揮させるようにしていた。

1 道徳教育 改訂の概要

2 道徳教育と 道徳科の目標

3 道徳科の内容

4 道徳教育の 全体計画

5 道徳科の 年間指導計画

6 道徳科の指導

7 指導上の 配慮事項

8 道徳科の評価

9 道徳科の教材

全体計画の別葉

学習指導要領第1章第6の1には、以下のような記述がある。

> （小学校学習指導要領　第1章　第6　道徳教育に関する配慮事項）
> 1　（…略…）なお、道徳教育の全体計画の作成に当たっては、児童生徒や学校、地域の実態を考慮して、学校の道徳教育の重点目標を設定するとともに、道徳科の指導方針、第3章特別の教科道徳の第2に示す内容との関連を踏まえた各教科、外国語活動、総合的な学習の時間及び特別活動における指導の内容及び時期並びに家庭や地域社会との連携の方法を示すこと。

　道徳教育の全体計画については、道徳教育の目標を踏まえ、各学校の実態に即して作成することとなっている。本来であれば、各学校における道徳教育推進の方針が校長の名の下に示され、教職員に共通理解が図られ、学校における道徳教育を充実させていくために、効果的に作成されなければならない。しかし実際は、全体計画の作成そのものが目的となり、例年、ほとんど見直しや修正等されないまま、同じ全体計画を使い続けている、という学校も少なくない。

　全教育活動を通して行われる道徳教育の全体計画をより実効性のあるものとして多くの教員が関わり、実際の道徳教育において活用されるものとするためには、道徳教育の全体計画に示されている内容をより具体的に示す必要がある。道徳科と関連する各教科等の単元の内容及び指導時期をさらに具体的に明確に示した「別葉」が求められる。

　作成に当たっては、道徳科の内容項目と各教科等の特に関係性の深い単元や活動名を記したり、各学校の道徳科の重点指導項目に関連した各教科等の内容を重点的に示したりする等、各学校の教員が授業をするに当たって道徳科と各教科等の関連を意識して授業をすることができるよう作成する必要がある。

■別葉の例（小学校第4学年）

内容		主な学校行事等	月	国語	月	社会	月
A 主として自分自身に関すること	善悪の判断、自律、自由と責任						
	正直、誠実			ごんぎつね	10		
	節度、節制	発育測定	4			くらしを支える水 ごみのしまつと再利用	4・5 6・7
	個性の伸長	修了式	3	動いて、考えて、また動く だれもがかかわり合えるように （資料）手と心で読む	5 9 9		
	希望と勇気、努力と強い意志	運動会	9				
B 主として人との関わりに	親切、思いやり	1年生を迎える会 班づくりなかよし会・交流給食会	4	だれもがかかわり合えるように （資料）手と心で読む ごんぎつね	5 9 10		
	感謝	離任式 移伴式 6年生を送る会	1 2 3	「仕事リーフレット」を作ろう	11	くらしを支える水 ごみのしまつと再利用	4・5 6・7
	礼儀	始業式		話す言葉は同じでも	4		
	友情、信頼	学習発表会	12	三つのお願い	11		
	相互理解、寛容						
	規則の尊重	コース別交流会	5			ごみのしまつと再利用	6・7

「特別の教科道徳」の内容項目と関連する学校行事と時期

「特別の教科道徳」の内容項目と関連する各教科等の単元名と指導時期

1 道徳教育改訂の概要

2 道徳教育と道徳科の目標

3 道徳科の内容

4 道徳教育の全体計画

5 道徳科の年間指導計画

6 道徳科の指導

7 指導上の配慮事項

8 道徳科の評価

9 道徳科の教材

各教科における道徳教育

Key word » **162**

　学校の教育活動全体を通して行うこととされている道徳教育では、学習指導要領においても、各教科等との関連が重要であるとされている。

（小学校学習指導要領　第3章　特別の教科　道徳　第3　指導計画の作成と内容の取扱い）
　　2　第2の内容の指導に当たっては、次の事項に配慮するものとする。
　　（略）
　　(2)　道徳科が学校の教育活動全体を通じて行う道徳教育の要としての役割を果たすことができるよう、計画的・発展的な指導を行うこと。特に、各教科、外国語活動、総合的な学習の時間及び特別活動における道徳教育としては取り扱う機会が十分でない内容項目に関わる指導を補うことや、児童生徒や学校の実態等を踏まえて指導をより一層深めること、内容項目の相互の関連を捉え直したり発展させたりすることに留意すること。

　各教科等には、それぞれの特質に応じた目標や内容があり、それら全てが、子供の豊かな人格の形成につながるものである。そのため、各教科等においても、それぞれの教科の特質に応じた、意図的・計画的な道徳教育が行われる必要がある。各教科等の目標や内容及び教材には、道徳科の授業だけでは取り扱う機会が十分でない、内容項目に関わる事項が多く含まれている。教師は、それらの各教科等に含まれる道徳的諸価値について意識しながら、授業を進めることが大切である。同時に、各教科等で学んだ内容項目に関わる事項について、道徳科の授業において、補充し、深化し、統合することも大切である。各教科等と道徳科との関わりを以下に示す。

補充：各学年の道徳教育において、それぞれの内容項目が十分に扱われているものとそうでないものがある場合がある。取扱いが十分でない内容項目について、道徳科で補うことを意識する。〈補うこと〉
深化：各教科等における道徳教育は、それが主たる目標ではないため、十分深まっていない場合がある。子供の実態を踏まえ、授業で扱う内容項目の指導を、道徳科でより一層深めることを意識する。〈深めること〉
統合：各教科等における道徳教育では、子供が様々な学びをしていたとしても、それらの相互の関連までは意識せずに学習を終えてしまうことがある。内容項目に関わる様々な道徳的な諸価値について、道徳科の授業で関連を捉え直したり、自分なりに発展させたりすることを意識する。〈相互の関連を考えて発展、統合させること〉

外国語活動における道徳教育

学習指導要領には、外国語活動と道徳教育との関連について、以下のように記述されている。

> （小学校学習指導要領「外国語活動・外国語編」第3の2）
> 第1章総則の第1の2の（2）に示す道徳教育の目標に基づき、道徳科などとの関連を考慮しながら、第3章特別の教科道徳の第2に示す内容について、外国語活動（外国語科）の特質に応じて適切な指導をすること。

また、道徳教育に関わる内容として、外国語活動・外国語に次の記述がある。

> （小学校学習指導要領　第4章　外国語活動　第1　目標の（3））
> 　外国語を通して、言語やその背景にある文化に対する理解を深め、相手に配慮しながら、主体的に外国語を用いてコミュニケーションを図ろうとする態度を養う。
> （小学校学習指導要領　第2章　第10節　外国語　第1　目標の（3））
> 　外国語の背景にある文化に対する理解を深め、他者に配慮しながら、主体的に外国語を用いてコミュニケーションを図ろうとする態度を養う。

　外国語を通して、言語やその背景にある文化に対する理解を深めることは、グローバル化社会において、日本人としての自覚をもち、国際的な視野に立って、世界に貢献する「国や郷土を愛する心」や「国際理解、国際親善の心」を育成することにつながる。さらに、「相手に配慮する」「他者を考慮する」ことは、相手のことを考え受け入れようとしたり、お互いを認め合い高め合おうとしたりする等の様々な道徳的な諸価値を根底においた態度や、独りよがりの考え方ではなく多面的な考え方で物事を捉える態度の育成につながる。

　道徳教育の要としての道徳科の指導と外国語（活動）の関連を考えると、外国語（活動）で扱った内容や教材について道徳科の授業でも取り上げ、活用することも考えられる。また、道徳科で取り上げた内容や教材を外国語（活動）で扱う場合、道徳科における指導の成果を生かすように工夫することも考えられる。いずれにしても、外国語（活動）の年間指導計画の作成に際しては、道徳教育の全体計画との関連、指導の内容及び時期等に配慮して、両者が相互に効果を高め合うようにすることが大切である

> （外国語活動・外国語と関連する内容項目例）
> 　「個性の伸長」「親切・思いやり」「礼儀」「相互理解、寛容」「伝統と文化の尊重、国や郷土を愛する態度」「国際理解、国際親善」「よりよく生きる喜び」等

総合的な学習の時間における道徳教育

1 道徳教育改訂の概要

2 道徳教育と道徳科の目標

3 道徳科の内容

4 道徳教育の全体計画

5 道徳科の年間指導計画

6 道徳科の指導

7 指導上の配慮事項

8 道徳科の評価

9 道徳科の教材

学習指導要領に示されている、総合的な学習の時間の学習過程の在り方や、三つの目標は以下の通りである。

〈学習過程の在り方〉

　探究的な見方・考え方を働かせ、横断的・総合的な学習を行うことを通して、よりよく課題を解決し、自己の生き方を考えていくための資質・能力を次のとおり育成することを目指す。

〈目標〉

1　探究的な学習の過程において、課題の解決に必要な知識及び技能を身に付け、課題に関わる概念を形成し、探究的な学習のよさを理解するようにする。

2　実社会や実生活の中から問いを見いだし、自分で課題を立て、情報を集め、整理・分析して、まとめ・表現することができるようにする。

3　探究的な学習に主体的・協働的に取り組むとともに、互いのよさを生かしながら、積極的に社会に参画しようとする態度を養う。

　総合的な学習の時間で取り扱う探究課題は、地域や学校、子供の実態に合わせて、それぞれの学校で設定されるものである。道徳教育を効果的に展開していくためには、探究課題に取り組む中で、子供が自らどのような課題を設定し、その中でどのような道徳的価値にふれるかを想定しておく必要がある。

(例)　小学校第5学年　探究課題「地域の産業とそれに携わる人々の想いや願い」	
A　希望と勇気、努力と強い意志	産業を守る地域の人たちの努力や強い想いに気付く。
C　よりよい学校生活、集団生活の充実	地域の人たちが協力し、産業を支えていることに気付き、地域の一員として自分にできることを考える。

　一つの単元学習の中で、子供一人一人がふれる道徳的価値は違う。1時間ごとの振り返りや単元のまとめの振り返りをすることにより、どのような道徳的価値にふれているか見取ることも大切である。

〈振り返りの例〉　90歳になっても働いている職人さんが草履作りの伝統を守ろうとしているところがすごいと思いました。私も大切にしたいです。

　この振り返りからは、「伝統と文化の尊重」「勤労」の道徳的価値にふれていることが分かる。必要に応じて、振り返りを共有させたり、紹介したりすることで、多様な道徳的価値にふれることもできる。

　また、総合的な学習の時間でふれた道徳的価値を「深化・統合」していくことも大切である。教材配列を工夫し、関連付けて取り扱うことができるよう年間指導計画を作成するとより効果的である。

学習指導要領に示されている特別活動の学習過程の在り方や、三つの目標は以下の通りである。

〈学習過程の在り方〉
　集団や社会の形成者としての見方・考え方を働かせ、様々な集団活動に自主的、実践的に取り組み、互いのよさや可能性を発揮しながら集団や自己の生活上の課題を解決することを通して、次のとおり資質・能力を育成することを目指す。

〈目標〉
1　多様な他者と協働する様々な集団活動の意義や活動を行う上で必要となることについて理解し、行動の仕方を身に付けるようにする。
2　集団や自己の生活、人間関係の課題を見いだし、解決するために話し合い、合意形成を図ったり、意思決定したりすることができるようにする。
3　自主的、実践的な集団活動を通して身に付けたことを生かして、集団や社会における生活及び人間関係をよりよく形成するとともに、自己の生き方についての考えを深め、自己実現を図ろうとする態度を養う。

　道徳教育を学校教育全体で行っていく上で、道徳科と特別活動は両輪を担っている。道徳科が「内面的資質」を育む場である一方、特別活動における学習は「具体的な行為」を身に付ける時間である。道徳科の授業で学んだ道徳的価値の理解及びそれに基づいた自己の生き方についての考えを、特別活動における実践活動や体験活動を通して実感させたり、体得させたりすることができるのである。道徳科と特別活動の連携が円滑に行われることによって、学習効果を高めることができる。

■特別活動と道徳科の関係

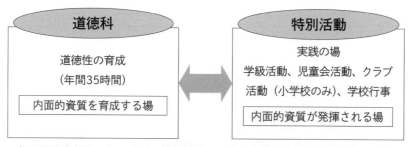

　振り返りを行うことにより、特別活動での成功体験や、新たに生まれた課題によって、道徳性をさらに高めることができる。

● 第4章［参考文献］

・文部科学省（2018）『小学校学習指導要領（平成29年告示）解説　特別の教科道徳編』廣済堂あかつき，pp.87-88，p.72
・文部科学省（2018）『小学校学習指導要領（平成29年告示）解説　総則編』東洋館出版社，pp.128-129，p.130-131
・赤堀博行（2016）『これからの道徳教育と「道徳科」の展望』東洋館出版社，p.21
・赤堀博行（2010）『道徳教育で大切なこと』東洋館出版社，pp.83-84，85-91
・文部科学省（1999）『小学校学習指導要領解説　道徳編』国立印刷局
・赤堀博行『みんなの教育技術』 https://kyoiku.sho.jp/25362/（2021.8.13閲覧）
・赤堀博行『道徳教育とカリキュラムマネジメント』独立行政法人教職員支援機構 https://www.nits.go.jp/materials/intramural/files/068_001.pdf（2021.8.13閲覧）

1 道徳教育 改訂の概要
2 道徳教育と道徳科の目標
3 道徳科の内容
4 道徳教育の全体計画
5 道徳科の年間指導計画
6 道徳科の指導
7 指導上の配慮事項
8 道徳科の評価
9 道徳科の教材

第 **5** 章

道 徳 科 の 年 間 指 導 計 画

1　道徳科の年間指導計画とは

　道徳科の年間指導計画の意義について、『小・中学校学習指導要領（平成29年告示）解説　特別の教科道徳編』（以下、「道徳科解説」）では「年間指導計画は、道徳科の指導が、道徳教育の全体計画に基づき、児童（生徒）の発達の段階に即して計画的、発展的に行われるように組織された全学年にわたる年間の指導計画である」と示されている。

　各学校は、この意義を踏まえて全学年にわたる指導計画を35時間分（小学校第1学年は34時間分）作成しなければならない。

　作成に当たっては、いずれの学校も学習指導要領に示されている内容項目（小学校低学年19項目、中学年20項目、高学年及び中学校22項目）の全てを年間1回（1時間）以上、取り上げなければならないことになっている。

　しかし、それ以外の時間の内容項目の取り上げ方は、学校の裁量、つまり各学校の実態に基づいて定めた各学校の道徳教育の重点目標や道徳科の指導方針にしたがって、各学校が主体性をもって選択し、配列することができる。

　つまり、そこに各学校の道徳教育の独自性（個性・特徴）が表れる。したがって、「採択した教科書は隣の学校と同じでも、年間指導計画は学校によって異なる」のである。

2　年間指導計画の作成に当たって

　ところで、各教科書会社は自社の教科書に掲載している35時間分の教材を使って年間指導計画例を（参考として）掲載しているが、学校によってはそれをそのまま自校の年間指導計画として使用しているケースが多いようである。

　自校の道徳教育の重点目標や道徳科の指導方針が教科書会社の編集方針と同じであれば問題はないが、そういうケースは極めて希ではないだろうか。

　校長は指導力を発揮して、全教師が協力して道徳教育を展開するため、道徳教育推進教師を中心として、自校の道徳教育の全体計画に基づき、自校の道徳科の年間指導計画を作成する必要がある。

　なお、道徳科の年間指導計画の作成については、小・中学校の「道徳科解説」の「第4章　指導計画の作成と内容の取扱い　第1節 指導計画作成上の配慮事項」に詳しく述べられているので活用してほしい。

内容項目間の関連

　各内容項目を関連的、発展的に捉え、年間指導計画の作成や指導に生かすことで、道徳科の指導効果を高めることができる。

　具体的な場でなされる人間の道徳的行為は、「第2　内容」に示されている一つの内容項目だけが単独に作用してなされることはほとんどない。ある内容項目を中心として、同一視点内、及び他の視点のいくつかの内容項目が関連し合ってなされるのがほとんどである。

　したがって、例えばいじめ防止月間を中心に取り組むいじめ問題についての指導・対応は、単独にC［公正、公平、社会正義］の指導のみで終わりというものではなく、C［規則の尊重］、C［よりよい学校生活、集団生活の充実］、A［善悪の判断、自律、自由と責任］、A［節度、節制］、B［親切、思いやり］、B［友情、信頼］、B［相互理解、寛容］、D［生命の尊さ］などの指導が密接に関連し合って、総合的に指導がなされることによって、根本的で効果的な指導の成果があがるのである。

　他に、開校記念日の前後にB［感謝］とC［よりよい学校生活、集団生活の充実］を関連付けた指導を計画したり、お正月の前後にC［伝統と文化の尊重、国や郷土を愛する態度］とB［礼儀］を関連付けた指導を計画したりするなど、年中行事や学校行事との関連を図って年間指導計画を作成すると道徳科の指導効果をより高めることができる。

　道徳科の指導に当たっては、こうした内容項目間の関連を十分に考慮しながら、指導の順序を工夫したり、内容の一部を関連付けたりして、実態に応じた適切な指導を行うことが大切である。

　なお、内容項目はそれぞれ小学校第1・2学年19項目、第3・4学年20項目、第5・6学年22項目、中学校22項目であるが、学年段階での発展性には次の三つの形態がある。

①最初の学年段階から継続的、発展的に取り上げられるもの
②学年段階が上がるにつれて新たに加えられるもの
③学年段階が上がるにつれて統合・分化されていくもの

　特に小学校の年間指導計画の作成に当たっては、子供の発達に配慮した6年間を見通した内容項目の配列が大切になってくる。

1 道徳教育の改訂の概要
2 道徳教育と道徳科の目標
3 道徳科の内容
4 道徳教育の全体計画
5 道徳科の年間指導計画
6 道徳科の指導
7 指導上の配慮事項
8 道徳科の評価
9 道徳科の教材

道徳科教材の態様

1　道徳科の学習は、なぜ教材を使って行うのか

「道徳」が「道徳の時間」であったときも、授業は読み物などの指導資料を使って行われていた。現在は「特別の教科 道徳」になったので「教材」という言い方をしているが、その役割は変わるものではない。

では、なぜ道徳の学習に読み物などの教材を使うのか。

道徳科は人間のよりよい生き方や在り方、あるいは人間としてのよりよい行為、行動の在り方について考え、学ぶ教科であるから、学校生活などで起こる道徳上の諸問題を題材にして学習するほうが、ずっと実際的で、効果的ではないのか。どうしてわざわざ教材を使うのだろう。

それは、日常生活の出来事を教材にして授業をすると、そこに学級の人間関係や相互の利害関係、力関係、損得・打算、あるいは自己防衛意識などが働いてしまい、内面的な資質としての道徳性を育てる道徳科本来の機能が働きにくくなるからである。

つまり、子供は登場人物に自己を投影し、教材の世界で屈託なく道徳的価値や葛藤などと向き合い、考えることができる学習を行うために教材は必要なのである。

2　教材は道徳科の命

教材は子供の内面を映す鏡であり、生き方の糧となるものでなければならない。その意味で、教材は道徳科の授業の「命」と言うべきものである。

道徳科の授業は子供が人間としての誇りを自ら培い、生きる勇気や希望を育むために行う授業である。そのためのよい教材には、子供が価値理解を深め、人間理解を深め、他者理解を深め、人間としての誇りを培うことができるエッセンスがたくさん詰まっている。

教材の種類には、補助的に用いるものも含め、読み物教材（教科書教材、文部科学省・文部省教材、地域教材、古典、随想、民話、詩歌、自作教材など）と視聴覚教材（映像ソフト、写真、紙芝居、影絵、ペープサート、パネルシアター、VTR、実物、説話など）などがあるが、それぞれには固有の特徴があるので、それらを押さえて教材提示や発問を工夫することが大切である。

その他、詳しくは小・中学校の「道徳科解説」第4章「第4節　道徳科の教材に求められる内容と観点」に記されているので活用されたい。

1 道徳教育改訂の概要

2 道徳教育と道徳科の目標

3 道徳科の内容

4 道徳教育の全体計画

5 道徳科の年間指導計画

6 道徳科の指導

7 指導上の配慮事項

8 道徳科の評価

9 道徳科の教材

各学年の基本方針

1 各学年の指導方針の意義

このことについて、小・中学校の「道徳科解説」には「全体計画に示されている道徳教育の目標に基づき、道徳科における指導について学年ごとの基本方針を具体的に示す」ことが記されている。

学校は意図的、計画的、組織的に教育を行う場であることから、年間35時間（小学校第1学年は34時間）行う道徳科の年間指導計画は必要不可欠である。その年間指導計画は、各学校の道徳教育の全体計画に基づき、子供及び学校の実態、各教科等との関連などを考慮し、6学年間（中学校は3学年間）を見通して作成される。

道徳科の年間指導計画は、校長の指導の下に道徳教育推進教師を中心として、全教師が参加・協力して作成するものであるが、それを実行する基盤は個々の学級にある。

特に道徳科は、各学級担任が個性を発揮し、心を込めて指導を行ってこそ、その効果が期待される特別の教科である。何の主体性もなく、決められた学習指導過程をただなぞるだけの血の通わない授業からは道徳科の指導効果は期待ではない。とは言え、年間指導計画を無視した指導者の恣意による不用意な変更や修正は行うべきではない。

年間指導計画に各学年の基本方針を定める意義はそこにある。

2 「各学年の指導方針」の内容例

以下に、「各学年の指導方針」を考える上での内容例を示す。

・子供の発達の段階やその実態に即した指導内容（内容項目）の重点について
・子供の発達の段階や実態に即して重点化して育てる道徳性の諸様相について
・道徳科の授業を行う上での指導上の留意点について
・学習指導過程でどの学級も共通して扱う学習課題と、各学級担任が創意工夫して扱う学習課題の原則について
・指導時期や教材など、年間指導計画を変更、修正する必要が生じたときの手続き等について
・学年における教師間の研修について

主題名

1　主題名とは何か

　まず主題とは何かであるが、道徳科の主題とは授業者が何を授業のねらいとし、そのねらいを達成するためにどんな教材を使い、それをどう活用するかのまとまりを示すものである。言い換えるならば、道徳科の主題は「ねらいとする道徳的価値（内容項目）」と、それを達成するための「教材」によって構成される。

　したがって、主題名はその主題が子供にも容易に理解できるような具体的かつ端的に付けられた「主題の名前」のことである。

2　主題や主題名は、道徳科授業にとってなぜ大切なのか

　主題や主題名に対する授業者の意識の強弱が、授業の質に大きく影響を及ぼす。なぜならば、道徳科授業で扱う「ねらいとする道徳的価値（内容項目）」は、それ自体が抽象的で漠然としたものである。それを具体的にし、焦点化し、指導の方向を明らかにするのが教材である。つまり、教材によって指導内容や指導過程が異なるのである。

　例えば、小学校第3・4学年の教材である『泣いた赤おに』と『絵はがきと切手』は、共にB〔友情、信頼〕（友達と互いに理解し、信頼し、助け合うこと）の教材であるが、前者は「かけがえのない友達」についての教材であり、後者は「友達を信じること」についての教材である。

　このように同じ内容項目でも、教材によって主題は異なり、したがって指導内容も異なってくる。したがって、授業を構想する際には、この主題を深く意識するとともに、具体的でぴったりな主題名を付けることが肝心である。

　授業を計画する際には、「本時のねらい」はもとより、「主題設定の理由」や「学習指導過程（導入、展開、終末）」、そして「評価」の全てが徹底して本時の主題を貫ぬかれ、主題から外れないように学習指導案を作成すれば、教師にとっても、子供にとっても、大変分かりやすくブレのない授業になる。

　最後に、主題名を考えるに当たって、好ましくない例をいくつか示す。

- ・　「友情、信頼」「正直、誠実」のように内容項目のキーワードを付けた主題名
- ・　『泣いた赤おに』『はしの上のおおかみ』のように教材名を付けた主題名
- ・　「本当の友達」「誠実な人」のように抽象的で、曖昧で、漠然とした主題名

ねらい

道徳科の年間指導計画における「ねらい」には、道徳科の内容項目を基に、ねらいとする道徳的価値や道徳性の様相を端的に表したものを記述する。

道徳科の目標は「よりよく生きるための基盤となる道徳性を養うため、道徳的諸価値についての理解を基に、自己を見つめ、物事を多面的・多角的に考え、自己の生き方についての考えを深める学習を通して、道徳的な判断力、心情、実践意欲と態度を育てる」ことである。

そのため、「ねらい」には単に内容項目のみを記すのではなく、道徳性の諸様相（道徳的判断力、心情、実践意欲と態度）を養うことが分かるように記述することが大切である。

「ねらい」を記述する際に留意することとして、以下のことが挙げられる。

1 焦点化して記述する

内容項目によっては、一つの内容項目に複数の道徳的価値を有することがあるため、指導する内容に合わせて焦点化して記述する。

> （一つの内容項目に複数の事柄を有する例）
> 小学校第1学年及び第2学年
> 節度、節制
> 健康や安全に気を付け、物や金銭を大切にし、身の回りを整え、わがままをしないで、規則正しい生活をすること。

2 文末表現を工夫する

指導の重点がどの道徳性の諸様相（道徳的な判断力、心情、実践意欲と態度）を養うことなのか、明確に分かるように文末表現等を工夫する。

> （例）小学校第3学年及び第4学年
> 思いやり、親切
> 相手のことを思いやり、進んで親切にしようとする心情を養う。

3 複数の道徳的価値や道徳性の諸様相を含んで構成しない

一つの教材に学習指導要領に示されている様々な道徳的価値や道徳性の諸様相が含まれている場合がある。道徳科の授業においては、それらを全て「ねらい」に含めるのではなく、特定の内容項目について、特定の道徳性の諸様相を養うことができる「ねらい」を設定し、焦点化して指導する。

1 道徳教育
改訂の概要

2 道徳教育と
道徳科の目標

3 道徳科の内容

4 道徳教育の
全体計画

5 道徳科の
年間指導計画

6 道徳科の指導

7 指導上の
配慮事項

8 道徳科の評価

9 道徳科の教材

主題構成の理由

　主題をつくることを「主題構成」と言う。主題は、ねらいとする道徳的価値と活用する教材によって構成されるものであり、「道徳科解説」の道徳科の年間指導計画に具備することが望まれる事項として主題構成の理由が示されている。主題構成とは、指導しようとする道徳的価値について、どのような教材を活用して授業を展開するのか、その方向性を明確にすることである。主題構成は、基本的に年間指導計画を作成する段階で検討され、決定されるものである。

　主題の基盤は道徳的価値である。その道徳的価値をどのように指導するか、その方向性が明確にならなければ効果的な指導は期待できない。そこで、指導の方向性を明確にするために、道徳的価値を学ぶためにどのような教材を選定し、それをいかに活用するのかということを確認することが必要になるのである。

　つまり、主題構成は、「誠実」「個性伸長」「親切」「公徳心」など、主題となる道徳的価値を限定して示すことにとどまらず、その道徳的価値に関わる指導を具体的に展開するための教材の選定、さらには指導の方法や学習指導過程を見通す一連の作業と捉えることができる。主題を適切に構成することで、授業の形態や方法、教材活用の仕方もほぼ方向付けられたと言ってよいであろう。

　適切な主題構成を行う前提としては、第一に、道徳教育の全体計画における道徳教育の重点目標を明確にすること、第二に、道徳科の役割を確認し、道徳科の指導の重点を決定するための全教職員の共通理解と共同作業が求められる。そして、構成された主題は、様々な配慮の基に、年間指導計画の中に位置付けられるのである。

■記述例

指導の時期　　5月　第1週

主題名　　　　自分らしさを発揮して　A 個性の伸長

教材名　　　　漫画家A（○○出版社）

ねらい　　　　自分の特徴を知って、短所を改め長所を伸ばしていこうとする態度を育てる。

主題構成の理由

　自分の短所を謙虚に受け止め、長所を積極的に伸ばしていこうという教材を通して、自分の特徴を知って、短所を改め、長所を伸ばすことについて考える。

学級経営

Key word » 173

道徳科の年間指導計画における「他の教育活動との関連」には、道徳科の授業で取り上げる道徳的価値に関わって、他の教育活動においてどのような指導が行われるのか、日常の学級経営においてどのような配慮がなされるのかなどを示す。

道徳科の指導は、子供が道徳的価値に関わる感じ方や考え方を交流し合うことで自己を見つめ、自己の生き方についての考えを深める学習を行う。このような学習を効果的に行えるようにするためには、学級内での信頼関係の構築が基盤となる。日常の学級経営においては、以下のことに留意し、教師と子供の信頼関係や子供相互の人間関係を育て、一人一人が自分の感じ方や考え方を伸び伸びと表現することができる雰囲気をつくることが大切である。

1 教師と子供の人間関係

教師と子供の人間関係は、教師に対する子供の尊敬と共感、子供に対する教師の教育的愛情、そして相互の信頼が基本になる。教師自身がよりよく生きようとする姿勢を示したり、教師が子供を尊重し子供から学ぼうとする姿勢を見せたりすることで信頼が強化される。そのためにも、教師と子供が共に語り合うことのできる場を日常から設定し、子供を理解する有効な機会となるようにすることが大切である。

2 子供相互の人間関係

子供一人一人が互いに認め合い、励まし合い、学び合う場と機会を意図的に設けるとともに、教師は子供の人間関係が常に変化していることに留意しつつ、座席替えやグループ編成の在り方などについても適切に見直しを図る必要がある。また、異学年間の交流を図ることは、子供相互による道徳教育の機会を増やすことになる。

3 環境の整備

言語環境の充実、整理整頓され掃除の行き届いた校舎や教室の整備、子供が親しみをもって接することのできる身近な動植物の飼育栽培、各種掲示物の工夫などは、子供の道徳性を養う上で、大きな効果が期待できる。各学校や各学級においては、計画的に環境の充実・整備に取り組むとともに、日頃から子供の道徳性を養うという視点で学校や教室の環境の整備に努めたい。

また、学校や学級の環境の充実・整備を教職員だけが中心となって進めるだけでなく、子供自らが自分たちの学級や学校の環境の充実・整備を積極的に行うことができるよう特別活動等とも関連を図りながら指導することも大切である。

集団宿泊活動

Key word » 174

道徳科の年間指導計画において、集団宿泊活動やボランティア活動、自然体験活動などで道徳性を養うための体験活動と道徳科の指導の時期や内容との関連を考慮し、道徳的価値の理解を基に自己を見つめるなどの指導の工夫を図ることが大切である。

各学校においては、学校の教育活動全体において学校の実情や子供の実態を考慮し、豊かな体験の積み重ねを通して子供の道徳性が養われるよう配慮することが大切である。その際には、子供に体験活動を通して道徳教育に関わるどのような内容を指導するのか指導の意図を明確にしておくことが必要であり、実施計画にもこのことを明記することが求められる。

集団宿泊活動を通して、よりよい人間関係の形成、自律的態度、心身の健康、協力、責任、公徳心、勤労、社会奉仕などに関わる道徳性を養うことができる。具体的に、集団宿泊活動では、実際に寝食を共にする体験やよりよい生活を築くための話合い活動を繰り返し行った際に、自己の役割や責任を果たして生活することや他者と共生しながら生きていくことなどについての考えを深めることができる。

この活動を通して、「豊かに他者と関わり合って生活するためには、意見や考えの異なる人とでも、協力することが大切である」「集団としての合意形成を行うためには、多面的・多角的な視点に立って自分と異なる意見や立場を大切にする必要がある」などの望ましい認識をもてるようにするとともに、このような認識に基づいて、実際に行動や態度に表すことができるよう指導することなどが考えられる。

これらは、特別活動において道徳性の養成に関わる実践的な活動や体験的な活動を積極的に取り入れ、活動そのものを充実させることによって道徳性の養成を図ろうとするものである。そして、このような実践的な活動や体験的な活動における道徳的価値の大切さを自覚し、自己の生き方についての考えを深めるという視点から実践的な活動や体験的な活動を考えることができるように道徳科の授業や年間指導計画を工夫し、連携を図っていく必要がある。

自然体験活動

　道徳科の年間指導計画において、集団宿泊活動やボランティア活動、自然体験活動などの道徳性を養うための体験活動と道徳科の指導の時期や内容との関連を考慮し、道徳的価値の理解を基に自己を見つめるなどの指導の工夫を図ることが大切である。

　特に自然や動植物を愛し、大切にする心を育てるための自然体験活動の充実が求められている。さらに、道徳性が効果的に養えるように、子供の日常的な体験はもちろんのこと、自然体験活動など、多様な体験活動を生かした授業を工夫し、道徳的価値のもつ意味や大切さについて深く考えられるようにする。例として、以下のものが挙げられる。

1　理科

　栽培や飼育などの体験活動を通して自然を愛する心情を育てることは、生命を尊重し、自然環境の保全に寄与する態度の育成につながるものである。また、見通しをもって観察、実験を行うことや、問題解決の力を育てることは、道徳的判断力や真理を大切にしようとする態度の育成にも資するものである。

2　生活科

　自分自身、身近な人々、社会及び自然と直接関わる活動や体験を通して、自然に親しみ、生命を大切にするなど自然との関わりに関心をもつこと、自分のよさや可能性に気付くなど自分自身について考えさせること、生活上のきまり、言葉遣い、振る舞いなど生活上必要な習慣を身に付け、自立し生活を豊かにしていくための資質・能力を育成することなど、いずれも道徳教育と密接な関わりをもつものである。

3　総合的な学習の時間

　総合的な学習の時間に行われる自然体験活動は、環境や自然を課題とした問題の解決や探究活動として行われると同時に、自然の中での集団宿泊活動などの平素と異なる生活環境にあって、見聞を広め、自然や文化などに親しむとともに、よりよい人間関係を築くなどの集団生活の在り方や公衆道徳などについての体験を積むことができる。

1 道徳教育改訂の概要

2 道徳教育と道徳科の目標

3 道徳科の内容

4 道徳教育の全体計画

5 道徳科の年間指導計画

6 道徳科の指導

7 指導上の配慮事項

8 道徳科の評価

9 道徳科の教材

　年間指導計画を活用しやすいものにし、指導の効果をより一層高めるために、創意工夫し留意すべきことの一つとして、主題の設定と配列を工夫することが挙げられる。

　ねらいと教材で構成する主題の設定においては、特に主題に関わる道徳教育の状況、それに伴う子供の実態などを考慮する。まず、ねらいとしては、道徳的価値の理解に基づいて自己を見つめるための根源的なものを押さえておく必要がある。また、教材は、ねらいとの関連において子供が自分との関わりで考えることができるものを適切に選択する。

　現在、主たる教材として検定教科書が使用され、教科書会社ごとに道徳科の年間指導計画例が示されているが、それをそのまま、自校の道徳科の年間指導計画に活用することはできない。なぜなら、道徳教育の重点目標やそれに基づく重点内容項目は、学校ごとに違うからである。そのため、道徳科の指導においては、教科書に加えて教材を用意することが必要な場合もある。

　さらに、主題の配列に当たっては、主題の性格、他の教育活動との関連、地域社会の行事、季節的変化などを十分に考慮することが望まれる。

　生活科に「動物を飼ったり植物を育てたりする活動を通して、それらの育つ場所、変化や成長の様子に関心をもって働きかけることができ、それらは生命をもっていることや成長していることに気付くとともに、生き物への親しみをもち、大切にしようとする」という内容がある。それぞれの学年では、生活科のねらいに沿ってアサガオや野菜の栽培等の学習活動を展開する。それらを通して、動植物は生命をもっていることや成長していることに気付くとともに、生き物への親しみをもち、大切にしようとする態度が育つ。

　道徳科の年間指導計画作成の際に、栽培活動の時期に併せて、道徳科「自然愛護」の授業を設定する。子供は栽培活動を通して、植物の成長の様子を自分との関わりで捉えている。この経験を道徳科の授業で生かすことにより、道徳的価値の自覚がさらに深まる。

　このような効果が考えられる場合には、主題配列を工夫することが望ましいと考える。しかし、全ての道徳科の授業に関連をもたせることは容易ではない。それぞれのねらいや特質を生かせる場合に限り、主題配列を工夫することで、効果を発揮することができる。

計画的、発展的な指導

Key word » 177

1 道徳教育の改訂の概要

2 道徳教育と道徳科の目標

3 道徳科の内容

4 道徳教育の全体計画

5 道徳科の年間指導計画

6 道徳科の指導

7 指導上の配慮事項

8 道徳科の評価

9 道徳科の教材

道徳科の指導は、学校の教育活動全体を通じて行う道徳教育との関連を明確にし、子供の発達の段階に即しながら、道徳的価値を含む内容項目の全てについて確実に指導することが求められる。そのためには、各校が作成する年間指導計画に基づきながら、計画的、発展的な指導を進めていくことが大切である。具体的には、以下の二つの視点からの計画的、発展的な指導が求められる。

第一に、「道徳科の特質を生かした計画的、発展的な指導」である。道徳科の特質とは、教育活動全体を通じて行う道徳教育を、道徳科では「補充、深化、統合」する役割があるという特質を意味している。以下は、道徳科の特質である「補充、深化、統合」を意図したときの計画的、発展的な指導の例である。

> (1) 日頃の教育活動において、我が国の伝統文化について考える機会が少ないので、道徳科で「郷土愛」について考えさせたい。(補充を意図)
>
> (2) 運動会に向けた練習では「努力」の大切さについてじっくりと考えることができないので、道徳科で「努力」の大切さを自分との関わりで一層深く考えさせたい。(深化を意図)
>
> (3) 様々な場面で挨拶の大切さを指導しているが、個々の学びとなってしまうので、道徳科で「礼儀」に関わる諸事象を子供に捉え直したり発展させたりして、新たな考えを生み出せるようにしたい。(統合を意図)

いずれの指導も、日頃の道徳教育(下線部)と道徳科(波線部)の関連性を踏まえながら、意図的に「補充、深化、統合」の指導を計画したものであり、道徳科が教育活動全体を通じて行う道徳教育の要としての役割を果たしている。このように、道徳科を年間指導計画に基づきながら確実に実施するとともに、道徳教育との関連性を考慮しながら、「補充、深化、統合」の何を意図するのか計画的、発展的な指導をすることが大切である。

第二に、「内容相互の関連性や発展性を生かした計画的、発展的な指導」である。「関連性」とは、一つの内容項目を中心としながら、それに関連性のあるいくつかの内容項目を、意図的、計画的に扱うことを意味する。例えば、「親切」を中心とした道徳科の授業において、親切に関わって「勇気」や「感謝」といった道徳的価値についても、意図的、計画的に授業の中で扱うことが考えられる。また、「発展性」を考慮するとは、「第2内容」で示されている内容項目について、小・中学校9学年間の子供の発達の段階を十分に考慮することである。発展性を考慮しながら、発達の段階に即したねらいを設定し、子供が主体的に道徳性を養うことができるようにしていく必要がある。

重点的な指導

Key word » 178

　各学校においては、学校や地域、子供の実態などを考慮しながら、道徳教育及び道徳科の重点的な指導の充実を図ることが求められる。

　教育活動全体を通じた道徳教育においては、学校や地域の実態、子供の実態を明確に把握し、学校としてどのような子供を育てたいのかを明らかにし、内容項目の中で重点的に指導すべきことを設定する必要がある。

　例えば、「親切、思いやり」を学校の重点的に指導すべき内容項目としたとき、そのことを全職員で共通理解を図り、意図的な道徳教育を進めていくことが大切である。そして、日頃の学校生活の中で「親切、思いやり」と関連のある子供の姿が見られたとき、学級でそのことを意図的に話題にして称賛するなど、「親切、思いやり」と関連付けた指導を教育活動全体の中で行っていく。

　また、道徳科においても重点的な指導の充実を図ることが求められる。道徳科の年間授業時数が、第１学年34時間、第２学年以上が35時間であるため、全ての内容項目（小学校第１・２学年19項目、第３・４学年20項目、第５・６学年22項目、中学校22項目）を扱ったとしても、余剰の授業時数が生じてくる。この余剰の授業時数の中で、どの内容項目を重点的に扱うかは、各学校の年間指導計画に基づくこととなる。

　また、各学年段階の内容項目について、小学校では２学年間、中学校では３学年間を見通した重点的な指導の工夫が求められる。

　例として、重点内容項目が「友情、信頼」のとき、次のような内容項目の扱いが考えられる。

---

①重点内容項目に関する指導について授業時数を多く取る。
　例：「友情、信頼」をねらいとした授業を、年間３時間位置付ける。
②一定の期間をおいて繰り返し取り上げる。
　例：「友情、信頼」をねらいとした授業を、７月・10月・１月に位置付ける。
③一つの内容項目を何回かに分けて指導する。例：７月 友情、10月 信頼。
④いくつかの内容項目を関連付けて指導する。例：友情と関わって、感謝も。
⑤内容項目によっては、ねらいや教材の質的な深まりを図ったり、問題解決的な学習などの多様な指導方法を用いたりする。

　このように、学校や地域、子供の実態を明確に把握するとともに、学校として、さらに各学年段階で重点的に指導したい内容項目を明確に位置付けることが大切である。

各教科等、体験活動等との関連的な指導

1 道徳教育の改訂の概要
2 道徳教育と道徳科の目標
3 道徳科の内容
4 道徳教育の全体計画
5 道徳科の年間指導計画
6 道徳科の指導
7 指導上の配慮事項
8 道徳科の評価
9 道徳科の教材

　道徳科が、教育活動全体を通じて行う道徳教育の要としての役割を果たすことができるよう、各教科等や体験活動等との関連的な指導の工夫が求められる。

　第一に、「各教科等との関連的な指導」についてである。各教科等には、各教科等の特質に応じたねらいとともに、道徳教育上のねらいも含まれる。例えば、6年生の国語科「狂言」の学習では、教科のねらいとともに、「我が国の郷土や伝統と文化を大切にしようとする態度を育てる」という道徳教育を行うことが想定される。このように、道徳科の「C 伝統と文化の尊重、国や郷土を愛する態度」の授業との関連を図ることで指導の効果を高めたいと考えた場合、補充、深化、統合を配慮して年間指導計画に位置付けることが大切である。以下は、小学校2年生の例である。6月に生活科で、生き物を探して飼育する学習が計画されている場合、この生活科における生活尊重の学びの深化を意図して、「生命の尊さについてより深く自己を見つめさせたい」と考えたとき、翌月の7月に道徳科で「D生命の尊さ」の教材を年間指導計画に位置付ける工夫が考えられる。

時期	教材	内容項目	各教科等との関連
7月	『ハムスターの赤ちゃん』 (わたしたちの道徳)	D生命の尊さ	6月 生活科 「生き物を探して育てよう」

　第二に、「体験活動等との関連的な指導」についてである。集団宿泊活動やボランティア活動、自然体験活動などの道徳性を養うための体験活動と道徳科の指導の時期や内容との関連を考慮し、道徳的価値の理解を基に、自己を見つめるなどの指導の工夫を図ることも大切である。以下は、小学校6年生の例である。10月に修学旅行が計画されている場合、集団宿泊活動の体験活動と関連付けながら、「自由と責任についてより深く自己を見つめさせたい」と意図したとき、11月に道徳科で「A自由と責任」の教材を年間指導計画に位置付ける工夫が考えられる。

時期	教材	内容項目	集団宿泊活動との関連
11月	『うばわれた自由』 (私たちの道徳)	A自由と責任	10月 集団宿泊活動 「修学旅行での自由行動」

　このような各教科等、体験活動等との関連的な指導が、教師の恣意的な判断で行われるのではなく、意図的、計画的に進められることが大切である。いずれの場合も、道徳科と他の教育活動との関連は、補充、深化、統合であり、各教科等のための道徳科、体験活動のための道徳科とならないように配慮することが大切である。

　道徳科においては、一つの主題を1単位時間で取り扱うことが一般的である。道徳科における「主題」とは、指導を行うに当たって、何をねらいとし、どのように教材を活用するかを構想する指導のまとまりを示すものであり、「ねらい」とそれを達成するために活用する「教材」によって構成される。例えば、「責任ある自律的な行動」「相手の立場で考えて」「かけがえのない家族」「自然を守る心」といったものである。その際、複数の時間の関連を図った指導を取り入れるということも、指導計画を作成する上での創意工夫として考えられる。小学校の「道徳科解説」では、以下のように示されている。

> 　道徳科においては、一つの主題を1単位時間で取り扱うことが一般的であるが、内容によっては複数の時間の関連を図った指導の工夫などを計画的に位置付けて行うことも考えられる。例えば、一つの主題を2単位時間にわたって指導し、道徳的価値の理解に基づいて自己を見つめる学習を充実させる方法、重点的な指導を行う内容を複数の教材による指導と関連させて進める方法など、様々な方法が考えられる。

　一つの主題を1単位時間で取り扱うことが一般的ではあるが、一つの主題を2単位時間にわたって指導を行うといった例が挙げられている。例えば、「親切、思いやり」が重点内容項目であり、「相手の立場で考えて」という主題を重点的に指導するために、この主題の指導を2単位時間にわたって計画し、道徳的価値の理解に基づいて自己を見つめる学習を充実させるということが考えられる。2単位時間にわたって指導を行う意図や効果を十分検討した上で計画することが大切である。

　また、「親切、思いやり」の指導を重点的に行うために、指導時間数を増やすといった計画が考えられるが、その際、複数の教材による指導と関連させて進めるといったことも考えられる。例えば、第一の教材で相手を思いやることのよさについて、第二の教材で相手を思いやることの難しさについて、第三の教材で相手を思いやることを実現していこうとするときの願いや思いについて重点的に考えさせるといったことや、以前の「親切、思いやり」の授業で学習したことと関連させて考えさせることなどが考えられる。留意すべきことは、道徳科が年間35単位時間を標準としていることである。このことは、年間35回道徳的価値の自覚を深めることの重要性の表れとも言える。こうした意味を考えつつ、複数時間の関連を図った指導が計画的、発展的な指導となるように留意していくことが大切である。

他学年段階の内容の加味

1 道徳教育の改訂の概要

2 道徳教育と道徳科の目標

3 道徳科の内容

4 道徳教育の全体計画

5 道徳科の年間指導計画

6 道徳科の指導

7 指導上の配慮事項

8 道徳科の評価

9 道徳科の教材

　道徳科における内容項目は、小学校第1・2学年で19項目、小学校第3・4学年では20項目、小学校第5・6学年、中学校では22項目となっている。これは、子供の発達の段階等を踏まえて構成されているものであり、指導計画を作成する際、当該学年で示されている内容項目は全てを取り上げるようにしなければならない。その上で小学校の「道徳科解説」では、以下のように示されている。

> なお、指導する学年段階に示されてはいない内容項目について指導の必要があるときは、他の学年段階に示す内容項目を踏まえた指導や、その学年段階の他の関連の強い内容項目に関わらせた指導などについて考えることが重要である。また、以上の趣旨を踏まえた上で、特に必要な場合は、他の学年段階の内容項目を加えることはできるが、当該学年段階の内容項目の指導を全体にわたって十分に行うよう配慮する必要がある。

> 道徳科の内容が学年段階ごとに児童の発達の段階等を踏まえて示されている意義を理解し、全体にわたる効果的な指導を工夫することを基本とする。なお、特に必要な場合には、当該学年の内容の指導を行った上で学校の特色や実態、課題などに応じて他学年段階の内容を加えることができる。

　小学校第1・2学年では「A　真理の探究」「B　相互理解、寛容」「D　よりよく生きる喜び」は取り扱う内容項目として示されていない。また、第3・4学年では「A　真理の探究」「D　よりよく生きる喜び」は取り扱う内容項目として示されていない。しかし、学校の道徳教育の重点内容項目が、例えば「B　相互理解、寛容」である場合、小学校でこの内容項目を取り扱うのは第5学年からとなる。そのため、第1・2学年、第3・4学年でも「B　相互理解、寛容」の指導を充実させるためには、相互理解、寛容を踏まえた指導や、他の関連の強い内容項目に関わらせた指導が求められる。

　具体的には「B　主として人との関わりに関すること」の内容項目を通しての指導が考えられる。その上で、特に必要な場合には、当該学年の内容の指導を行った上で、第1・2学年や第3・4学年で取り扱う内容項目として「B　相互理解、寛容」を計画することも考えられる。しかし、「道徳科解説」にも示されているように、当該学年段階の内容項目の指導を全体にわたって十分に行うよう配慮することが大切である。

年間指導計画の弾力的な取扱い

年間指導計画は、学校の教育計画として、意図的、計画的に作成されたものである。そのため指導者の恣意による不用意な変更や修正が行われるべきではない。しかし、計画の弾力的な取扱いとして変更や修正を行う場合は、道徳性を養うという観点から考えて、より大きな効果を期待できるという判断を前提として、学校の組織的な検討を経て、校長の了解を得ることが必要である。そして、変更した理由を備考欄などに記入し、今後の検討課題にすることが大切である。

年間指導計画の弾力的な取扱いとして小学校の「道徳科解説」では、以下のようなものが示されている。

1　時期、時数の変更

他の教育活動における道徳教育との関連（補充、深化、統合）から、子供の実態などに即して、指導の時期、時数を変更することが考えられる。しかし、指導者の恣意による変更や、あらかじめ年間指導計画の一部を空白にしておくことは、指導計画の在り方から考えて、避けなければならない。

2　ねらいの変更

年間指導計画に予定されている主題のねらいや道徳性の様相などについて一部変更することが考えられる。ねらいの変更は、年間指導計画の全体構想の上に立ち、協議を経て行うことが大切である。

3　教材の変更

主題ごとに主に用いる教材は、ねらいを達成するために中心的な役割を担うものであり、安易に変更することは避けなければならない。変更する場合は、そのことによって一層効果が期待できるという判断を前提とし、少なくとも同一学年の他の教師や道徳教育推進教師と話し合った上で、校長の了解を得て変更することが望ましい。

4　学習指導過程、指導方法の変更

学習指導過程や指導方法については、子供や学級の実態などに応じて適切な方法を開発する姿勢が大切である。しかし、基本的な学習指導過程についての共通理解は大切なことであり、変更する場合は、それらの工夫や成果を校内研修会などで発表するなど意見の交換を積極的に行うことが望まれる。

学校における道徳教育は計画的、発展的に行われるべきものである。そして、指導計画は意図的、計画的に作成されたものであるため、安易な変更は避けなければならない。いずれの変更の場合でも、学校の組織的な取組が求められている。

第 **6** 章

道 徳 科 の 指 導

　学習指導案は、年間指導計画に位置付けられた主題を指導するに当たって、子供や学級の実態に即して、指導する教師の創意工夫を生かして作成する指導計画である。ねらいを達成するために、道徳科の特質を生かして、何を、どのような順序や方法で指導し、評価し、さらに主題に関連する本時以外の指導にどのように生かすかなど、学習指導の構想を一定の形式に表現したものである。

　学習指導案の形式に特に決まった基準はないが、一般的には次のような事項が取り上げられている。

①主題名：原則として年間指導計画における主題名を記述する。

②ねらいと教材：年間指導計画を踏まえたねらいと教材名を記述する。

③主題設定の理由：ねらいや指導内容についての教師の捉え方、それに関連する子供のこれまでの学習状況や実態と教師の願い、教材の特質やそれを生かす活用方法などを記述する。

④学習指導過程：道徳科の特質を踏まえて、導入、展開、終末の各段階に区分し、子供の学習活動、主な発問と予想される反応、指導上の留意点、指導方法、評価の視点などを指導の流れに即して記述する。

⑤その他：他の教育活動との関連、板書計画、校長や他の教師及び保護者や地域の人々の参加や協力など必要な事項を記述する。

1　学習指導案作成の主な手順

①ねらいを検討する：指導の内容や教師の指導の意図を明らかにする。具体的には育成を目指す道徳性を焦点化して示す。

②指導の重点を明確にする：子供の実態と教師の願いを明らかにし、各教科等での指導との関連を検討して指導の要点を明確にする。

③教材を吟味する：教科用図書等の教材について、子供に考えさせたい道徳的価値に関わる事項がどのように含まれているかを検討する。

④学習指導過程を構想する：道徳科の目標に示されている学習活動を踏まえ、子供がどのような問題意識をもって学習に臨み、ねらいとする道徳的価値を理解し、自己を見つめ、多様な感じ方や考え方によって学び合うことができるのかを予想しながら、効果が発揮される授業全体の展開を構想する。

2　学習指導案作成上の工夫

　道徳科の特質を生かすことに効果があると判断した場合には、重点的な指導や体験活動を生かす指導、複数時間にわたる指導、多様な教材の活用、授業者以外の人材の活用などを考慮し創意工夫を図る。

主題設定の理由

1 道徳教育と改訂の概要

2 道徳教育の目標

3 道徳科の内容

4 道徳教育の全体計画

5 道徳科の年間指導計画

6 道徳科の指導

7 指導上の配慮事項

8 道徳科の評価

9 道徳科の教材

　学習指導案に記述する重要な事項である。授業を行うに当たって、授業者がどのような考えをもち、どのような意図や願いがあるのか、主題に関して子供たちの姿をどのように捉えているのか、扱う教材をどのように解釈し活用を図ろうとしているのかなどを具体的かつ説得力をもって述べることが求められる。

　主題設定の理由については、年間指導計画作成の段階で一定の検討がなされているが、学習指導案の作成に際して、年間指導計画における主題構成の背景などを再確認するとともに、学級の子供たちの現在の実態をよく見極めた上で、この時期に主題を取り扱う必要性を十分に認識して記述することが大切である。

　記述の在り方について決められた形式はないが、『小学校学習指導要領（平成29年告示）解説　特別の教科道徳編』（以下、「道徳科解説」）では、次のような内容を含めて書くことが指摘されている。

①ねらいや指導内容についての教師の捉え方
②それに関する児童のこれまでの学習状況や実態と教師の願い
③使用する教材の特質やそれを生かす具体的な活用方法

　上記の内容を順序立てて述べるとのきまりはないものの、授業者が自分の考えを整理するために、また読み手となる他の教師にとっても理解しやすくするために段落を分けて記述したり、それぞれを項目立てして記述したりすることなどが一般的に行われている。

■項目立ての例

①に関連した表現

　・ねらいについて　　　　　・ねらいとする道徳的価値について
　・ねらいや指導内容について　・授業者の価値観

②に関連した表現

　・子供の実態について
　・これまでの学習状況及び子供の実態について
　・子供観

③に関連した表現

　・教材について、教材の特質や活用方法について、教材観

　主題設定の理由は、授業者である教師が見解を表現する機会ではあるが、自己主張にならないように留意する必要がある。子供と共に学び続ける謙虚な姿勢と子供への惜しみない愛情が伝わるような文章表現を心掛けることが望まれる。

教師の価値観

　ここでの教師の価値観とは、主題設定の理由を構成する要素の一つである「ねらいや指導内容についての教師の捉え方」のことである。一般的には、学習指導案において「ねらいとする道徳的価値について」などの項目立てが行われ記述される。

　道徳科の授業では、教材を通して一定の道徳的価値を取り上げて、その意味や内容、よさや大切さ、実現することの難しさなどを理解することが重要である。このことを子供だけに求めるのではなく、教師自身がどのように考えているかを明確にしていく必要がある。

　道徳科の内容で扱う道徳的価値は、現代社会の様々な課題に直接関わっている。例えば、ＡＩなど科学技術の発展に伴う生命倫理や人間存在そのものの在り方の問題や、持続可能な発展を巡っては、環境、貧困、人権、平和、開発といった様々な問題がある。これらの問題には、生命や人権、自然環境保全、公正・公平、社会正義など様々な道徳的価値に関わる葛藤がある。

　教師は、授業を行うに当たって現代社会の課題についての認識を深くし、葛藤や対立のある事象についても自らの考えをもち、人として他者と共によりよく生きる上で大切なものとは何か、自分はどのように生きていくべきかなどについて考えを深めていくことが求められる。その上で、扱う道徳的価値が次代を担う子供たちにとってどのような意義をもち、生きるためになぜ必要であるのかを明らかにしていくことになる。

　その際、小・中学校の「道徳科解説」第3章第2節に記述されている「内容項目の指導の観点」を参照することは欠かせない。ここでは全ての内容項目を取り上げ、内容項目ごとの概要、学年段階ごとの指導の要点が示されている。また、参考として他校種の内容項目についても示されている。

　内容項目は、子供が人間として他者と共によりよく生きていく上で学ぶことが必要と考えられる道徳的価値を含む内容を、短い文章で平易に表現したものである。文書を詳細に読み解き、文脈の中で道徳的価値がどのように位置付けられ、どのように指導することが求められているかを把握することが大切である。

　なお、学習指導案の作成に当たっては、内容項目の説明の文をそのまま転記するのではなく、あくまでも教師自身の言葉で論述するよう心掛けていきたい。

児童生徒観

Key word » 186

ここでの児童生徒観とは、主題設定の理由を構成する要素の一つである「ねらいや指導内容に関する子供たちのこれまでの学習状況や実態と教師の願い」のことである。一般的には、学習指導案において「児童生徒の実態について」などの項目立てが行われ記述される。

学習指導案での記述を見ると、「学級の人間関係は良好である」「授業において発言が活発である」「道徳科の授業が好きな子供が多い」など、全体的な様子や学習態度などに触れて述べているものに出会う。こうした記述は不適切である。

設定された主題、ねらい、扱う道徳的価値などに関して、子供たちがどのような学習を積み重ねてきているか、また、伸びているよさや残された問題の傾向は何であるのかなどの事柄について、教師の確かな目で認識した内容を述べる必要がある。

■小学校３年生：「生命の尊さ」に関する子供の実態の記述例

内容項目「生命の尊さ」に関連する授業では、１学期に『さいたよ、光祐君のアサガオ』で、お母さんのまみこさんの活動やその心情を通して、元には戻ることのできない生命の有限性・唯一性を捉え、生命のかけがえのなさについて考えた。

また、理科の「こん虫のそだち方」では、班ごとにモンシロチョウを卵から成虫になるまで育てる中で、成虫になる前に死んでしまう経験や、成虫まで育て上げる経験をし、生き物の生命と向き合ってきた。飼う対象として育てるときには、愛情をもって世話をしたり、生命の成長を喜んだりする姿が見られている。しかし、日常で目にする虫などに対して生命のあることを考えたりすることが少ない児童もいる。

本授業では、教材提示や自分の身に引き寄せて深く考えられるような発問を工夫することで、生命あるもの全てを尊いものと理解し、生命あるものを大切にしていこうとする心情を育てるために、生命あることの喜びを自分事として考えられるようにしたい。

記述に当たっては、子供たちの肯定的な面やそれをさらに伸ばしていこうとする観点からの積極的な捉え方を心掛けるようにする。なお、指導内容に関連して事前にアンケート調査を行ったり面接したりするなどして、子供たちの傾向性を把握する方法もある。

187

教材観

　ここでの教材観とは、主題設定の理由を構成する要素の一つである「使用する教材の特質やそれを生かす具体的な活用」のことである。一般的には、学習指導案において「教材について」などの項目立てが行われ記述される。

　道徳科の授業では話合いが中心的な活動となるが、そのためには子供たちを共通の世界に誘うことが必要となる。その世界を描いたものが教材である。

　教師は、教材のもつ力を最大限に生かすことが求められる。子供たちは、教材の力を通して、広い視野と深い思考によって道徳的価値を理解し、自らを見つめて、自己の課題を認識していくのである。

　なお、読み物教材の活用に関して、教材を途中まで読み、後半ないし最後の場面を伏せて進めるという授業に出合うことがある。いわゆる教材の分断である。授業者に意図を尋ねると「最後まで読むと正解が分かってしまうから」「主人公がどうしたかが伝わってしまうから」などの理由が返ってくる。この考え方は教材の力を理解していないものと指摘できる。

　主人公が思い悩みながらも、一歩一歩自分を高めて望ましい方向に進む姿に子供たちは思いを寄せ、共感する。そして、物語の結末まで至ったとき、ねらいとする道徳的価値が胸に迫り、感動するのである。ここに教材のもつ力の意義がある。したがって、子供を試すような発想で安易に教材を分断することは避けるべきである。

■小学校6年生：「希望と勇気、努力と強い意志」に関する教材観の記述例
　教材『折り紙でたくさんの笑顔を』

> 　本教材では、盲目の折り紙作家加瀬三郎の半生が描かれている。小学校5年生で視力を失った三郎は、指の感触だけで失敗を重ねながら折り紙に希望を見いだし、数々のオリジナル作品を生み出す。やがてカメラマンの田島栄次との出会いをきっかけに世界各地で子供たちと折り紙を通して交流するようになる。
>
> 　盲目というハンディを背負いながらも、自ら決めた「折り紙」という目標に向かって努力を重ね、世界中の子供たちと交流することができた加瀬三郎の生き方や彼の思いを見つめることで、困難な状況でもそれに負けずに努力を続けた先にもたらされる達成感や充実感について考えていきたい。教材の活用に当たっては、彼の作品を具体的に映像で示しながら教材の理解を深め、生命のかけがえのなさを実感させていきたい。

1 道徳教育改訂の概要

2 道徳教育と道徳科の目標

3 道徳科の内容

4 道徳教育の全体計画

5 道徳科の年間指導計画

6 道徳科の指導

7 指導上の配慮事項

8 道徳科の評価

9 道徳科の教材

　道徳科の学習指導過程には、特に決められた形式はないが、一般的には導入、展開、終末の各段階を設定することが広く行われている。

　学習指導過程についての在り方は学校や地区によって独自のものが開発されたり提案されたりしていることがある。また、教師の指導の意図や教材の効果的な活用などに合わせて工夫することは必要である。

　しかし、道徳科の指導においては、子供一人一人が道徳的価値についての理解を基に、自己を見つめ、物事を（広い視野から）多面的・多角的に考え、自己（人間として）の生き方についての考えを深めることで道徳性を養うという特質を十分に理解した上で工夫することが大切である。その意味で、まずは基本的な学習指導過程を踏まえた指導を心掛けることが求められる。※（）は中学校

　導入は、主題に対する子供の興味や関心を高め、ねらいの根底にある道徳的価値の理解を基に自己を見つめる動機付けを図る段階である。

　具体的には、本時の主題に関わる問題意識をもたせる導入、教材の内容に興味や関心をもたせる導入などが考えられる。

　このことに関わっては、従来から「価値への方向付け」「教材への方向付け」「雰囲気づくり」などと呼ばれ、広く実践が積み重ねられている。

1　ねらいとする道徳的価値への方向付けの具体例

・「〇〇とはどういうことなのか」「〇〇についてどのように考えるか」「これまでに〜をしたことはないか」など、価値や経験などについて話し合う。
・事前に行われたアンケート調査の結果について話し合う。
・同じ内容項目を扱った以前の授業において子供たちから出てきた意見などを改めて紹介し、話し合う。

2　教材への方向付けの具体例

・登場人物に関する情報や人間関係を知る。
・教材の内容に関する時代背景を知る。
・教材を補足するための出来事を知ったり映像を観たりする。

3　雰囲気づくり（主に小学校低学年での扱い）の具体例

・登場人物をみんなで呼んだり歌を歌ったりする。
・パペットやペープサートなどを登場させ、子供たちと語り合う。

　導入は、子供たちの実態と教材とを照らし合わせて、短時間で子供たちの心を惹き付けるように工夫することが大切である。発達の段階に応じて、視聴覚的な資料や統計的なデータを用いることなども効果的である。

　展開は、道徳科の授業のねらいを達成するための中心となる段階であり、授業時間において最も長く費やされることとなる。ここでは、中心的な教材によって、子供一人一人が、ねらいの根底にある道徳的価値の理解を基に、自己を見つめ、物事を（広い視野から）多面的・多角的に考え、自己（人間として）の生き方についての自覚を深めていくことが求められる。

　その意味では、道徳科の目標として挙げられている様々な学習活動が実際に行われる段階であり、道徳科の特質が具体化される重要な段階であると言える。

　展開の機能の第一は、教材を通して道徳的価値について理解を図る「価値理解」である。それは話合いを通して行われることから、友達の感じ方や考え方なども知り得るので「他者理解」も図られる。また、話し合った道徳的価値の実現の難しさや人間の弱さなども理解できる場合があることから「人間理解」も深められる。道徳科においては道徳的価値について理解する学習を欠くことはできない。この機能を明確にするために学習指導案に「前段」として位置付ける例もある。

　第二の機能は、自己を見つめることである。自己を見つめるとは、自分との関わり、つまりこれまでの自分の経験やそのときの感じ方、考え方と照らし合わせながら、さらに考えを深めることである。このことは内省を通して「自己理解」を深めていく重要な機能である。上記の「前段」と対応して「後段」として位置付ける例もある。

　なお、道徳的価値の理解を基に自己を見つめるなどの道徳的価値の自覚を深める過程で、同時に伸ばしたいよさや課題を意識し、自己の生き方や人間としての生き方についての考えも深めていることに留意する必要がある。

　展開の進め方としては、多様な教材提示の後に、子供の実態と教材の特質を押さえた発問などを投げ掛けていく。教材の内容や登場人物に関わる発問、道徳的価値を理解するための発問、自己を見つめるための発問などを精査し、子供が受け止めやすい言葉で示すことが大切である。

　道徳科の授業には主題があり、ねらいが設定されている。それに向けて、教材に描かれている道徳的価値に対する子供たち一人一人の感じ方や考え方を明確にし、話合いを通して自分が納得する形で道徳的価値の理解を図るようにすることが重要である。そして、理解した道徳的価値を自分の問題として受け止め、自己を深く見つめられるような学習を心掛ける必要がある。観念的、抽象的な議論に終始してはならない。展開の在り方は、授業が道徳科として成立するか否かが問われる重要なポイントである。

終末

終末は、ねらいの根底にある道徳的価値に対する思いや考えをまとめたり、道徳的価値を実現することのよさや難しさなどを確認して、今後の発展につなげたりする段階である。この段階では、学習を通して考えたことや新たに分かったことを確かめたり、学んだことをさらに深く心にとどめたり、これからへの思いや課題について考えたりする活動などが考えられる。

留意すべきは、学級活動の指導と混同しないことである。学級活動の内容（1）では、集団として実践するための目標や方法、内容などについて合意形成を図る。学級活動の内容（2）（3）では、問題の状況を理解し、個人として解決するための目標や方法、内容などの意思決定を図る。それぞれ具体的な事項を取り上げて今後の実践へと向かうことになる。ここでは「これから自分たちはどうするのか」「自分は何を行うのか」など実際の行動の在り方が問われ、子供たちにはそれに対する意思表示が求められる。

道徳科は、子供一人一人が道徳的価値についての理解を基に、自己を見つめ、物事を（広い視野から）多面的・多角的に考え、自己（人間として）の生き方についての考えを深める学習を通して道徳性を養うことを目標としている。道徳性は内面的資質であり、潜在的、持続的な作用を行為や人格に及ぼすものである。したがって、学習指導過程の終末も道徳性の育成を目指す役割を果たすものでなければならない。

「これから自分は〜をする」と具体的な行動を決意しても、それは局所的、一面的な在り方に過ぎない。将来どのような場面や状況に出合っても道徳的価値を実現するするための適切な行為を主体的に選択し、実践できるような内面的資質とは異なるものである。

終末の具体的な進め方には以下の手立てが開発され、実践されている。

> 説話、ことわざの紹介、読み聞かせ、映像視聴、ゲストの話、教師からのメッセージカード、歌を歌う、詩の紹介、家族からの手紙、自分の思いや考えを書いてまとめる、など。

書く活動を取り入れた場合、評価を目的としたものであってはならない。子供たちが生き方として学んだことを書き、自らを省みてよりよく生きようとする心を育むために行われるべきである。

終末の活動を通して子供たちはさらに思いを高めていく。終末は、一人一人の心に余韻を与えるよう多様な工夫が求められる。

1 道徳教育の改訂の概要
2 道徳教育と道徳科の目標
3 道徳科の内容
4 道徳教育の全体計画
5 道徳科の年間指導計画
6 道徳科の指導
7 指導上の配慮事項
8 道徳科の評価
9 道徳科の教材

　道徳科の授業では、導入、展開、終末の各段階で、学習指導過程が区分される。教材が活用されるのは、展開段階であり、１単位時間の多くの時間を使い、教材を使って授業を展開する。子供たちが、ねらいとする道徳的価値の自覚を深めるために教材を活用するのである。

　ねらいとする道徳的価値の自覚を効果的に深めるためには、教材をどのように活用するのかを考える必要がある。教材の活用の仕方や発問などを考えることを含めて教材分析と捉える必要がある。教材分析の根幹をなすものは、１単位時間の授業のねらいであり、授業者の価値観、児童生徒観に基づいて行われることが大切である。

　教材をどのように活用するかを考えるときには、まずは、ねらいとする道徳的価値に関わる考え方である価値観を明確にする。価値観を明確にしたら、それに基づいて、これまでに行ってきた指導による子供の状況を考察した児童生徒観を明らかにする。そして、価値観と児童生徒観を踏まえて、どのようにねらいとする道徳的価値について考えさせるのか、方向性を明らかにする。この方向性を明らかにすることが、本時の授業で、どのように教材を効果的に活用するかという教材分析をする手立てとなる。

　例えば、道徳的価値が大切であるという価値理解を中心に授業を展開するのであれば、教材の中でも、価値理解を中心とした場面を選び、中心的な発問を設定する。道徳的価値の実現の難しさなどの人間理解を中心に授業を展開するのであれば、教材の中では、人間理解を中心とした場面を選び、中心的な発問を設定する。この中心的な発問が充実したものになるようにするために、その前後で子供たちに考えさせたいことが有効と思われる場面を明らかにして発問を設定する。これが基本発問であり、基本発問でも道徳的価値をどのように理解させるのかを確認することが大切である。

　教材分析は、発問構成と密接に関わっている。ともすると、教材のストーリーが優先され、教材の内容で盛り上がる部分や葛藤する場面を中心的な発問にする場合も見られるが、それでは道徳科の特質を生かした授業とは言えない。教材のどの場面に中心的な発問を設定するかは、授業者の指導観によるものである。授業者の指導観を明確にして、教材の活用の方法を考えたり、発問を構成したりして、授業に生かすことが教材分析で必要なことである。

板書計画

1 道徳教育 改訂の概要

2 道徳教育と 道徳科の目標

3 道徳科の内容

4 道徳教育の 全体計画

5 道徳科の 年間指導計画

6 道徳科の指導

7 指導上の 配慮事項

8 道徳科の評価

9 道徳科の教材

　板書の目的は、授業のねらいを達成することにつながることが大前提である。板書は文字を書くことに加えて、図示、絵や写真の掲示なども含めて、授業の目標を達成するために工夫することが大切である。その前提として授業者が黒板を活用する際の文字の大きさ、色チョークの使い方などの基礎・基本を身に付けることは必要である。以下に、道徳科の板書の具体例を紹介する。

1　道徳的価値に関わる感じ方や考え方の多様さを理解させる板書

　多様な感じ方、考え方を基に考えさせる場合は、子供の発言を逐一板書することが考えられる。これに対して、「子供の発言を整理すべきだ」との指摘を聞くことがあるが、授業者は子供の発言を随時板書して、ある程度発言が出されたところで、子供とともに板書を振り返り、「たくさんの考えが出ましたね。主人公は本当に迷っていたんだね。その思いは決して一つではなかったね。いろいろと迷ったり、悩んだりしたんだね」と確認することで、授業者が意図した道徳的価値の理解を図ることができるのである。

2　道徳的価値に関わる感じ方、考え方の違いを理解させる板書

　他者理解を図る意図であれば、子供の発言を分類・整理して板書し、それぞれの感じ方や考え方の異同を考えさせる必要がある。その際、発言の分類・整理の仕方は、授業者の意図による。道徳的価値が実現に向かう程度を観点とする場合であれば、まとめ方は右から左に望ましい感じ方、考え方を示し、キーワードに色チョークでサイドラインを引いて、印象付けるなど意図的な板書が大切になる。

3　自分事として道徳的価値を捉えることに資する板書

　黒板に登場人物のイラストや場面絵などを掲示して、板書構成を行う授業を見受けるが、それらの工夫は子供が道徳的価値の自覚を深めるための思考を促す手掛かりとなる必要がある。また、板書は、子供に考えさせたい教材中の場面や内容の提示、それらの順序や構造を提示、内容の補足・補強など、多様な機能をもっている。これらの機能を十分に生かすために重要なことは、授業者の板書活用の意図を明確にすることである。1時間の授業を終えたところで板書を見れば1時間の授業の流れが分かるようにすることが望ましいと言われることがあるが、道徳科の板書は、必ずしも子供の思考の流れや順序を示す順接的な板書や授業後に流れが分かる板書を目指して行われるものではない。子供が、自分事として道徳的価値の理解を図り、自己の生き方についての考えを深める上で効果的な板書を構成することが何よりも大切である。そのために、感じ方や考え方の異同や多様さを対比的、構造的に考えられる工夫を凝らした板書構成を期待したい。

　学習指導要領第1章総則には、教育課程実施上の配慮事項として、「児童（生徒）のよい点や進歩の状況などを積極的に評価し、学習したことの意義や価値を実感できるようにすること。また、各教科等の目標の実現に向けた学習状況を把握する観点から、単元や題材など内容や時間のまとまりを見通しながら評価の場面や方法を工夫して、学習の過程や成果を評価し、指導の改善や学習意欲の向上を図り、資質・能力の育成に生かすようにすること」として学習評価を指導の改善につなげることについての記述がある。

　道徳科においても、教師が自らの指導を振り返り、指導の改善に生かしていくことが大切であり、授業の評価を改善につなげる過程を一層重視する必要がある。

　教師が自分自身の授業を振り返り、自らの指導を評価し、その評価を授業の中で更なる指導に生かすことが、道徳性を養う指導の改善につながる。

　明確な意図をもって指導の計画を立てて、授業の中で構想される具体的な振り返りの観点をもつことで、指導と評価の一体化が実現することになる。

　道徳科の学習指導過程や指導方法に関する評価の観点はそれぞれの授業によってより具体的なものとなるが、その観点としては、次のようなものが考えられる。

①学習指導過程は、道徳科の特質を生かし、道徳的価値の理解を基に自己を見つめ、自己（人間として）の生き方について考えを深められるよう適切に構成されていたか。指導の手立てはねらいに即した適切なものとなっていたか。

②発問は、子供が多面的・多角的に考えることができる問い、道徳的価値を自分のこととして捉えることができる問いなど、指導の意図に基づいて的確になされていたか。

③子供の発言を傾聴して受け止め、発問に対する子供の発言などの反応を、適切に指導に生かしていたか。

④自分自身との関わりで、物事を多面的・多角的に考えさせるための、教材や教具の活用は適切であったか。

⑤ねらいとする道徳的価値についての理解を深めるための指導方法は、子供の実態や発達の段階にふさわしいものであったか。

⑥特に配慮をする子供に適切に対応していたか。

　なお、道徳科における子供の学習状況等については、観点別評価はなじまないとされていることに留意する必要がある。

読み物教材

道徳科で行う学習は、道徳的価値の理解を基に自己を見つめ、物事を（広い視野から）多面的・多角的に考え、自己（人間として）の生き方についての考えを深めるという道徳的価値の自覚を深めることである。道徳的価値の自覚を深めるためには、子供たちが自分との関わりで道徳的価値について理解すること、つまり、価値理解、人間理解、他者理解をすることが求められる。

子供たちが自分事として考える場合、一人一人の子供たちが自分自身の体験やそれに伴う考え方、感じ方を基に考えられるようにすることが大切である。ただ、一人一人の子供自身の体験は様々であり、例えば30人の学級では、道徳的価値に関わる子供たちの体験は30通りあることになり、体験には様々な背景がある。これらを授業の中で全て取り上げることは容易ではない。そこで、子供たちが道徳的価値について多面的・多角的に考え、学び合って自己の生き方についての考えを深められるような共通の教材が必要になる。この共通の教材の一つが、読み物教材である。ねらいとする道徳的価値に関わる問題場面、状況が含まれている共通の教材を活用することで、多様な感じ方や考え方について学ぶことが道徳科の特質の一つである。

読み物教材の形態としては、物語、伝記、脚本、実話、詩、意見文、随筆、童話、民話、寓話、記事など多様である。現在、各学校において活用されている読み物教材は、古いものでは50年以上も前に道徳の時間の資料として文部省から示されているものもあるが、現在でも教科書に取り入れられ、道徳的価値の自覚を深めるために、道徳科の教材として多くの学校で活用されているものもある。

実際に授業で、読み物教材を活用する場合に提示する方法としては、教師による読み聞かせが一般的に行われている。その際、例えば、紙芝居の形で提示したり、影絵、人形やペープサートなどを生かして劇のように提示したり、音声や音楽の効果を生かしたりする工夫などが考えられる。また、展開段階でも、読み物教材の登場人物の動作を模倣して考えさせたり、役割演技を取り入れたりする工夫も考えられる。

道徳科では、ねらいとする道徳的価値に関わることを子供たちが自分事として考えていく学習を行う。読み物教材を通して、登場人物に自我関与することで、知らず知らずに自分自身の考えや思いを誰にはばかることなく主体的に表明することにつながるのである。

1 道徳教育 改訂の概要

2 道徳教育と 道徳科の目標

3 道徳科の内容

4 道徳教育の 全体計画

5 道徳科の 年間指導計画

6 道徳科の指導

7 指導上の 配慮事項

8 道徳科の評価

9 道徳科の教材

紙芝居　　　　　　　　　　　　　　　　　　　　Key word » 195

　道徳科で教材を提示する方法として、読み物教材の場合、授業者による読み聞かせが一般的である。その際、教材を提示する工夫の一つとして「紙芝居」がある。ここでは、「紙芝居」の特徴と道徳授業で活用について紹介する。

1　「紙芝居」の特徴

・演じ手（授業者）と聞き手（子供）が向き合い、そこでコミュニケーションを生じさせる。
・絵が大きく描かれており、遠目でもはっきりと分かる構図や色彩となっているため、大勢の子供に対して読み聞かせることができる。
・多くの場面が絵を通して描かれている。
・紙芝居を抜き差しする際の「間」は、教材の世界への集中と演じ手（授業者）と聞き手（子供）との間で、コミュニケーションの時間を作り出す。
・紙芝居に舞台を活用する場合、空間が仕切られる。

2　「紙芝居」を活用するよさ

　「紙芝居」を活用するよさは、演じ手（授業者）と聞き手（子供）が向き合い、コミュニケーションを図りながら話を進めていくことで、臨場感が増し、子供たちが教材の世界へ深く引き込まれていくことにある。また多くの場面が絵で表現してあることで、子供たちは教材の世界を想像しやすい。紙芝居で使われる舞台は、現実の世界と教材の世界との空間を仕切り、子供の集中がより高まる。

　このように、紙芝居を教材提示で活用することのよさは多くある。子供たちは、教材の世界により深く入り込むことで、教材の話を自分のこととして考え始める。それは、ねらいとする道徳的価値について、自分事として考え、自己の生き方について考えるきっかけとなる。

3　「紙芝居」を活用するに当たって

①紙芝居を作成する場合

　紙芝居は様々な場面が絵で多く描かれ、絵の表現によって子供は話の流れを理解していく。そのため、絵を大きく描き、遠目でもはっきりと分かる構図や色彩が大切である。また会話表現が中心となる教材を活用した場合でも、絵が補助的な役割を果たす。

②既存の「紙芝居」を活用する場合

　紙芝居をすることが目的とならないよう、授業者の指導観を明確にし、紙芝居を選択する必要がある。教材提示の工夫が、子供たちにとって、ねらいとする道徳的価値を自分事として考えるきっかけとなることが大切である。

影絵

道徳科で教材を提示する方法として、読み物教材の場合、授業者による読み聞かせが一般的である。その際、教材を提示する工夫の一つとして、「影絵」を活用した劇がある。ここでは、「影絵」の特徴と道徳授業での活用について紹介する。

1 「影絵」の特徴

・木や紙で作成した人形、または動物に見立てた両手の組み合わせに後方から光を当て、壁やスクリーンに投影して演じる。

・木や紙で作った影絵人形に、光が透過する部分を作り、色セロファンを貼ることで、色を付けて投影することができる。

・関節が設けられていて、簡単に操作できるものが多い。

・光と影、そして紙などをカッティングする技術などの調和から、美しく、幻想的な作品が生まれる。

2 「影絵」を活用するよさ

動きのある「影」であるからこそ、そこから、「これは何の影だろう」「表情はどうだろう」と、様々なことを想像させる。それはつまり、子供たちが登場人物に自我関与しやすくなると言える。そして、光と影の鮮やかな美しさは、子供たちに感動を与え、教材の世界に深く引き込ませる。

3 「影絵」を活用するに当たって

①影絵を活用する教材

影絵を活用して教材提示をする際には、内容を表現できるものと表現しづらいものがあることを理解しておく。例えば、登場人物が人間ばかりで、輪郭線に大きな差が生まれない場合、子供たちは話の流れを理解する上で混乱してしまうかもしれない。子供たちに、内容を分かりやすく提示するためには、影絵の素材は「名作」と呼ばれるような、誰もが知っている昔話や、登場人物が限られており、輪郭線だけでも明確に理解できるようなものがよい。

②影絵劇を効果的にするために

「影絵劇」では、台本、役者（影）の演技力（動き）によって、表現できることが大きく左右される。そのため、授業者は事前の確認や練習を念入りに行う必要がある。また話の場面ごとに、音楽を活用したり、ナレーションを入れたりすることによって、より子供たちの想像の引き出しを増やすことができる。

このように、影絵のもつイメージの豊富さを生かし、子供たちが想像を膨らませ、ねらいとする道徳的価値について自分事として考えを深めていくために、影絵の活用はとても有効である。

1 道徳教育の改訂の概要
2 道徳教育と道徳科の目標
3 道徳科の内容
4 道徳教育の全体計画
5 道徳科の年間指導計画
6 道徳科の指導
7 指導上の配慮事項
8 道徳科の評価
9 道徳科の教材

人形・ペープサート

　道徳科で教材を提示する方法として、読み物教材の場合、授業者による読み聞かせが一般的である。その際、教材を提示する工夫の一つとして、「人形・ペープサート」を活用した劇（人形劇）がある。ここでは、「人形劇」の特徴と道徳授業での活用について紹介する。

1　「人形劇」の特徴

・手遣い人形（パペット）、棒遣い人形、糸繰り人形（マリオネット）などを操り、演じさせる劇。人形芝居である。
・ペープサート（paper puppet theater/紙人形劇）は、人形劇の一種であり、平面な人形の両面に絵を描いて操作する。
・「言葉」の表現よりも、人形の「動き」による表現の比重が強い。
・人形以外の美術的効果が表現に大きな役割をもつことがある。

2　「人形・ペープサート」を活用するよさ

　人形は、小さく可愛らしいものが多く、子供の興味を惹きやすく、子供にとって安心感や親近感をもちやすい存在であるため、子供たちは登場人物に自我関与して、考えを深めるきっかけとなる。人形劇の人形は、表情が変化しない場合が多いが、語りや人形の演技を通して、様々な表情や言葉を子供たちの想像力の中で広げていくことができる。ペープサートに関しては、両面に絵を描くことができるため、表情や服装など、両面で異なる登場人物を描くことによって、場面の変化を表現でき、子供たちの想像を助ける働きがある。他にも、音楽や美術など、人形以外にも子供たちを効果的に劇の世界へ引き込む工夫がある。

3　「人形・ペープサート」を活用するに当たって

　子供たちが、人形劇の世界に浸り、自分事として考えることができるようにするために、個性的な人形以外にも、語り、人形の演技、美術、音楽を活用することで、子供たちの想像力をより高めることができる。もちろん、これらの効果を得るために、人形の作り方、使い方、人形劇作品の演じ方を授業者は事前に習得することを前提とする。道徳授業の実践としては、「人形・ペープサート」を活用するに当たり、一人の授業者が教材を効果的に提示するために、登場人物が限られているものであったり、人形の操作が簡易であったりする必要がある。それらのことを考慮した上で、教材を選択する必要がある。

　人形劇は、多要素が集結した総合芸術として子供たちの想像力を刺激し、登場人物に自我関与して考えを深めるきっかけとなる教材提示の工夫である。どのような教材で活用するかを指導観と照らして見極め、選択することが大切である。

発問

1　発問の在り方

小学校の「道徳科解説」には、発問は以下のように示されている。

> 教師による発問は、児童が自分との関わりで道徳的価値を理解したり、自己を見つめたり、物事を多面的・多角的に考えたりするための思考や話合いを深める上で重要である。発問によって児童の問題意識や疑問などが生み出され、多様な感じ方や考え方が引き出される。そのためにも、考える必然性や切実感のある発問、自由な思考を促す発問、物事を多面的・多角的に考えたりする発問などを心掛けることが大切である。

道徳科は道徳性を養うことを目標としている。その道徳性を構成する諸様相を、道徳的判断力、道徳的心情、道徳的実践意欲と態度と捉えると、授業の中で、どの様相に焦点を当てるのかで、発問の仕方は異なる。そして授業者の発問から、「ねらいとする道徳的価値について、子供に考えを深めさせるきっかけを作る」という意図を忘れてはならない。

注意すべき点は、発問が具体的な道徳的行為を意思決定させるようなものであったり、決意表明をさせたりすることにつながることである。このような発問は、道徳科の本質から外れてしまう。

2　発問の構成

小学校の「道徳科解説」には、授業の中で発問を構成する場合の構成手順や留意点として、以下のように示されている。

> 授業のねらいに深く関わる中心的な発問をまず考え、次にそれを生かすためにその前後の発問を考え、全体を一体的に捉えるようにするという手順が有効な場合が多い。

発問は授業の中で一体的に捉えることが大切である。中心的な発問を考える場合、ねらいとする道徳的価値について子供が考えを深めるきっかけとなるものかどうかを重視しなければならない。そして、中心的な発問を生かすための発問（基本発問）を前後に考える。それらの発問では、道徳的価値は大切であってもなかなか実現できない人間の弱さや道徳的価値を実現したり、できなかったりする場合の感じ方、考え方は一つではないということも併せて、考えさせる。授業者が構成したねらいとする道徳的価値の自覚を深めるための発問に基づいて、子供たちがねらいとする道徳的価値について、価値理解、人間理解、他者理解を通して多面的・多角的に考えることが大切である。

1 道徳教育の改訂の概要
2 道徳教育と道徳科の目標
3 道徳科の内容
4 道徳教育の全体計画
5 道徳科の年間指導計画
6 道徳科の指導
7 指導上の配慮事項
8 道徳科の評価
9 道徳科の教材

話合い

話合いは、子供たちが相互の考えを深める中心的な学習活動である。

1　話合いの役割

①考えを出し合う（互いの考えを確認する）

②まとめる（一人一人が話合いを通して、自分の考えをまとめる）

③比較する（自分と他者との考えから違いや共通点を見付ける）

④メタ認知的な効果（他者に語ることで、自己理解を深める）

　それらのために、効果的に話合いが行われるよう工夫する必要がある。

2　話合いの工夫

①座席の配置の工夫

　多面的・多角的に考える話合いには、場の工夫が有効である。教室を2～3グループに分け、それぞれが向かい合わせになるようにコの字型に配置する。立場を明らかにすることで、同じ立場の子供が話し合い、自分事として考えるようになる。

　また、違う立場の意見を聞くことで、新たな考えに触れたり、自分の考えを深めたりと、多面的・多角的な見方を促す。しかし、話合いが目的とならないように、道徳的価値の理解が深まるように配慮する必要がある。

②ペアやグループでの対話

　集団討論や全体での話合いでは、なかなか自分の思いを伝えられない場合や、お互いの考えをじっくり聞き合いたい場合には、ペアやグループでの対話が有効である。相手の考えに共感したり、お互いの考えを比較したりしながら、主体的、対話的に道徳的価値観について考えを深める。

③思考ツールの活用

　考えを出し合い、比較するためには、自分や他者の考えを可視化できるとよい。道徳科の授業では、意見をまとめるのではなく、お互いの考えの違いから相手の考えやその理由を聞き出したり、自分の意見やその理由を述べたりする。そこで、お互いの考えを可視化するために、数値化や色分けなど、視覚的ツールを活用して表す。

　例えば心情グラフは、AかBかの意見をはっきりさせるのではなく、円グラフを2色に分けて、Aは10％で、Bは90％のように自分の気持ちに対峙しながら表出できる。さらに、ICTを活用して画面に表示する方法も考えられる。それぞれの違いから、話合いを活性化し、多面的・多角的に考えさせる。

1 道徳教育改訂の概要

2 道徳教育と道徳科の目標

3 道徳科の内容

4 道徳教育の全体計画

5 道徳科の年間指導計画

6 道徳科の指導

7 指導上の配慮事項

8 道徳科の評価

9 道徳科の教材

教材提示

Key word » **200**

　道徳科では、道徳的な行為を題材とした教材を用いることが多い。それらを学習指導で効果的に生かすには、登場人物に自我関与し、自分との関わりで考えたり、自己を見つめたりすることが求められる。教材を通して道徳的価値について考えたり、話し合ったりするため、短時間で全ての子供に教材の内容を理解させ、子供たちにねらいとする道徳的価値を自分事として考えようとする構えをつくらなければならない。そのため教材提示は、読み物教材の場合、教師による読み聞かせが一般的である。その際、紙芝居の形で提示したり、パネルシアターや人情劇など、劇のように提示したり、音声や音楽、映像の効果を生かしたりする工夫が考えられる。

■教材提示における留意点

①読み聞かせ：教材内容を正確に伝えることが基本であるが、登場人物に自我関与させる場面では、ゆっくりと間をもたせて読んだり、葛藤場面では低い声で読んだりと、主人公がどのような思いなのか、道徳的価値の自覚を促すのはどの場面なのかを分析し、子供が感じ入るように聞かせる。その際、効果音やBGMを活用することも有効である。音読表現には、声の大小、強弱、高低、速さ、間の取り方など様々な工夫がある。教師の一方的な思いを押し付けることのないように留意しつつ、心を込めて読むことが大切である。

②ICTなどの視覚教材の活用：子供一人一人が共通の内容を理解するために、絵や映像、劇などの視覚教材を活用するとよい。

③教材の開発：日常から多様なメディアや書籍、身近な出来事に強い関心をもつとともに、柔軟な発想をもち、教材を広く求める姿勢が必要である。教材提示において、ねらいとする道徳的価値を見極め、それについて多様な考えが引き出せるか、一人一人の考えを基に話合いが深まるかどうかを吟味した上で、どのように教材を提示するか検討する。

④教材の精選：多くの情報を提示することが必ずしも効果的だとは言えない。教材の内容を自分との関わりで考えるためには、想像を膨らませ、思考を深める余地が必要である。実物を提示するのか、映像を提示するのか、疑似体験活動に取り組むのか、補助的な教材を組み合わせてそれらの多様な性格を生かし合うのかなど、様々な創意工夫が求められる。子供たちがそれらをどのように受け止めるかを予想するなどして、教材を吟味した上で、学習指導過程でどのように提示するかを考える。

書く活動

　書く活動は、子供が自ら考えを深めたり、整理したりする機会として、重要な役割をもつ。子供にとって書く活動は、考えることであるとも言える。それまで曖昧であった自分の考えを整理したり、日頃は意識していない体験や自分自身の状況を想起したりする。教材を通して話し合ったことや、これまでの自己の生き方を振り返ることで、自分自身とじっくり向き合い、道徳的価値観を内在化させていくのである。

■書く活動を取り入れるのに有効な場面

①中心発問での書く活動

　主人公の気持ちや、考えを自分との関わりで言語化するに当たり、一人一人がじっくりと考えられるように、書く時間を設定する。KJ法や思考ツールなどを活用して書くことも有効である。また、タブレット端末やミニ黒板を活用し、一人一人の意見が可視化できるようにする工夫もある。

②自己への振り返り

　教材を通して、道徳的価値の理解を深めた後、自分自身に置き換えることで、道徳的価値の一般化を図る。「ねらいとする道徳的価値に関わる経験はあっただろうか。そのとき、どんなことを考えただろうか」などと、自分自身と向かい合いながら問うことで自分自身のよさや課題を見直し、自己理解を深める。

③自己評価

　書く活動は、学習の個別化を図り、一人一人の子供の感じ方や考え方の一面を捉えることができる。個別指導をする重要な機会となり、記録として残るため、評価にも活用しやすい。また、一冊のノートなどを活用することによって、子供の学習を継続的に深めたり、その変容を成長の記録として見取ったりすることができる。そのときに、子供の自己評価も含めて、その授業の理解度や満足度などを顔マークや、グラフなどで表記させることもできる。

　このように、言語活動である書く活動は、自己への振り返りや発表準備、評価などに活用できる。一方で、言語化できない思いや感じ方をそのままにせず、言語によって固定化し、それを自分の思いとして自覚するという側面もあり、そのため様々な思いや気付きがあったとしても、言語化し書くことによって限定されてしまうこともあるため、書く活動をどのように設定するかよく吟味する必要がある。また、言語にならない、もしくは、書くことが苦手な子供の場合には、書く活動以外の活動を充実させるため、代筆するなどの支援が必要である。

動作化

1 道徳教育の改訂の概要

2 道徳教育と道徳科の目標

3 道徳科の内容

4 道徳教育の全体計画

5 道徳科の年間指導計画

6 道徳科の指導

7 指導上の配慮事項

8 道徳科の評価

9 道徳科の教材

　子供に登場人物への自我関与を深めるために、その動きや言葉を模擬・模倣することが動作化である。実際の場面を追体験し、そのとき、どう感じたか、どう考えたか問いかけることで、道徳的価値の理解について気付きをもたらす。役割演技が即興劇による子供の内面表出であるのに対して、動作化は子供が登場人物になりきり、動作を通して追体験することで、その登場人物を共感的に理解し、その感じ方や考え方を自分事として想像するのである。

　また、その道徳的価値の気付きや道徳的行為を疑似体験することで、その道徳的価値のよさや難しさなどについて、実感をもって理解できるようにするのである。

1　主な動作化の手順

①教材提示などにより、どのような出来事が起こり、どのような行動をとったのか内容を理解し、登場人物に起こった出来事を整理する。

②道徳的価値について考えさせたい場面を選び、言動を確認し、動作化する。

③動作化してどのように感じたか、どのように考えたか、演じた子供や、それを観ていた子供にたずねる。

④動作化を通して自分事として考え、道徳的価値の理解を深める。

2　動作化の活用例

○『はしのうえのおおかみ』（出典：「わたしたちの道徳」文部科学省）

　小学校低学年向けの教材である。橋の上で「どけどけ」と威張っていたおおかみが、くまとの出会いによって、親切な行為のよさに気付く内容である。実際の場面を想像し、主人公に自我関与させるために、動作化を取り入れる。くまが「戻らなくてもいいよ」とおおかみを持ち上げる場面において、教師がくまの役を行う。持ち上げられ、くまの後ろ姿を見送るおおかみを子供に動作化させる。その後ろ姿を見送るおおかみの気持ちを考えさせたり、そのやり取りを見ていた子供はどう感じたかを話し合わせたりする。

○道徳的行為『江戸しぐさ』（出典：「わたしたちの道徳」文部科学省）

　江戸時代の生活習慣である「傘かしげ」や「肩ひき」などは、相手が道を通りやすいようにお互いに傘や肩を後ろ斜めに引く行為である。実際に行ってみることで、そのあうんの呼吸が相手に対する気遣いの表れであることが実感できる。そのような行為のよさを動作化することで理解し、そのときの気持ちや、相手への気遣いの表し方について話し合わせることで、道徳的価値の理解を深める。

役割演技

役割演技とは、教材の登場人物などになりきって自発的・即興的に演技をすることである。役割を演じ、相手とのやり取りを通して感じたことを表現し合う中で、教材の登場人物のことをより深く考えられるようになる。そして、即興性のある演技には演技者の経験や思いが反映され、自分の内面が自然と表れていく。道徳科の授業で役割演技を行うことによって、子供は自分の経験などを基にして道徳的価値について理解したり、自己を見つめたりすることが期待できる。

役割演技を活用する際には、ねらいや配慮事項などを十分に理解することが必要である。

役割演技の具体的な進め方や配慮事項には、次のようなものがある。

①	ウォーミングアップ	子供が役割演技を行うための雰囲気づくり。
②	条件設定	役割演技を行う場面や状況、役割の相互関係などを子供が理解できるようにする。
③	役割演技	慣れるまでは教師と子供で行い、その後子供同士で行うなど、段階を踏むことも考えられる。
④	中断と話合い	演技を中断して、授業者の助言を基に、演技を行っている子供と観衆の子供たちとの話合いを行う。
⑤	役割交代	お互いの役割を交代して演技を行い、自分と異なった立場や感じ方、考え方などに対する認識を深める。
⑥	演技の終了と話合い	演技を行った子供と観衆の子供たちのねらいとする道徳的価値に関わる考え方や感じ方を中心に話し合い、道徳的価値の理解を深める。

役割演技では、子供が伸び伸びと思いのままに表現し、即興性のある演技ができるような雰囲気づくりを行うことが大切である。そのためには、授業者は演技そのものを指導したり、演技の巧拙を評価したりするのではなく、子供の素直な心の表出を促し、受け止め、学級全体で共有する姿勢を大事にしていくことが求められる。

役割演技を取り入れるに当たって、授業者は、なぜその場面で役割演技をするのか、役割演技を通して何を考えさせたいのかなど、明確な意図をもつことが重要である。道徳科における役割演技は「目的」ではなく、道徳的価値の自覚を深めるための「手段」であるということを肝に銘じておくようにしたい。

説話

1 道徳教育改訂の概要
2 道徳教育と道徳科の目標
3 道徳科の内容
4 道徳教育の全体計画
5 道徳科の年間指導計画
6 道徳科の指導
7 指導上の配慮事項
8 道徳科の評価
9 道徳科の教材

説話の工夫について、小学校の「道徳科解説」には、以下のように記されている。

> 説話とは、教師の体験や願い、様々な事象についての所感などを語ったり、日常の生活問題、新聞、雑誌、テレビなどで取り上げられた問題などを盛り込んで話したりすることであり、児童がねらいの根底にある道徳的価値をより身近に考えられるようにするものである。教師が意図をもってまとまった話をすることは、児童が思考を一層深めたり、考えを整理したりするのに効果的である。

説話には教師の人間性が表れ、教師が自らを語ることによって子供との信頼関係が増すとともに、子供の心情に訴え、深い感銘を与えることが期待できる。

1時間の道徳科の授業においては、主に導入や終末の段階で説話を活用することが考えられる。

導入段階では、主題に対する子供の興味・関心を高めることや、子供の意識をねらいとする道徳的価値に方向付けることを意図して、教師の体験談などを語ることが考えられる。

終末段階では、子供が自分との関わりでねらいとする道徳的価値に対する思いや考えをまとめるために、教師の説話が効果的な場合がある。子供は、1時間の授業で学習したねらいとする道徳的価値に関わる教師の体験談を聞くことで、道徳的価値を実現することのよさを感じて憧れを抱いたり、実現の難しさを再確認したりして道徳的価値の自覚を深めることができる。

なお、説話は教師による説論を意味するものではない。子供を説教したり叱責したりする内容になってしまうと、道徳的価値に対する子供の思いが培われることが難しくなってしまう。また、体験談を語る場合は、教師の思いが強くなって話が長くなりすぎないように注意する必要がある。本時のねらいとずれがあったり、押し付けになったりすることがないように考慮し、説話の工夫を取り入れていくようにしたい。

説話は必ずしも毎時間必要なものではなく、教師の明確な意図に沿って活用することが大切である。

板書

　板書を生かす工夫について、小学校の「道徳科解説」には、以下のように記されている。

> 　道徳科では黒板を生かして話合いを行うことが多く、板書は児童にとって思考を深める重要な手掛かりとなり、教師の伝えたい内容を示したり、学習の順序や構造を示したりするなど、多様な機能をもっている。
>
> 　板書の機能を生かすために重要なことは、思考の流れや順序を示すような順接的な板書だけでなく、教師が明確な意図をもって対比的、構造的に示したり、中心部分を浮き立たせたりするなどの工夫をすることが大切である。

　板書を行う目的は、子供が道徳的価値の自覚を深められるようにすることである。そのためには、どのように板書を生かすのかを考えていく必要がある。板書の工夫を考える上で、最も大切なのは見栄えではなく、「授業者がどのような意図をもって板書を行うのか」ということである。明確な意図をもって行う板書の工夫には、例えば次のようなものがある。

1　多様な考えを捉えやすく分類・整理して示した構成

　教師の明確な意図に基づいて子供の考えを分類・整理して板書することが、ねらいとする道徳的価値について多面的・多角的に考えさせる一助となる。

2　上下または左右に対比的に見せて対立させたり、比較したりする構成

　対比することで自分の立場ができ、考えが明確になっていく。例えば、プラスの感情とマイナスの感情、「する・しない」などの対立する意見などを、上下または左右に分けて板書に位置付けるような工夫を行うことができる。

3　話合いの中心部分をクローズアップした構成

　本時で子供に最も考えさせたいことにつながる中心的な発問の部分の板書を幅広く取ることで、子供の考え方、感じ方を多様に表現する工夫を行いやすくなる。

4　子供が参画できるような工夫を強調した構成

　例えば、ネームプレートを活用して、自分の考えやその立場に合った位置に貼るなど、子供が板書に参画できるような工夫が考えられる。自分の立場を明確にすることで、子供は話合いに主体的に参加することができたり、他者の考えを理解しやすくなったりする。

　子供の発言を一回ごとに受け止めて書く方法や、ある程度聞いてからまとめて板書する方法など、板書の仕方にも様々なものがある。どの方法を選ぶかについても、教師の明確な意図に応じて考えていくことが大切である。

ティーム・ティーチング

ティーム・ティーチングに関しては、小学校の学習指導要領に下記の記載がある。

> ■「第3章特別の教科道徳」の「第3指導計画の作成と内容の取扱い」の2（1）
> 校長や教頭などの参加、他の教師との協力的な指導などについて工夫し、道徳教育推進教師を中心とした指導体制を充実すること。

道徳科における実際の指導においては、全てを学級担任に任せるのではなく、校長や教頭及び他の教職員の協力を得て、道徳教育推進教師を中心とした指導体制を構築し、ティーム・ティーチングとして推進することが効果的である。

1　ティーム・ティーチングとは

複数の教師が共同して同一の学習集団の教育指導を行う教授方式を言う。ティーム・ティーチングのねらいとして、一般的には学習に対する子供の関心や意欲を見いだして学習に生かすこと、子供のよさや可能性を見いだし生かし伸ばすことで学習に役立てることなどがある。

2　授業におけるティーム・ティーチングの方法例

ここに示す方法例は、二人の教師が対等な立場で指導することを基本とするものであり、主となる教師、副となる教師といった役割分担を行うというものではない。また、1時間の授業の全てで取り入れるということではなく、学習活動においてより効果的な場面で取り入れるようにする。

①導入段階で、一人の教師がねらいとする道徳的価値に関わるアンケートなどの補助資料を提示し、もう一人の教師が補助資料を基にねらいとする道徳的価値への方向付けとなるような問いかけを行う。

②一人の教師が道徳的価値の理解を図るために発問を投げかけ、もう一人の教師が子供の発言やつぶやきなどを取り上げて板書にまとめる。

③小集団による話合いを行う際は、子供の様子を教師が分担して観察しながら、必要に応じて動作化・役割演技などを通して発問を行うなどして、道徳的価値の自覚を深めるように働き掛ける。

3　ティーム・ティーチング活用上での配慮事項

①打ち合わせの時間を確保する。

②ねらいとする道徳的価値、子供の実態などに対する共通理解を図る。

③一人一人の子供理解を深める。

④役割分担を明確にする。

1 道徳教育改訂の概要

2 道徳教育と道徳科の目標

3 道徳科の内容

4 道徳教育の全体計画

5 年間指導計画

6 道徳科の指導

7 指導上の配慮事項

8 道徳科の評価

9 道徳科の教材

　道徳科における問題解決的な学習は、子供一人一人が生きる上で出会う様々な道徳上の問題を多面的・多角的に考え、主体的に判断し実行し、よりよく生きていくための資質・能力を育てる学習として有効である。

1　具体的な展開例（小学校第3・4学年）

①主題：誰に対しても公正・公平に接しよう

②教材：『同じ仲間だから』（出典：「道徳の指導資料とその利用6」文部省）

③展開

（導入）：自分との関りで「公正・公平」について考える構えをつくるために、人に対して分け隔てをせずに接した経験を想起する。

○問題の設定「誰にでも分け隔てなく接するにはどんな考えや思いが大切だろう」

（展開）

○登場人物が示す自分の利益に関わる状況での思いや、利益と公平な態度との選択で迷い悩む思いを、自分事として考える問いを通して話し合う。

○これらの学習を通して、設定した問題に立ち返り、分け隔てなく接するために大切になる考えや思いを整理する。

○自己を見つめる学習を行い、「公正・公平」について自分にはどのようなよさがあるのか、どのような改善すべきことがあるのかなどを考え、話し合うことを通して、子供一人一人が自分事として問題に対する答えを導き出し、生き方についての考えを深める。

（終末）：自分の生き方についての考えをまとめる。

2　問題解決的な学習を推進する上での留意点

　問題解決的な学習は一つの指導方法であり、「指導のねらいに即して」適切に取り入れなければならない。「指導のねらい」とは、言うまでもなく、道徳的諸価値についての理解を基に、自己を見つめ、物事を（広い視野から）多面的・多角的に考え、自己（人間として）の生き方についての考えを深めることである。また、求められているのは問題解決的な学習であって、教科で取り入れられる問題解決学習ではない。道徳科における問題とは、道徳的価値に根差した問題であり、単なる日常生活の諸事象とは異なり、一人一人の生き方に関わる切実な問題である。ともすると、問題解決と称して主題やねらいの設定が不十分な単なる生活体験の話合いに終始したり、話合いを盛り上げるために、対立点ばかりをあおるかのような授業になったりする場合があるので留意する必要がある。

道徳的行為に関する体験的な学習

1 道徳的行為に関する体験的な学習とは

例えば、実際に挨拶や丁寧な言葉遣いなど具体的な道徳的行為を通して、礼儀のよさや作法の難しさなどを考えたり、相手に思いやりのある言葉を掛けたり、手助けをして親切についての考えを深めたりするような道徳的行為に関する体験的な学習を取り入れることで、道徳的諸価値を理解したり、自分との関わりで多面的・多角的に考えたりすることができる。また、読み物教材等を活用した場合には、その教材に登場する人物等の言動を即興的に演技して考える役割演技など疑似体験的な表現活動を取り入れた学習もある。

2 具体的な例

教材に「わたる君は、大きな声でおはようございますと言いました。わたる君も周りにいた人たちもとてもよい気持ちになりました」という記述があった。そこで授業者は、子供たちに実際に挨拶をするように促す。

> T：みなさんも大きな声で気持ちのよい挨拶をしてみましょう。
> C：おはようございます。
> T：元気な挨拶をしてみてどうでしたか。
> C：ぼくは元気よく挨拶をして、とてもいい気持になりました。
> C：挨拶をされた私たちもとてもいい気持になりました。
> T：なるほどね。○○さんはどうですか。
> C：ぼくは大きな声が出ませんでした。
> C：私もとっても恥ずかしかったです。
> T：そうですか。真心を込めた挨拶、元気な挨拶はとても大切ですが、やってみるとそんなに簡単ではありませんね。それでは、みんなでもう少し真心を込めた礼儀について考えていきましょう。

このように、実際に体験や活動をした上で、道徳的価値を実現することのよさや難しさを考えていくような授業を構想することができる。道徳科においては体験や活動自体が目的ではない。体験や活動を通して、道徳的価値を自分事とし考え、自己の生き方についての考えを深めるようにすることが大切である。

また、道徳科における体験的な表現活動として、子供に教材中の登場人物の動きやせりふを模擬、模倣させて理解を深める工夫、子供に特定の役割を与えて即興的に演じさせる工夫などがある。それは、劇化や動作化、役割演技などであり、その意義や特質、配慮事項などを理解して効果的に生かしていくとより道徳的価値の自覚を深める学習につながる。

1 道徳教育の改訂の概要

2 道徳教育と道徳科の目標

3 道徳科の内容

4 道徳教育の全体計画

5 道徳科の年間指導計画

6 道徳科の指導

7 指導上の配慮事項

8 道徳科の評価

9 道徳科の教材

● 第6章 ［参考文献］

・文部科学省（2018）『小学校学習指導要領（平成29年告示）解説　特別の教科道徳編』
廣済堂あかつき
・文部科学省（2018）『中学校学習指導要領（平成29年告示）解説　特別の教科道徳編』
教育出版
・赤堀博行（2017）『「特別の教科　道徳」で大切なこと』東洋館出版社
・赤堀博行（2013）『道徳授業で大切なこと』東洋館出版社
・浅見哲也（2020）『こだわりの道徳授業レシピ』東洋館出版社
・「道徳と特別活動」（2014.10）文溪堂
・「道徳と特別活動」（2019.8）文溪堂
・「道徳と特別活動」（2021.9）文溪堂
・光村図書ホームページ「説話ってなに？」
https://www.mitsumura-tosho.co.jp/kyokasho/s_dotoku/qa/vol22.html
・永田繁雄・長谷徹・馬場喜久雄（2020）『小学校道徳　板書で見る全時間の授業のす
べて』東洋館出版社

指 導 上 の 配 慮 事 項

1 学校における食育の推進の必要性

　小・中学校学習指導要領の総則では、学校における食育の推進が位置付けられており、子供の発達の段階を考慮して、学校教育活動全体として取り組むことが必要であることを強調している。現在、栄養摂取の偏りや朝食欠食といった食習慣の乱れ等に起因する肥満・やせや生活習慣病等の健康課題が見られるほか、食品の安全性の確保等の食に関わる課題が顕在化している。こうした課題に適切に対応するため、子供たちが食に関する正しい知識と望ましい食習慣を身に付けることにより、生涯にわたって健やかな心身と豊かな人間性を育んでいくための基礎が培われるよう、栄養のバランスや規則正しい食生活、食品の安全性などの指導が一層重視されなければならない。また、これら心身の健康に関する内容に加えて、自然の恩恵・勤労などへの感謝や食文化などについても各教科等の内容と関連させた指導を行うことが効果的である。

2 食育の基本理念（食育基本法前文より）

　「子どもたちが豊かな人間性をはぐくみ、生きる力を身に付けていくためには、何よりも『食』が重要である。今、改めて、食育を、生きる上での基本であって、知育、徳育及び体育の基礎となるべきものと位置付けるとともに、様々な経験を通じて『食』に関する知識と『食』を選択する力を習得し、健全な食生活を実践することができる人間を育てる食育を推進することが求められている」。

3 食育と道徳科

　食に関する指導に当たっては、食に関する指導の目標や食育の六つの視点である食事の重要性、心身の健康、食品を選択する能力、感謝の心、社会性、食文化と関連する道徳の内容を十分理解した上で、給食の時間や各教科等での指導はもちろんのこと、道徳科では、道徳科の特質を生かして、多様な学習を展開していくことが大切である。道徳科において食に関連する内容としては、「節度、節制」「感謝」「伝統と文化の尊重、国や郷土を愛する態度」「生命の尊重」などが挙げられる。また、食に関する題材を活用する例としては次のようなことも考えられる。

① 「礼儀」についての学習では、挨拶やマナーを題材とする中で、食事の際の挨拶や作法を取り上げる。

② 「家族愛、家庭生活の充実」についての学習では、家族との関わりを題材とする中で、家族における食生活のアンケートを導入に取り入れる。

③ 「勤労、公共の精神」についての学習では、生産業に携わる人の仕事に対するやりがいや困難を題材とする中で、食べ物を大切にすることを取り上げる。

健康教育

1　健康教育の位置付け

　小学校学習指導要領総則に「学校における体育・健康に関する指導を、児童の発達の段階を考慮して、学校の教育活動全体を通じて適切に行うことにより、健康で安全な生活と豊かなスポーツライフの実現を目指した教育の充実に努めること。特に、学校における食育の推進並びに体力の向上に関する指導、安全に関する指導及び心身の健康の保持増進に関する指導については、体育科、家庭科及び特別活動の時間はもとより、各教科、道徳科、外国語活動及び総合的な学習の時間などにおいてもそれぞれの特質に応じて適切に行うよう努めること。また、それらの指導を通して、家庭や地域社会との連携を図りながら、日常生活において適切な体育・健康に関する活動の実践を促し、生涯を通じて健康・安全で活力ある生活を送るための基礎が培われるよう配慮すること」とある。

2　健康教育と道徳科

　道徳科において健康・安全に関連する内容としては、「節度、節制」「生命の尊重」が挙げられる。

　「節度、節制」についての学習では、健康に心掛け、安全のきまりを守ってそれを実践すること、身の回りの安全に気を付けて行動すること、節度のある生活のよさを考えること、望ましい生活習慣を積極的に築くとともに、自ら節度を守り節制に心掛けることについて指導することが求められている。

　「生命の尊さ」についての学習では、自分の生命そのもののかけがえのなさに気付き、生命の大切さを自覚できるようにすること、生命は唯一無二であり、自分一人のものではなく多くの人々の支えによって守り、育まれている尊いものであることを考えたり、与えられた生命を一生懸命に生きることの素晴らしさについて考えたりすること、家族や仲間とのつながりの中で共に生きることの素晴らしさ、生命の誕生から死に至るまでの過程、人間の誕生の喜びや死の重さ、限りある生命を懸命に生きることの尊さ、生きることの意義を追い求める高尚さ、生命を救い守り抜こうとする人間の姿の尊さなど、様々な側面から生命のかけがえのなさを自覚し生命を尊重する心情や態度を育むことができるようにする指導が求められている。

　指導に当たっては、養護教諭やスクールカウンセラーなどと協力体制を図ることや道徳科を要として、各教科等の特質を生かして横断的な視点で授業を組み立てていくことも重要である。

1　道徳教育改訂の概要
2　道徳教育と道徳科の目標
3　道徳科の内容
4　道徳教育の全体計画
5　道徳科の年間指導計画
6　道徳科の指導
7　指導上の配慮事項
8　道徳科の評価
9　道徳科の教材

消費者教育

Key word » 211

1 消費者教育とは

消費者教育とは、消費者の自立を支援するために行われる消費生活に関する教育である。人が消費者として自立できるためには、その時代、社会に応じて、様々な知識と適切な行動ができる実践的な能力を身に付ける必要がある。自立を助けるための働きかけが消費者教育である。

2 消費者基本法（平成16年6月改正）より

消費者の権利の一つとして、教育の機会が確保されることが規定され、同時に消費者が自らの利益の擁護及び増進のため自主的かつ合理的に行動ができるよう消費者の自立を支援することが基本となっている。同法第17条では、消費者への啓発活動及び教育の推進について、以下のように規定している。

・消費者の自立支援のため、消費者に対する啓発活動を推進すること。

・生涯にわたって消費生活について学習する機会が広く求められている状況から、学校、地域、職域その他の様々な場を通じて消費生活に関する教育を充実する等、必要な施策を行うこと。

3 消費者教育と道徳科

学校教育では、学習指導要領に基づき、各教科等を中心に、子供の発達の段階を踏まえ、消費者教育に関する内容を指導している。例えば、小学校の家庭科では「物や金銭の大切さ・計画的な使い方」、中学校の社会科では「消費者の保護」などを扱っている。道徳科においても、各教科等との関連を図りながら、消費者教育を課題とした内容を取り上げて授業を行うことが重要である。内容項目で言えば、「節度、節制」「規則の尊重」「遵法精神、公徳心」（中学校）などが挙げられる。例えば、次のような題材を活用した道徳科の授業が考えられる。

「節度、節制」の学習では、基本的な生活習慣を取り扱う題材を通して、物や金銭の価値について正しく理解することや自ら節度を守り、節制に心掛けることの大切さを主体的に考えるようにする。事前に自身の生活についてのアンケートを取ったり、振り返りにワークシート等を活用したりすることも効果的である。

「規則の尊重」の学習では、消費者として社会生活を営む上で大切な法やきまりを取り扱う題材を通して、法やきまりの意義を理解した上で進んでそれらを守り、自他の権利を大切にし、義務を果たすことの必要性について考えるようにする。物や金銭の使い方、消費者の役割などについて考えるなど、家庭科との連携を図る工夫も大切である。

防災教育

　文部科学省では、学校における防災教育のねらいを、一つ目は「災害時における危険を認識し、日常的な備えを行うとともに、状況に応じて、的確な判断の下に、自らの安全を確保するための行動ができるようにする」、二つ目は「災害発生時及び事後に、進んで他の人々や集団、地域の安全に役立つことができるようにする」、三つ目は「自然災害の発生メカニズムをはじめとして、地域の自然環境、災害や防災についての基礎的・基本的事項を理解できるようにする」としている。

1　学習指導要領の防災教育で育成を目指す資質・能力と目指すべき姿

　「知識及び技能」：様々な自然災害や事件事故等の危険性、安全で安心な社会づくりの意義を理解し、安全な生活を実現するために必要な知識や技能を身に付けていること。

　「思考力、判断力、表現力等」：自らの安全の状況を適切に評価するとともに、必要な情報を収集し、安全な生活を実現するために何が必要かを考え、適切に意思決定し、行動するために必要な力を身に付けていること。

　「学びに向かう力、人間性等」：安全に関する様々な課題に関心をもち、主体的に自他の安全な生活を実現しようとしたり、安全で安心な社会づくりに貢献しようとしたりする態度を身に付けていること。

2　防災教育と道徳科

　学校教育では、学習指導要領に基づき、各教科等を通して、子供の発達の段階を踏まえ、防災への意識付けを図り、防災教育に関する内容を指導している。

　道徳科では、道徳科の特質を生かして、多様な学習を展開していくことが大切である。道徳科での防災に関連する内容としては、「節度、節制」「生命の尊重」などが挙げられる。「節度、節制」についての学習では、安全に気を付けることや生活習慣の大切さについて理解し、自分の生活を見直し、節度を守り、節制に心掛けることについて学ぶようにする。各教科等との連携も大事である。例えば、地震や水害の発生メカニズムは理科、消防署の活動は社会科の時間に学ぶ。「どういうときにけがをしやすいか」「けがをしないためにどうすればよいのか」など、災害時のけがに対する知識は体育や特別活動で学ぶ。それらの学習や体験を道徳科に生かすようにすると、より効果的な学習となる。防災教育の効果を高めるためには、家庭や地域社会との連携が欠かせない。道徳科においても、地域住民や防災の専門家、消防署の方々にゲストティーチャーとして授業に参画してもらう工夫も必要である。

1　道徳教育の改訂の概要

2　道徳教育と道徳科の目標

3　道徳科の内容

4　道徳教育の全体計画

5　道徳科の年間指導計画

6　道徳科の指導

7　指導上の配慮事項

8　道徳科の評価

9　道徳科の教材

福祉に関する教育

1 福祉に関する教育

「福祉に関する教育」は、高齢者も、障害のある人もない人も、全ての人々がこの社会の中で、心豊かで幸せな生活を送ることができるようになることが福祉に関する教育の目指すところである。全ての人がかけがえのない存在として尊ばれ、差別されることなく社会の中で共に支え合い、生きる喜びを感じることができるよう、「共に生きる力」を育むことを目標とした教育である。

学校が地域社会と連携しながら、子供たちが互いに人間的に成長し合えるよう福祉に関する教育を進めていくことが重要である。そのためには、子供たちが、触れ合い体験などを通じて、生命の尊厳や人間の生き方について学び、それぞれを思いやり、互いの立場に立って考え、支え合うことの素晴らしさにふれるような教育活動を創造していくことが重要である。

2 福祉に関する教育と道徳科

道徳科での福祉に関連する内容としては、Bの視点「主として人との関わりに関すること」の「親切、思いやり」「感謝」「相互理解、寛容」、Cの視点「主として集団や社会との関わりに関すること」の「公正、公平、社会正義」「勤労、公共の精神」「国際理解、国際親善」、Dの視点「主として生命や自然、崇高なものとの関わりに関すること」の「生命の尊重」などが挙げられる。

例えば、次のような道徳科の授業が考えられる。

「親切、思いやり」についての学習では、親切とはどういうことかを考えさせる題材を取り上げて、単に同情から助けることではなく、相手の状況や心情を理解し、相手の立場に立って考えることが大切であることを学ぶ。また、障害のある方々との交流を通じて、いろいろな立場を理解し寄り添う気持ちを育てるとともに、障害があるということは、特別のことではなく、自分事として、自分との関わりで考えることが重要だということに気付き、障害者の福祉について学ぶ意欲を育てる。疑似体験のロールプレイや外部講師の体験談などの指導の工夫が効果的である。

「勤労、公共の精神」についての学習では、「ボランティア活動って何だろう」を題材にして、自分たちを支えてくれる様々な人たちに感謝するとともに、自分にできることについて考える機会となるように授業を工夫する。

福祉に関する教育では、「いのちとくらしの主人公は私であること」「くらしとは他者との関わりで成り立つこと」「共に生きる力を育むこと」という意識をもつことが大切であり、道徳科との関連が深い。

法教育

1 道徳教育改訂の概要

2 道徳教育と道徳科の目標

3 道徳科の内容

4 道徳教育の全体計画

5 道徳科の年間指導計画

6 道徳科の指導

7 指導上の配慮事項

8 道徳科の評価

9 道徳科の教材

1 法教育とは

法律専門家ではない一般の人々が法や司法制度、これらの基礎となっている価値を理解し、法的なものの考え方を身に付けるための教育である。法務省では、学習指導要領を踏まえた学校教育における法教育の実践方法など、法教育の推進の在り方について多角的な視点から検討を行うとともに、法教育の普及・推進に取り組んでいる。法律の条文や法制の内容について記憶させる知識型の教育ではなく、法の背景にある価値、法やルールの役割・意義を考える思考型の教育である。

2 学校教育において

学校教育では、学習指導要領に基づき、各教科等を中心に、子供の発達の段階を踏まえ、法教育に関する内容を指導している。例えば、小学校の社会科では「地域の安全を守る働き」「人々の健康や生活環境を支える事業」「我が国の政治の働き」等について、学習の問題を追究・解決する活動を行っている。また、特別活動の学級活動では「学級や学校における生活上の諸課題の解決」等を行っている。身近で具体的な事例を分かりやすく示した視聴覚教材を活用するなどして、法教育の充実を図ることが大切である。

3 法教育と道徳科

法教育の主な指導の内容は、法やルールの意義や役割、よりよいルールの作り方、個人の尊重、自由・平等などといった法の基礎となっている基本的な道徳的価値、司法の役割や裁判の特質などである。そのことを踏まえて、道徳科において法教育に関係する授業を行うとすれば、内容項目として「規則の尊重」や「公正、公平、社会正義」等を取り上げ、きまりを守ることの意義や情報化社会における表現の自由や知る権利、個人のプライバシーなどの題材を活用して、法教育との関連を図る。

例えば、次のような道徳科の授業が考えられる。

「規則の尊重」についての学習では、ルールやきまりを題材とする中で、きまりがなぜ必要なのかを考えることを通して、約束やきまりの必要性や重要性に気付くようにする。小学校第5・6学年では、社会科との連携を図り、法の意義や権利と義務の観点からも考えられるよう指導を工夫することが重要である。

「公正、公平、社会正義」についての学習では、子供の日常生活での友達同士のけんかとその解決をテーマとした教材を視聴し、クラス全体での話合いを通して、互いの意見を聞くことの大切さなど、公正な判断の重要性について考えるようにする。

社会参画に関する教育

Key word » **215**

　よりよい社会は互いの個性を尊重し、誰もが安心して生活できる社会を形づくろうと主体的に参画する人々によって形成される。人任せにするのではなく、様々な計画・実行に積極的に関わろうとしながら助け合い、励まし合うことで社会連帯の自覚も強まっていく。義務教育修了後に外の社会へ巣立つ子供たちに、社会参画に関する体験の場を与えながら道徳教育においても考えを深めることで、国家及び社会の形成者を育成していくことは非常に重要である。

　現代はインターネットやSNS（ソーシャルネットワーキングサービス）などが多く活用されることで直接的なコミュニケーション、集団行動の機会が減少し、集団意識や帰属意識の低下、個人主義の強まりが顕著である。小学校高学年で社会奉仕に関する意義を学び中学校へ進学すると、既存のものに反発する年代ということもあり社会全体ではなく、自己を中心とした言動をとってしまうこともある。しかし、集団や社会をよりよくしたいという純粋な思いをもつ子供も多く、社会参画に関する教育はその点で意義深い。

　学校も社会の一つである。学級活動や児童会・生徒会活動など学校内における社会活動に参画する場を設けつつ、体験を通してどのように参画し連帯すべきだと考えたのか、社会参画や公共の精神について道徳科の時間を活用して考えさせることもできる。

　また、清掃活動などのボランティア活動、地域行事などをはじめとした地域と関わりをもつ活動を通して、子供一人一人に自分も社会の一員であるという自覚を深めるようにする。他教科と関連付けるという視点では、社会科の公民的分野や総合的な学習の時間の進路学習と結び付けることも考えられる。

　道徳科の授業の教材例として『そのとき―避難所になった高校で』（岩手県教育委員会）が挙げられる。平成23年（2011）3月11日、急遽避難所となり何もかも不足していた状態で自主的に動き始めた高校生たち、その原動力となる思いや彼らの行動によって助けられた人々の思い、支えられた生活や一つの社会について話し合うことで、主体的な社会参画の精神がもたらすよりよい社会の実現について考えを深めることができる。

　これまでの社会参画の実例や、自分が生きている社会へのこれからの関わりについて、現代的な課題等も取り上げつつ、多面的・多角的に話し合い、考えることが重要である。それらの活動が社会全体について論理的・批判的に考え、他者と共同して自ら社会に参画するよりよい社会の形成者を育てることにつながる。

伝統文化教育

Key word » 216

　教育基本法第2条第5項には「教育の目標」として、「伝統と文化を尊重し、それらをはぐくんできた我が国と郷土を愛する（略）態度を養うこと」と記載されている。さらに『中学校学習指導要領（平成29年告示）解説　特別の教科道徳編』（以下、「道徳科解説」）には、「我が国の伝統と文化の尊重、国を愛する態度」について、「日本人としての自覚をもって、新しい文化の創造と社会の発展に貢献し得る能力を一層重視して、『国家及び社会の形成者として』を加えた」とある。今、先人から継承した郷土や国の伝統文化を尊び後世に伝え、国や社会を形成していく「主体性のある日本人の育成」が求められている。

　国際比較調査グループ（ISSP-International Social Survey Program）の調査によると、60代など高齢層と比較して若年層ほど日本や郷土について「誇りに思う」という人が少ない傾向にある。グローバル化が進む一方で日本人としてのアイデンティティの希薄化が懸念される中、他教科との横断的な学習も行いつつ道徳科において郷土及び我が国の伝統文化を尊重し愛する心を育むことが重要である。郷土の伝統文化においては、教科書教材の活用に加え道徳科の時間に地域の方をゲストティーチャーとして招き郷土の伝統文化を尊重し愛する思いを語ってもらうことや、総合的な学習の時間の地域交流や職場体験などへの参加体験と結び付けることなど多様な道徳教育が考えられる。我が国の伝統文化においても社会科や国語科、音楽科など各教科の学習と結び付けながら有形無形の文化遺産に目を向けさせそれを生み出した精神とその継承、発展について考えさせる。教材例として「東京都道徳教育教材集　中学校版　心みつめて」（東京都教育委員会）に掲載されている『ワンス・アポン・ア・タイム・イン・ジャパン』が挙げられる。本教材には動物学者モースが明治10年（1877）に日本に訪れた際、日本人の「あたりまえの心遣い」や「正直さ」に感嘆する様子が描かれている。こうした世界から称賛される我が国の文化遺産が今も継承されているか、一方で失われているものはないか考える授業を展開することで、長い歴史を通じて培われ受け継がれてきたものをなくさず後世に伝えていくことについて、近い未来日本を担う子供たちに考えさせることが重要である。

　また先に述べた同調査によると科学技術やスポーツ、文化芸術の分野で日本人が成し遂げたこと、また東日本大震災やフィリピンの台風被害など国内外の自衛隊の災害現場の活動などについて「とても誇りに思う」と感じる人が4割を超えている。これらを踏まえ幅広い視点で伝統文化教育に取り組み、郷土や国の一員であるという基盤をもって国際社会発展に寄与する日本人の育成が求められる。

1 道徳教育の改訂の概要

2 道徳教育と道徳科の目標

3 道徳科の内容

4 道徳教育の全体計画

5 道徳科の年間指導計画

6 道徳科の指導

7 指導上の配慮事項

8 道徳科の評価

9 道徳科の教材

　現代の子供たちはインターネットやSNS等で国の垣根をいとも簡単に超え、日常的に異なる国の人々、文化に接しながら生きている。学級や学年など自分の所属する集団の中に他国籍の子供がいるという状況も珍しくない。さらに今後日本を出て国外で生きていくことも考えられる。このグローバル化が今後さらに強まる中、地域や国々がもつ伝統や歴史、思想などをはじめとした「文化」を違いとして理解しながら、尊重し共に生きる「多文化共生」する力が求められている。また2015年、国連サミットにて採択され「SDGs（持続可能な開発目標）」として掲げられたように、私たち人類は貧困や飢餓、健康や教育、環境問題をはじめとした多くの問題を抱えている。そのため国際的視野に立って、協力・協調しながら問題解決に取り組み、世界を発展させていく力の育成が重要である。

　道徳科の内容項目C「国際理解、国際親善（中学校「国際理解・国際貢献」）」に着目すると小学校第1〜4学年では「他国の人々や文化に親し」むことが中心となるが、小学校第5・6学年では「日本人としての自覚をもって」、中学校では「世界の中の日本人としての自覚をもち」と学習指導要領に明記されている。つまり日本人として自国の伝統と文化に誇りをもち大切にする姿勢が同様に伝統や文化を大切にする他国の人々の気持ちへの共感につながる。したがって国際理解教育は、中学校の「道徳科解説」第2章の「2　内容の取扱い方　(1) 関連的、発展的な取扱いの工夫　ア関連性をもたせる」に、C「我が国の伝統と文化の尊重、国を愛する態度」の内容項目と「調和的に関わり合いながら、生徒の道徳性が養われるように工夫する必要がある」とある。

　教材例として「中学校道徳読み物資料集」（文部科学省）に掲載されている『樫野の人々』が挙げられる。1985年のイラン・イラク戦争のさなか、テヘランからの脱出の手段を失った日本人がトルコ政府から差し伸べられた「救いの翼」によって無事に帰国できたという実話がもとになっている教材である。脱出できた主人公は、トルコ政府の厚意の背景に1890年のトルコ船籍エルトゥールル号遭難の際の和歌山県串本の人々の献身的行為があったことを知る。そして100年の時を経てもなお、その恩恵に報いようとしたトルコの人々の温情に胸を打たれる。この教材では和歌山県の人々の行動から日本人としての自覚、誇りも形成され、さらに国を越えて人間として互いに助け支え合い尊び合う姿勢を見ることができる。このような教材を用いて国際社会で生きる一人として、世界の平和と人類の幸福に貢献しようとする道徳性を養うことができる。

キャリア教育

キャリア教育とは、文部科学省の「キャリア教育の手引き」によると、以下のように示されている。

そもそもキャリアとは、「人が、生涯の中で様々な役割を果たす過程で、自らの役割の価値や自分と役割との関係を見いだしていく連なりや積み重ね」であり、「社会の中で自分の役割を果たしながら、自分らしい生き方を実現していく過程をキャリア発達」と言い、そのキャリア発達を促していくのがキャリア教育であるとされている。

一つの仕事を決めて調べたりまとめたりする学習や将来の夢に向かってその職業の知識を増やしたり体験をしたりすることだけがキャリア教育ではない。「自分がこれからどのような生き方をしていきたいか」を考えるきっかけとなる学習であると言える。

中学校の「道徳科解説」の第2章「道徳教育の目標」には、「主体的な判断の下に行動し、自立した一人の人間として他者と共によりよく生きるための基盤となる道徳性を養うことを目標とする教育活動であり、社会の変化に対応しその形成者として生きていくことができる人間を育成する」という文言がある。それを踏まえると、道徳教育におけるキャリア教育とは、「自分はどう生きていきたいのか」「生きていく上で自分が大切にしたいもの（考え方）は何か」ということを各学年に応じて考え見付けることである。

道徳科の授業で多様な意見が出され、いろいろな考え方があることで学習が深まり、子供一人一人の考えも深まったり広がったりすることがある。そこだけを見ると、たくさんの意見が出ることが素晴らしいと捉えられる可能性もある。しかし、大切なことは、先述の目標にある「他者とよりよく生きるための基盤を養う」ことであり、一人一人の価値観が正しいというわけではなく、「自分も他者も大切にできる」という前提が必要である。それに基づいて、自己の生き方を考えていくことがキャリア教育において大切である。

なお、今回の学習指導要領改訂に伴い、特別活動においては、キャリア・パスポートが位置付けられた。こうした資料を道徳科の中で活用することも考えられよう。

道徳科の授業公開

　学習指導要領の中に、「道徳科の授業を公開したり、授業の実施や地域教材の開発や活用などに家庭や地域の人々、各分野の専門家等の積極的な参加や協力を得たりするなど、家庭や地域社会との共通理解を深め、相互の連携を図ること」と明記されている。

　具体的な実施方法としては、3点ある。

①通常の授業参観の形で行う方法
②保護者会等の機会に合わせて行う方法
③授業を参観した後に講演会や協議会を開催する方法

　東京都では平成10年（1998）から、学校、家庭及び地域社会が連携して子供たちの豊かな心を育むとともに、小・中学校等における道徳教育の充実を図ることを目的として、区市町村教育委員会と連携し、道徳授業地区公開講座を実施している。都内の全ての小・中学校及び都立の特別支援学校などの実施予定がホームページに掲載されている。

　内容としては、保護者と地域の人、教員を対象とし、授業参観や参観者同士による意見交換を行うことが多い。

　1年に1回学校公開日の1時間を全学級で道徳科の授業を行い、公開することが多い。学校単位で道徳授業地区公開講座を実施するため、「思いやりの心を醸成する」などのテーマを設定し、全学級の道徳科の授業も「B思いやり、親切」で行うなど保護者や地域の方々にも分かりやすく設定することがほとんどである。道徳授業地区公開講座を実施することで、保護者の意識が道徳に向かったり、道徳を専門とする教員以外も、道徳科の授業づくりに励んだりするよさがある。最近では、コミュニティスクールの観点から地域の方の学校への関心も高まり、授業を参観するケースが増えているので、より道徳科の授業を理解してもらうよい機会となっている。道徳科の授業の後に体育館や広い教室を利用して、講演会や懇談会を催すことで、さらに学校、保護者、地域間での共通理解を深めることが期待できる。

　そのためにも、当然ながら、各学校においては多くの参観を得られるような工夫をしたり、積極的に授業公開したりすることが求められる。

家庭や地域社会との連携

Key word » 220

家庭や地域との連携では、授業への参加や協力を得られるように配慮していくことが考えられる。

1　授業実施への保護者の協力を得る（保護者の視点）

保護者は、子供の養育に直接関わる立場であり、それを生かした授業の方法が考えられる。具体例としては、以下の通りである。

・子供と同じ立場（子供の気持ち）で授業に参加してもらう。

・授業の前に事前アンケートに回答してもらったり、子供への手紙を書いてもらったりする。

・「家族愛」の内容項目の際に、授業で活用する素材やエピソードをいただく。

また、授業とは直接関係はないが、参観や参加の有無に関係なく、道徳だよりやホームページの記載から家庭で道徳科の授業の話が出る環境を整え、親子間の会話を増やす。

2　授業実施への地域の人々や外部人材の協力を得る（地域社会の視点）

地域の人々や社会で活躍する人々に授業の実施の協力を得ることも効果的である。

・特技や専門知識を生かした話題や子供へのメッセージを語れる方をゲストティーチャーとして招き、実体験に基づき分かりやすく語ってもらう機会を設ける（青少年団体の関係者、社会福祉関係者、自然活動関係者、スポーツ関係者、伝統文化の継承者、国際理解活動の関係者、企業関係者、NPO法人を運営する関係者など）。

活用のために大切なことは、日頃から意識して情報を集めて、きちんと計画に位置付けておくことが大切である。

3　地域教材の開発や活用への協力を得る（その他の視点）

保護者や地域といったくくりではなく、地域人材として、その地域の教材開発や地域に根付くあらゆる文化や習慣などを題材にした教材作成の際などに協力を得る。

・教材の提示や話合いの際に、解説や実演をしてもらう。

・子供の質問に回答してもらう。

子供たちの豊かな心を育むためには、保護者や地域の方々との連携・協力は欠かせない。

1 道徳教育改訂の概要
2 道徳教育と道徳科の目標
3 道徳科の内容
4 道徳教育の全体計画
5 道徳科の年間指導計画
6 道徳科の指導
7 指導上の配慮事項
8 道徳科の評価
9 道徳科の教材

　学校教育として行う授業においては、教科書の使用義務が学校教育法に示されている。道徳科も同様である。しかし、これは、「１年間の全ての道徳科の授業において、教科書を使わなければならない」ということや、「教科書以外の教材を使ってはいけない」ということを表しているわけではない。

　むしろ、学校教育法や同法施行規則では、教科書を「使用しなければならない」として、教科書が授業における主たる教材であることは明示しつつも、教科書以外の教材であっても、子供たちにとって「有益適切なものは、これを使用することができる」とし、教科書に掲載されている教材の「代替教材」として使用することも、認めているのである。

1　道徳科に地域教材の開発が求められる理由①：「地域の課題に応える」

　学習指導要領では、第３章第３の３（１）で、以下のように示している。

> 　児童（生徒）の発達の段階や特性、**地域の実情等を考慮し**、多様な教材の活用に努めること。特に、生命の尊厳、自然、伝統と文化、先人の伝記、スポーツ、情報化への対応等の現代的な課題を題材とし、児童（生徒）が問題意識をもって多面的・多角的に考えたり、感動を覚えたりするような充実した**教材の開発や活用を行う**こと。　　　　　　　　　　　　（下線は筆者）

　教科書教材は全国版であり、当然、地域の特色や学校の重点目標等は反映されていない。各地域に根差した地域教材（郷土資料）を活用することで、地域や学校の教育的課題に応えることができるのである。また、特に開発や活用が求められている「自然」「伝統と文化」「先人の伝記」等は、「地域教材」として開発・活用することで、子供たちに身近な題材としてより一層深く学ばせることができる。

2　道徳科に地域教材の開発が求められる理由②：「地域連携の一層の推進」

　同第３章第３の２（７）では、以下のように述べている。

> 　道徳科の授業を公開したり、授業の実施や**地域教材の開発や活用などに家庭や地域の人々、各分野の専門家等の積極的な参加や協力を得たりする**など、家庭や地域との共通理解を深め、相互の連携を図ること。　　（下線は筆者）

　地域教材の開発だけでなく、授業で活用する際にも地域人材の協力を得ることによって、授業をより一層効果的なものにするだけでなく、「保護者や地域の人々が子供の豊かな心を育むこと」に関心をもち、学校が推進する道徳教育への積極的な連携・協力を得られるという効果も期待できる。

生命の尊厳

　一般に、「尊厳」には、「厳か（おごそか）で尊い」という意味があり、人やモノの「威厳があって、重々しい」様子や「侵しがたい権威のある」状態を表すときに使われる。

　「尊厳」に近い意味を表すものとして、「尊重」という言葉があるが、「尊重」には「尊び、重んじる」という「行為」の意味があるのに対して、「尊厳」は、まさにその、尊び、重んじるべき「対象」である人やモノの状態や様子を表すという意味がある。

　したがって、「生命の尊厳」は、我々が尊重すべき「生命の重さや尊さ、かけがえのない価値」を表していると捉えるべきである。

1　「生命に対する畏敬の念」とは「生命の尊厳」に対する自覚である

　道徳教育の目標で示されている「生命に対する畏敬の念」については、『小・中学校学習指導要領（平成29年告示）解説　総則編』（以下、「総則編」）の中で、以下のように詳しく示されている。「生命のかけがえのなさに気付き、生命あるものを慈しみ、畏れ、敬い、尊ぶことを意味する。このことにより人間は、生命の尊さや生きることのすばらしさの自覚を深めることができる。生命に対する畏敬の念に根ざした人間尊重の精神を培うことによって、人間の生命があらゆる生命との関係や調和の中で存在し生かされていることを自覚できる。さらに、生命あるもの全てに対する感謝の心や思いやりの心を育み、より深く自己を見つめながら、人間としての在り方や生き方の自覚を深めていくことができる。これは、自殺やいじめに関わる問題や環境問題などを考える上でも、常に根本において重視すべき事柄である」。

2　「指導内容の重点化」に示されている「生命の尊厳」

　同じく総則編の第6の2「指導の内容の重点化」では、以下のように示されている。「生命を尊重する心は、生命の尊厳を感得し、生命あり全てのものを尊重しようとする心のことである。（中略）豊かな心を育むことの根本に置かれる重要な課題の一つである」。

3　道徳科の教材の題材としての「生命の尊厳」

　「生命の尊厳」という文言は、現行の学習指導要領　第3章第3の3（1）の項で、「特に、道徳科の教材の題材とすべきもの」の一つとして、例示されているものでもある。道徳科の教材には、生命を慈しみ、畏れ、敬い、尊ぶことに対する気付き（＝生命の尊厳に対する自覚）を促すものが求められているのである。

1 道徳教育改革の概要
2 道徳教育と道徳科の目標
3 道徳科の内容
4 道徳教育の全体計画
5 道徳科の年間指導計画
6 道徳科の指導
7 指導上の配慮事項
8 道徳科の評価
9 道徳科の教材

自然を題材とした教材

1　道徳科において、「自然を題材とした教材」が推奨される理由

　学習指導要領は、道徳科における「多様な教材」の一つとして、「自然を題材とした教材」を挙げている。中学校の「道徳科解説」では、特に以下のような理由で、その活用を推奨している。

> 　自然を題材とした教材には、自然の美しさや偉大さ、不思議さなど、感性に訴え、人間の力を超えたものを謙虚に受け止める心を育てるものなどが想定される。

2　「自然を題材とした教材」の活用によって実現したい学びとは

　「自然を題材とした教材」は、Dの視点「主として生命や自然、崇高なものとの関わりに関すること」に分類される内容項目「生命の尊さ」「自然愛護」「感動、畏敬の念」と特に関係が深いものである。これらの内容項目は、「自己を生命や自然、美しいもの、気高いもの、崇高なものとの関わりにおいて捉え、人間としての自覚を深めることに関するもの」である。

①「生命の尊さ」における学びとは？

　「生命の尊さ」という場合の「生命」は、人間の生命だけに限定されるわけではない。「あらゆる生命のかけがえのなさ」に気付かせることが大切である。

　また、「我々人間の生命を支えているものは他の生物の命である」という事実から、「私たち人間は、あらゆる生命との関わりの中で生きている（生かされている）」ということにも気付かせたい。

②「自然愛護」における学びとは？

　「自然愛護」とは、まさに「自然を大切にし、守ること」である。地球上の生物は全て、空気や水、光や土壌等の恵みを、大自然から絶えず享け続けることで生命を維持している。もちろん、私たち人間も例外ではない。一方で、私たち人間が引き起こした昨今の大気汚染や温暖化等の地球規模の環境問題は、あらゆる生命の存続基盤としての自然を大きく傷付けるまでに至っている。

　私たちにとって身近な動植物の愛護から地球規模の環境保全まで、自然を題材とした教材を通して、持続可能な社会の実現に努めようとする態度を育みたい。

③「感動、畏敬の念」における学びとは？

　「畏敬」とは、気高く、立派なものを、畏（おそ）れ、敬（うやま）うことである。ここでは、人間の力を遥かに超えた存在である自然の美しさや荘厳さにふれることによって、自然に対する感謝と尊敬の念を深めることが大切である。

先人の伝記

1 道徳教育 改訂の概要

2 道徳教育と 道徳科の目標

3 道徳科の内容

4 道徳教育の 全体計画

5 道徳科の 年間指導計画

6 道徳科の指導

7 指導上の 配慮事項

8 道徳科の評価

9 道徳科の教材

1 道徳科の教材の題材として、「先人の伝記」が推奨される理由

　「先人の伝記」については、以前からも道徳の授業で活用されていたが、小学校の「道徳科解説」では、特に以下のような理由で、その活用を推奨している。

> 　先人の伝記には、多様な生き方が織り込まれ、生きる勇気や知恵などを感じることができるとともに、人間としての弱さを吐露する姿などにも接し、生きることの魅力や意味の深さについて考えを深めることが期待できる。

　道徳科の授業において、「希望と勇気、努力と強い意志」や「公正公平、社会正義」という内容項目だけでは、子供にとっては、イメージが湧きにくいが、足尾鉱毒事件で正義を貫いた田中正造や「奴隷解放の父」とも言われた第16代米国大統領エイブラハム・リンカーンの生きざまを通して、あこがれとともに、人間の理想的な在り方や生き方に真正面から向き合うことができるのである。

　また、いわゆる「先人」ではないが、「スポーツ」を題材とした教材についても、「先人の伝記」に通ずるものとして、その活用を推奨している。

> 　例えば、オリンピックやパラリンピックなど、世界を舞台に活躍している競技者やそれを支える人々の公正な態度や礼儀、連帯精神チャレンジ精神や力強い生き方、苦悩などに触れて道徳的価値の理解やそれに基づいた自己を見つめる学習を深めることが期待できる。

2 「先人の伝記」を活用する際の留意点

　中学校の「道徳科解説」において、例示の形で留意点を示している。

> 　題材とする人物の選定に当たって、生徒の関心を重視するだけではなく、その人物の生き方から人間としての生き方を考えさせる場面を設定できることが重要であるなど、いたずらに生徒の興味を引くことのみに留意するのではなく、道徳科の教材として具備すべき要件を踏まえ、道徳科の特質を生かした展開が可能となるよう、授業での活用を視野に入れた工夫が求められる。

　「先人の伝記」には、様々な苦難を乗り越えて成し遂げた華々しい「偉業」が描かれている場合が多いが、そのことがかえって、子供にとっては、現実の自分との距離感の大きさから、「自我関与」しにくい場合もある。「先人の伝記」の持つよさを生かすためにも、先人の「偉業」にばかり目を向けるのではなく、その過程の苦悩や先人の「決意」に至るまでの強い思いや願いに対しても、しっかりと向き合わせたい。

　一般に、「教材」は、授業者である教師の「指導」と学習者である子供の「学習」をつなぐ働きをするものである。特に、子供にとっては、授業の内容を、教室の仲間と共に、自らの「学び」として獲得していくための「材料」になるものであるとも言える。

　特に、道徳科で用いる教材においては、道徳科の目標にも示されている学習活動に資するものでなければならない。また、子供が人間としての在り方や生き方などについて多様に感じ、考えを深め、互いに学び合う共通の素材として重要な役割を果たせるものでなければならない。

　道徳科の授業で用いる教材は、教育基本法等の法令はもとより、学習指導要領に準拠したものが求められるのは当然のことであるが、その教材の具備する要件として、次の点を満たすことが大切である。

1　子供の発達の段階に即し、ねらいを達成するのにふさわしいものであること

・子供が教材の内容を把握して道徳的価値の理解を図ったり、自己を見つめたりできるように、発達の段階に応じた内容・表現であること。

・興味・関心を深め、意欲的に学習に取り組みたくなる内容・表現であること。

・ねらいを達成するのにふさわしい事象や人物が取り上げられていること。

2　人間尊重の精神にかなうものであって、悩みや葛藤等の心の揺れ、人間関係の理解等の課題も含め、子供が深く考えることができ、人間としてよりよく生きる喜びや勇気を与えられるものであること

・自他の人格に対する認識を普遍的な精神である人間尊重の精神に高めるとともに、それを具体的な人間関係の中で生かし、日々の実践的態度を育めること。

・日常生活を振り返りながら、道徳的価値の大切さや意義を考えられること。

・今日的課題について深く考えることができること。

・学級や学校生活における具体的事柄や葛藤等の課題を深く考えられること。

・多様な生き方や生きる勇気と知恵、人間としての弱さに向き合えること。

・子供の感性に訴えたり、人間としての生き方に迫れたりできること。

3　多様な見方や考え方ができる事柄を取り扱う場合には、特定の見方や考え方に偏った取扱いがなされないものであること

・人間としての生き方や社会の在り方について、対立も含め、多様な見方や考え方ができる事象や生きる勇気や知恵などが感じられる人物を取り扱うこと。その際には、特定の見方や考え方に偏った取扱いにならないよう留意すること。

道徳の資料類型

Key word » 226

1 道徳の資料類型とは

　道徳の資料（教材）をその特色ごとに分類し、それぞれの特質に合った学習過程を組んで、より効果的に資料を活用しようとする考え方で、宮田丈夫氏の理論によるものである。資料類型には、以下のものが挙げられる。

①実践教材

　実践への意欲を駆り立てる教材である。より身近な日常生活に即して、納得と励ましを与えてくれるもの、その意味では、「知識」「判断」「心情」の3要素が適度に含まれているような内容である場合が多い。

②葛藤教材

　価値・反価値を子供が主体的に比べ、選択するのを促す資料。つまり、判断力に訴え、決断を迫る読み物である。

③知見教材

　価値の正しさを論理的に把握するのに適切な資料。集団における基本的行動様式や、個人としての望ましい資質の問題が多く担われている読み物。

④感動教材

　感動に訴える資料である。知見資料と異なり、頭で判断するのではなく、心で行いを決める資料と言ってもよいであろう。

2 資料類型のよいところと問題点

　資料の内容が決まっているので、こういう意図で、授業をしたいと思うときに、資料を開発したり、自作したり、資料選定することがやりやすい。さらに、学習指導過程を考えやすい。

　つまり、年間指導計画を作成する際に、主として判断力をねらいとする場合、葛藤を含んだ資料を選定し、心情を豊かにすることが主たるねらいとするなら、心情をゆさぶる感動的な資料を選定する。

　このように、資料を選定しやすいが、問題点としては、資料によって、学習指導過程が決まってしまい、多様な活用がしにくいことである。

3 他の資料類型

　以上に挙げた資料類型のほかに、資料類型と呼ばれるものがいくつかある。

①直接体験資料
②間接体験資料
③中心資料
④補助資料など

1 道徳教育改訂の概要

2 道徳教育と道徳科の目標

3 道徳科の内容

4 道徳教育の全体計画

5 道徳科の年間指導計画

6 道徳科の指導

7 指導上の配慮事項

8 道徳科の評価

9 道徳科の教材

道徳資料の活用類型

1 資料活用類型提唱の理由

昭和50年（1975）の秋（全国小学校道徳教育研究会の福井大会の全体講演）以来、青木孝頼氏は、次の３点を理由として資料の活用類型を提唱し続けてきた。

①小・中学校で、発達の段階以前の問題として、道徳授業の基本過程についての考え方がいつの間にかかけ離れてしまい共同の研究を進められなくなってきたため、両者における道徳授業の構想の幅を広げ、協力研究を進めることを可能にしたいと考えた。

②道徳の時間に活用される資料がかなり豊富になったにもかかわらず、狭い範囲での資料活用を全体に資料不足という考え方が生じてきているので、資料活用の目を広げるならば、現在まで蓄積されてきた文部省の指導資料や各社の副読本資料でも十分に効果的な授業の展開が可能なことを徹底したい。

③道徳授業に関して熟達者と言われている教師の多くが、どの主題の指導においてもきわめて類似した指導方式を構想していたり、道徳を研究する学校の授業が画一的な指導方式をとっていたりする現状に対して、より一層多様な授業展開を期待したい。

2 四つの活用類型

①範例的活用：主人公の行為を手本（またはその逆）として考えさせる活用。「教材を読んで、手本にしたいと思ったことは何か」「この主人公の行動からどのようなことを学びたいか」「ここで主人公が決心したのは、どんな気持ちからか」などの発問が考えられる。

②批判的活用：「主人公の行動についてどう思うか」「それはなぜか」というような発問を中心とし、意見を交流させる。片方に賛同する意見が多くなったら、教師は、少ない方へ肩入れをし、話合いを深める。

③共感的活用：主人公に共感（自我関与）させ、本音である多様な感じ方、考え方を引き出し、それを基に話し合う。主な発問としては、「このとき主人公はどんな気持ちだっただろうか」「主人公は、黙って下を向いているが、どんなことを考えていたのだろうか」。

④感動的活用：教材を読んで、感動したことを基に話し合う。「どこが一番感動したか」「なぜそこに感動したのか」（感動の自覚）、感動した場面一つか二つについて深く話し合い、感動の深化及び感動の波及を期待する。展開後段から終末にかけて、感動の持続を図る。

道徳的価値の一般化

■道徳的価値の一般化の意義

　道徳的価値の一般化とは、道徳科の指導において「ねらいとする一定の価値の本質を価値として子供たちに把握させ、体得させること」であり、青木孝頼氏の理論である。価値の一般化は、昭和38年（1963）、昭和39年（1964）の文部省研究指定校が研究をしている。そして公文書に現れるのは、昭和50年（1975）に文部省が出した「小学校、道徳教育の実践と考察５」である。

　指導のねらいが、一定の道徳的価値であると言ってもその価値は常に具体的な生活経験と結び付いたものとして、子供たちに指導されるのであって、抽象的な単なる知的理解の指導に終わってはならない。そのため、道徳科の指導ではねらいとする価値と素材とを結び付けた主題を構成し、その主題を展開する指導過程を工夫することで「具体的な生活経験を通しての価値把握」を達成しようとするのである。しかし、この素材（いわゆる展開前段の中心教材）は、一つの特定場面であって、全生活経験に結び付く道徳的価値の把握とは言えない。そこで、意識的に、自分の考え、生き方、生活などを振り返らせ、ねらいとする価値に関する場面を広げていく必要がある。それが、道徳的価値の一般化（の段階）である。

①道徳的価値の一般化の発問類型

　道徳的価値の一般化の発問類型は、以下の通りである。

・直接（関接）経験…「このような経験はあるか」
・直接（関接）経験＋心情「そのときどんな気持ちがしたか」
・直接（関接）経験＋判断「そのときどんなことを考えたか」

②道徳的価値の一般化の段階の第２発問

　数人に振り返りを発表させた後、全員に自分は今までどうであったかを振り返らせるのが第２発問である。これは、価値観の四類型を活用する。

　例えば、ア：親切にしている、イ：親切にすることが多い、ウ：親切にすることが少ない、エ：親切にしていないのどれに当てはまるかを自己評価させる。そのことによって、自分がしっかり振り返ることができると同時に、教師は、評価にも活用できる。

③さらに工夫される道徳的価値の一般化

　最近は、②のような今の自分を知るだけでよいのかという意見もある。そこで、なぜアを選んだかという発問をして、これからの自分についても考えさせるような実践も見受けられるようになった。

1 道徳教育改訂の概要

2 道徳教育と道徳科の目標

3 道徳科の内容

4 道徳教育の全体計画

5 道徳科の年間指導計画

6 道徳科の指導

7 指導上の配慮事項

8 道徳科の評価

9 道徳科の教材

モラルジレンマ

道徳的なものの見方や考え方は、様々な道徳的価値の間で、何が正しいのか、自分はどうすべきかを迷い考える中で、段階的に発達すると言われている。こうした複数の結論の間で悩み葛藤することを「モラルジレンマ」と言う。

モラルジレンマ授業の手法は、アメリカの道徳心理学者コールバーグによって発案された。モラルジレンマの資料は、資料類型で考えてみると、葛藤資料（葛藤教材）と言えるであろう。この葛藤には、３通りある。ア：一つの価値についての葛藤と、イ：一つの価値における葛藤が中心だが、別の価値も関わっている、ウ：二つの価値による葛藤である。

アについては、例えば『おばあさんの指定席』（永田繁雄作）という教材は、通学の電車でいつも座っているが、途中からの乗って来るおばあさんに席を譲る。ところがある日、おばあさんが乗ってくる駅よりも前に松葉づえをついた男性が乗ってきた。そこでその人に譲ろうか、おばあさんが乗ってくるまで座っていようかと悩むといった「親切、思いやり」における価値での葛藤である。

イについては、例えば『手品師』（江橋照雄作）という教材の場合、手品師が、悩む場面は、子供に言った「明日も来るよ」という言葉を守るかどうか、つまり、「誠実」という価値について悩む場面が中心となる。これは、「誠実」と「大劇場で手品をしたい」という「希望、勇気」との葛藤と言えなくもないが、誠実な行動をとろうとするときに悩む葛藤が強いであろう。

一方、モラルジレンマの授業でよく見かける教材が、ウに当たるものである。「自分の母親が、急病にかかり、すぐ病院に連れて行かなければならない。しかし、救急車はすぐには来てくれない。玄関から外へ出てみると、ちょうど車が停まっていた。乗せてもらおうと、運転手に頼むが聞き入れてくれない、そこで、僕は、運転手から車を奪い、車に母親を乗せて、病院へ運ぶという話である。車など人のものを奪ってはいけないという「規則尊重」と母の命を助けたいという「生命尊重」という価値との葛藤である。

「規則尊重」を選ぶか「生命尊重」を選ぶかで、子供たちの活発な意見交流が期待される。それぞれの道徳的価値についての深まりも感じられる。しかし、本時のねらいはどうかと考えたときに、子供一人一人のねらいが散漫になってしまう恐れがある。確かに、一つの教材について、子供たちの感じ方、考え方は異なる。それを統一してもいいかという考えもあろう。しかし、道徳科は一定の道徳的価値について、考えを深めることが特質であることを確認したい。

● 第7章 [参考文献]

・文部科学省（2018）『小学校学習指導要領（平成29年告示）解説　総則編』東洋館出版社
・文部科学省（2018）『中学校学習指導要領（平成29年告示）解説　総則編』東山書房
・文部科学省（2018）『小学校学習指導要領（平成29年告示）解説　特別の教科道徳編』廣済堂あかつき
・文部科学省（2018）『中学校学習指導要領（平成29年告示）解説　特別の教科道徳編』教育出版
・文部科学省（2019）「食に関する指導の手引き　─第二次─改訂版」
・文部科学省（2019）「小学校保健教育参考資料　改訂『生きる力』を育む小学校保健教育の手引き」
・文部科学省（2018）「文部科学省における消費者教育の取組について」
・内閣府ホームページ（「防災教育のページ」http://www.bousai.go.jp/index.html）
・文部科学省ホームページ（「学校における防災教育の取組と課題」https://www.cas.go.jp/jp/seisaku/resilience/dai57/siryou3.pdf）
・社会福祉法人「福岡県社会福祉協議会資料」
・法務省（2019）「生きるチカラ！法教育」
・東京都教育委員会（2016）「心みつめて：東京都道徳教育教材集　中学校版」
・文部科学省（2012）『中学校道徳読み物資料集』廣済堂あかつき
・文部科学省（2011）「キャリア教育の手引き」
・青木孝頼（1975）「全国小学校道徳教育研究会の福井大会における全体講演」
・青木孝頼、井上治郎、古島稔、宮田丈夫（1969）『道徳授業の改造』酒井書店
・赤堀博行、杉田洋、全国道徳特別活動研究会（2012）『道徳・特別活動の本質─青木理論とその実践─』文渓堂

1 道徳教育改訂の概要
2 道徳教育と道徳科の目標
3 道徳科の内容
4 道徳教育の全体計画
5 道徳科の年間指導計画
6 道徳科の指導
7 指導上の配慮事項
8 道徳科の評価
9 道徳科の教材

第 **8** 章

道 徳 科 の 評 価

数値などによる評価

小学校学習指導要領「第3章特別の教科道徳」には、以下のような記述がある。

> 児童の学習状況や道徳性に係る成長の様子を継続的に把握し、指導に生かすよう努める必要がある。ただし、数値などによる評価は行わないものとする。

これは、道徳科において養うべき道徳性は、子供の人格全体に関わるものであり、数値などによって不用意に評価してはならないことを明記したものである。道徳授業についてのこのような考え方は、昭和33年（1958）の道徳の時間の新設に際しても「児童の道徳性について評価することは、指導上たいせつなことである。しかし道徳の時間だけについての児童の態度や理解などを、教材における評定と同様に評定することは適当ではない。（第3章　道徳、特別教育活動および学校行事等　第1節　道徳　第3の10）」とされており、平成元年（1989）の改訂まで同様の記述であった。平成10年（1998）からは、「評定」を「数値などによる評価」として、今次の改訂に至っている。

「数値などによる評価」は、「評定」を意味している。評定は、一定の基準に従って価格や等級などを決定することと解されるが、石田（2012）は評定を子供の能力、特性等の状態を測定し、あらかじめ設定した基準に従って、いくつかの段階を示す点数や記号等で表示する測定技術の一種としている。そして、よく用いられる技術として、状態を1、2、3の点数やA、B、Cの段階を示す記号等で表示する点数式評定、状態を視覚化し、分かりやすくするために段階を直線上に配置して表示する（A、B、C）図式評定、状態を「十分満足」「おおむね満足」「努力を要する」など段階を文章記述で表示する記述評定を挙げている。

平成29年の学習指導要領告示に伴って、文部科学省から発出された学習評価及び指導要録の改善等に関する通知では、学習評価の結果の活用に際して、各教科等の子供の学習状況を観点別に捉え、各教科等における学習状況を分析的に把握することが可能な観点別学習状況の評価と、各教科等の子供の学習状況を総括的に捉え、教育課程全体における各教科等の学習状況を把握することが可能な評定を踏まえ、指導の改善等を図ることが重要であることが明示された。評定は、各教科の学習の記録において、小学校段階は第3学年以上で3段階、中学校段階は5段階で行う旨が、指導要録に記載する事項として同通知の別紙に示された。道徳科については、学習活動における学習状況や道徳性に係る成長の様子を個人内評価として文章で端的に記述することとしている。

道徳科については、学習活動における学習状況や道徳性に係る成長の様子を個人内評価として文章で端的に記述することとしている。

1　道徳科における学習とは

道徳科の特質は一人一人の子供たちが１時間でねらいとする道徳的価値の自覚を深めることである。平成27年の学習指導要領一部改正により、このことが具体的な学習として、道徳科の目標に示された。具体的には、道徳的価値の理解、自己を見つめる、物事を（広い視野から）多面的・多角的に考える、自己の（人間としての）生き方についての考えを深めるということである。

2　道徳科のおける学習状況

道徳科では、道徳性を養うために前述の学習を意図的、計画的に行う。学校の教育活動全体を通じて行う道徳教育の要として補充、深化、統合を図る道徳科の授業では、養うべき道徳性の焦点化を図るために、一定の道徳的価値について道徳性の諸様相である道徳的判断力、道徳的心情、道徳的実践意欲及び道徳的態度のいずれかに視点を充てて学習を展開する。子供の学習状況を把握するためには、道徳的価値の理解、自己を見つめる、物事を（広い視野から）多面的・多角的に考える、自己の（人間としての）生き方についての考えを深める必要がある。

授業者は、１時間の授業で一定の道徳的価値をどのように理解させ自分事として考えさせ自己を見つめさせるのか、多面的・多角的な思考をどう位置付けるのか、自己の生き方、人間として生き方についての考えをどのように深めるのかなど、明確な指導観をもって授業を構想することが重要である。子供にとっては、何をどのように考えるのか、これが具体的な学習であり、この学習の有り様が学習状況である。効果的な学習展開の実現には、授業者が、道徳科における指導と評価の考え方を明確にした指導計画の作成が求められる。

具体的には、授業者が子供の実態などから、子供が教材中の登場人物に自我関与して、友達と互いに高め合うことのよさを考えさせたいと考えた場合、授業で展開したい学習は、子供たちが登場人物と自分自身を重ね合わせて、友達同士が高め合うことのよさについて考えることであり、このことを行っているかどうかを把握することが学習状況の把握になる。また、授業者が、節度を守って行動することは大切なことではあるが、つい度を過ごしがちな人間の弱さを考えさせたいという意図であれば、子供がこのことを考えているかどうかを把握することが学習状況の把握となる。

1 道徳教育 改訂の概要

2 道徳教育と 道徳科の目標

3 道徳科の内容

4 道徳教育の 全体計画

5 道徳科の 年間指導計画

6 道徳科の指導

7 指導上の 配慮事項

8 道徳科の評価

9 道徳科の教材

道徳性に係る成長の様子

Key word » 232

　道徳性は、道徳教育で養うべき対象であり、人間としての本来的な在り方やよりよい生き方を目指して行われる道徳的行為を可能にする人格的特性であり、人格の基盤をなすものとされている。また、道徳性は、人間らしいよさであり、道徳的価値が一人一人の内面において統合されたものとも言われている。

　道徳科の評価の対象としての道徳性に係る成長の様子とは、道徳性の成長の様子ではない。道徳性に係るとは、道徳性に関係する、関連するということであり、一人一人の子供の道徳性を養うために行う学習の様子がどのように成長しているのかを把握するということである。具体的には、以下の通りである。

①道徳的価値の理解に関してどのような成長が見られるのか

②自己を見つめることに関してどのような成長が見られるのか

③（広い視野から）物事を多面的・多角的に考えることに関してどのような成長が見られるのか

④自己の生き方（人間としての生き方）についての考えを深めることに関してどのような成長が見られるのか

　例えば、道徳的価値の理解の成長の様子については、親切にすることは大切なことだといった観念的な理解をしていた子供が、自分自身の経験やそれに伴う感じ方、考え方を基に親切を自分事として理解できるようになったことである。

　また、自己を見つめることについては、友情について単に自分の経験だけを想起していた子供が、自分の友達との関わった経験に伴う感じ方、考え方も合わせて振り返れるようになったことが挙げられる。

　物事を多面的・多角的に考えることについては、道徳的価値について一面的な見方をしていた子供が、多面的な見方ができるようになったことが挙げられる。具体的には、親切について親切にする側、される側など多様な側面から考えられるようになったり（多面的）、親切を実現することに関わる多様な道徳的価値について考えられるようになったり（多角的）することである。

　自己の生き方についての考えを深めることについては、道徳的価値に関わる思いや課題がやや漠然としていた子供が、道徳的価値について自分事として捉えて、現在の自分自身の自覚に基づいて考えを深めるようになったことなどを把握することが考えられる。

　道徳性に係る成長の様子を把握するためには、１時間１時間の授業を着実に積み上げ、学習状況を把握していくことが大前提になる。

1 道徳教育
改訂の概要

2 道徳教育と
道徳科の目標

3 道徳科の内容

4 道徳教育の
全体計画

5 道徳科の
年間指導計画

6 道徳科の指導

7 指導上の
配慮事項

8
道徳科の評価

9 道徳科の教材

教師と児童との人格的な触れ合い

　学校の教育活動全体を通じて行う道徳教育における評価は、教師が子供一人一人の人間的な成長を見守り、子供自身の自己のあるいは人間としてのよりよい生き方を求めていく努力を受け止めて価値付け、より一層よりよい生き方を求める意欲付けにつなげることが求められる。そして、それは教師と子供の温かな人格的な触れ合いに基づいて、共感的に理解されるべきものである。

　人格は、人間のよりよく生きようとする特性や真、善、美の価値に関する科学的能力、道徳的能力、芸術的能力などが発展した状態あるいは程度であり、人間はその状態・程度を目指して、自分自身を高めようと努める存在と言える。

　人格的な触れ合いとは、よりよく生きようとする人間同士が、互いに心を通い合わせることである。教師は子供の人格の完成を目指して教育指導を施しているが、教師も人格の完成の途上にあり、子供と目指すところに違いはあっても人間としてよりよく生きようとする存在に他ならない。教師は子供も自分と同様によりよく生きようとする個であることを受け止め、受け入れて、そのよさを共感的に理解することが求められる。すなわち、子供が道徳的価値のよさや難しさを自分事として地道に追求しようとする姿、自分自身と真摯に向き合う姿、道徳的価値を多面的・多角的に追究しようとする姿を自分自身のこととして考え感じ理解し、それに同調したり共有したりすることが求められるのである。

　道徳教育を進める際の教師と子供の関係は、道徳が教育課程に位置付けられて以来、重視されてきた。昭和33年（1958）改訂の小学校学習指導要領には、「第3章　道徳、特別教育活動および学校行事等」「第1節　道徳」「第3　指導計画作成および指導上の留意事項」において、「指導にあたっては、できるだけ児童の自主性を尊重するとともに、また教師の積極的な指導が必要である。教師は常に児童とともに人格の完成を目ざして進むという態度を持つとともに、長い目で児童の変化を見つめ、根気よく指導しなければならない」とした記述がある。

　子供と教師との信頼関係の構築のために、教師は個に応じて指導、あるいは個のよさを価値付ける評価において周到な児童生徒理解を試みるが、信頼関係の相互性の観点から、子供の教師理解も重要になる。青木（1998）は、教師の児童生徒理解が多様な方法で行われている反面、子供の教師理解が我が国の教育には欠けており、教師が自分自身を語ることが信頼関係を深める上では重要としている。こうした信頼関係が、教師と子供との人格的な触れ合いの基盤となるものと考えられる。

個人内評価

　「個人に準拠した評価」（＝個人内評価）は、他の子供との比較ではなく、また、一定の基準に達しているかどうかということでもなく、一人一人の子供の学習状況において優れているところや頑張っているところ、あるいは成長したところなどを把握する等、個人内の成長の過程を重視する。

　道徳科で養う道徳性は、子供が将来いかに人間としてよりよく生きるか、いかに諸問題に適切に対応するかといった個人の問題に関わるものである。このことから、小学校、中学校の段階でどれだけ道徳的価値を理解したかなどの基準を設定することはふさわしくない。

　道徳性の評価の基盤には、教師と子供との人格的な触れ合いによる共感的な理解が存在することが重要である。その上で、子供の成長を見守り、努力を認めたり、励ましたりすることによって、子供が自らの成長を実感し、更に意欲的に取り組もうとするきっかけとなるような評価を目指すことが求められる。なお、道徳性は、極めて多様な子供の人格全体に関わるものであることから、評価に当たっては、個人内の成長の過程を重視すべきである。

　道徳科の評価が「個人内評価」で行うことの意義を以下のようにまとめる。

---

①道徳性は個人の問題であることから、他の子供と比較したり、優劣を競わせたりする評価はなじまない。
②よりよい生き方の探究といった視点から、ある「基準」を設けて、それに対する到達度によって評価することはできない。
③子供がよりよく生きようとすることを認め、励ますという取組は、その対象としての子供によって異なり、一様ではない。

---

　①については、人格を尊重するという点からも、重要である。子供の感じ方や考え方、学習状況は多様であることから、比較したり、優劣を競わせたりすることは適切ではない。

　②については、道徳科で養う道徳性は、子供が将来いかに人間としてよりよく生きるか、いかに諸問題に適切に対応するかといった個人の問題に関わるものである。このことから、小学校、中学校の段階でどれだけ道徳的価値を理解したかなどの基準を設定することはふさわしくない。

　③については、子供の成長を見守り、努力を認めたり、励ましたりすることによって、子供が自らの成長を実感し、更に意欲的に取り組もうとするきっかけとなる点からも、重要なことである。

1 道徳教育改訂の概要

2 道徳教育と道徳科の目標

3 道徳科の内容

4 道徳教育の全体計画

5 道徳科の年間指導計画

6 道徳科の指導

7 指導上の配慮事項

8 道徳科の評価

9 道徳科の教材

平成28年（2016）の文部科学省初等中等教育局長通知「学習指導要領の一部改正に伴う小学校、中学校及び特別支援学校小学部・中学部における児童生徒の学習評価及び指導要録の改善等について」には、道徳科の評価の配慮事項として、個々の内容項目ごとではなく、大くくりなまとまりを踏まえた評価を行うことが示されている。

道徳科の授業において子供に考えさせることを明確にして、「道徳的諸価値についての理解を基に、自己を見つめ、物事を（広い視野から）多面的・多角的に考え、自己（人間として）の生き方についての考えを深める」という目標に掲げる学習活動における子供の具体的な取組状況を、一定のまとまりの中で、子供が学習の見通しを立てたり学習したことを振り返ったりする活動を適切に設定しつつ、学習活動全体を通して見取ることが求められる。

このようなことが、道徳科における大くくりなまとまりを踏まえた評価の基本的な考えである。

大くくりなまとまりを考える視点として、子供一人一人の道徳科の学習活動に着目し、年間や学期といった一定の時間的まとまりの中で、子供の学習状況や道徳性に係る成長の様子を把握することである。

もう一つの視点として、個々の内容項目ごとに見取っていくのではなく、内容相互の関連性や発展性などにも考慮しながら、子供が道徳的価値やそれらに関わる諸事象について他者の考え方や議論に触れ、自律的に思考する中で、一面的な見方から多面的・多角的な見方へと発展しているか、道徳的価値の理解を自分自身との関わりの中で深めているかといった点に注目していくことが重要である。こうした学習における一人一人の子供の姿を把握していくことが子供の学習活動に着目した評価を行うことになる。

一人一人の子供が個々の道徳的価値について毎時間どのような学びをしたかを詳細に分析して把握することは容易ではない。それよりも、毎時間の授業において顕著な学習状況を把握して、その中で最も優れているものをフィードバックすることが肝要である。具体的には、子供の顕著な発言やつぶやき等、道徳科の学習活動での学びを俯瞰し、複数の学びのよさのうち、最も際立ったものを積極的に受け止めて認め、励ますようにすることであり、このことが大くくりなまとまりを踏まえた評価と言える。

児童生徒の自己評価や相互評価

道徳科における学習状況や道徳性に係る成長の様子を把握するに当たっては、子供が学習活動を通じて多面的・多角的な見方へと発展させていることや、道徳的価値の理解を自分との関わりで深めていることを見取るための様々な工夫が必要である。

特に道徳的諸価値を自分事として考える道徳科においては、子供自身が自己を見つめる学習が重視される。こうした自己を見つめる学習自体が自己評価であり、自分の考え方・感じ方を友達の考え方・感じ方と比較検討しながら考えを深める学習は、対話的な学びの過程で相互評価が行われている。

子供が行う自己評価や相互評価について、これら自体は子供の学習活動であり、教師が行う評価活動ではないが、子供が自身のよい点や可能性に気付くことを通じ、主体的に学ぶ意欲を高めることなど、学習の在り方を改善していくことに役立つものであり、これらを効果的に活用し、学習活動を深めていくことも重要である。

1 自己評価

子供自らが評価者となり、道徳的価値やそれらに関わる諸事象を考えたり学んだりしている自分自身を振り返る活動。

具体的な方法として、1時間の終末に自ら考え学んだことを自由記述で書いたり、3〜5程度の観点について4件法等で○印を付けたりする活動が考えられる。

さらに、発達の段階によっては、学期や年間を通じて取り組んできた自己評価を道徳ノートやポートフォリオ等で振り返りながら、子供が学習したことの意義や価値を実感できるようにする活動も考えられる。

2 相互評価

子供自らが評価者となり、道徳的価値やそれらに関わる諸事象について他者の考え方や議論に触れ、子供が互いの学習のよさや課題を評価し合うことである。

具体的な方法として、自らの考えを書き込んだ学習カードやノート等を交換してコメントをお互いに書き合う時間を設けたり、考えが異なる友達と意見交換をして新たに気付いた視点や疑問などを伝え合ったりする活動が考えられる。

1 道徳教育 改訂の概要

2 道徳科の目標

3 道徳科の内容

4 道徳教育の全体計画

5 道徳科の年間指導計画

6 道徳科の指導

7 指導上の配慮事項

8 道徳科の評価

9 道徳科の教材

指導と評価の一体化

Key word » **237**

　明確な意図をもって指導の計画を立て、授業の中で予想される具体的な子供の学習状況を想定し、授業の振り返りの観点を立てることが重要である。こうした観点をもつことで、指導と評価の一体化が実現することになる。

　例えば、児童生徒数が30人の学級において毎時間の授業で、全ての子供の学習状況を綿密に把握することは容易ではない。しかし、授業者が子供に考えさせるべきことを明らかにすること、言い換えれば明確な指導観に基づいて行うべき学習を明らかにすることで、そのことが評価の視点となり、複数名の子供の学習状況を把握することが可能となる。

　道徳科における評価の基本は、授業者が子供に期待する学習の状況が視点となるが、学習指導過程や指導方法に関する評価の観点はそれぞれの授業によって、より具体的なものとなる。その観点としては、例えば、以下のようなものが考えられる。

①学習指導過程は、道徳科の特質を生かし、道徳的諸価値の理解を基に自己を見つめ、自己（人間）としての生き方について考えを深められるよう適切に構成されていたか。

②発問は、子供が広い視野から多面的・多角的に考えることができる問い、道徳的価値を自分のこととして捉えることができる問いなど、指導の意図に基づいて的確になされていたか。

③子供の発言を傾聴して受け止め、発問に対する子供の発言などの反応を、適切に指導に生かしていたか。

④自分自身との関わりで、物事を（広い視野から）多面的・多角的に考えさせるための、教材や教具の活用は適切であったか。

⑤ねらいとする道徳的価値についての理解を深めるための指導方法は、子供の実態や発達の段階にふさわしいものであったか。

⑥特に配慮を要する子供に適切に対応していたか。

　子供の学習状況の把握と評価は、上記の学習指導過程における指導と評価を一体的に捉えるようにすることが重要である。明確な指導観を基に、明確な意図をもって指導や指導方法の計画を立て、学習指導過程で期待する子供の学習を具体的な姿で表したものが観点となる。こうした観点をもつことで、指導と評価の一体化が実現することになる。

● 第8章 ［参考文献］

・石田恒好（2012）『教育評価の原理』図書文化社、p.19
・赤堀博行（2018）『道徳の評価で大切なこと』東洋館出版社、pp.90-93
・青木孝頼（1988）『道徳でこころを育てる先生』図書文化社、pp.142-149
・文部科学省初等中等教育局長通知（2016）「学習指導要領の一部改正に伴う小学校、中学校及び特別支援学校小学部・中学部における児童生徒の学習評価及び指導要録の改善等について」

第 9 章

道 徳 科 の 教 材

小　A　善悪判断
『ひつじかいとおおかみ』

Key word ▶ **238**

　ひとりぼっちが退屈になった羊飼いの子供は、あることを思いつく。それは、「おおかみが来たぞー！」と言って村人たちをだますこと。嘘だと知った村人はたいそう怒り、きつく言い聞かせた。しかし、それからというもの、退屈をすると何度も「おおかみが来たぞー！」と言って村人たちをだますのだった。

　ところがある日、本当におおかみがやってきた。羊飼いの子供は助けを求めたが、「またうそをついている」と思った村人は誰も助けに来てはくれなかった。

〔文部省（1964）小学校道徳の指導資料第1集　第1学年〕

小　A　自律
『ぽんたとかんた』

Key word ▶ **239**

　大の仲よしであるぽんたとかんた。今日も学校から帰ったら、一緒に遊ぶ約束をしている。先に来ていたかんたは公園の裏山で秘密基地を見付け、二人で行こうとぽんたを誘う。しかし、裏山は危ないから入ってはいけないと言われている場所。止めるぽんたの言うことを聞かずに、かんたは裏山に入って行ってしまう。「ぼくも　かんたの　ように　あそびたいな。でも…」。迷った末、ぽんたは大きな声ではっきりと断る。そんなぽんたの姿を見て、かんたも裏山に行かないことを、自分で考えて決めるのだった。

〔文部科学省（2011）小学校道徳読み物資料集〕

小　A　自由責任
『よわむし太郎』

Key word ▶ **240**

　昔、よわむし太郎と呼ばれる男がいた。背はとても高く、力も人一倍あるのに、子供たちからどんなにばかにされても、ひどいいたずらをされても、にこにこと笑っていた。太郎は森の小屋に一人で住んでいた。その森の池に、村の子供たちが大切にしている白い大きな鳥が毎年飛んできていた。ある日、強くて狩りが大好きな殿様が、太郎のいる村の近くで狩りをした。しかし、一匹の獲物も捕まえることができず、怒った殿様は、白い大きな鳥にねらいを定めた。そのとき、太郎は大きな手をいっぱいに広げ、殿様の前に立ちはだかり、涙をこぼして助けてやってほしいと頼むのだった。　〔文部省（1976）小学校道徳の指導資料とその利用1〕

1 道徳教育改訂の概要

2 道徳教育と道徳科の目標

3 道徳科の内容

4 道徳教育の全体計画

5 道徳科の年間指導計画

6 道徳科の指導

7 指導上の配慮事項

8 道徳科の評価

9 道徳科の教材

小　A　自由責任

Key word ▶ 241

『ふりだした雨』

　きよし、まさる、よしおの仲よし三人組はそろって飼育当番をしている。ある日のこと、空はすっかり暗くなり、今にも雨が降り出しそう。仲よし三人組は急いで校門を出た。少し行ったところで、きよしがにわとり小屋の掃除を忘れたことに気付く。「明日でもいいじゃないか」「きっと先生がやってくれる」「帰ろう帰ろう」。まさるとよしおはそう言うと、かけていってしまった。一度は二人を追いかけたきよしだったが、突然立ち止まると二人とは反対の学校の方へかけだした。学校へ着くと、大急ぎで掃除を始めるのだった。

〔文部省（1965）小学校道徳の指導資料第2集　第4学年〕

小　A　自由責任

Key word ▶ 242

『うばわれた自由』

　日の出前に狩りをした者を取りしまるのが森の番人ガリューの仕事だ。ある日、銃声のした場所へ馬を走らせると、そこにはわがまま者のジェラール王子がいた。王子であっても、国のきまりを破ったからには許せないとガリューは訴えたが、王子に逆らったという理由で、捕えられてしまう。ジェラール王子が王位を受け継ぐと、国中の人々も勝手なことをするようになり、世が乱れた。そして、ジェラール王は裏切りにあい、とらわれの身となってしまう。牢屋の中で再会した二人。ジェラールはガリューの言葉を思い出し、涙を流して悔やむのだった。

〔文部省（1991）小学校読み物資料とその利用「主として自分自身に関すること」〕

小　A　正直誠実

Key word ▶ 243

『金色のクレヨン』

　のぼるととみこは一緒に絵を描いていた。お母さんに留守番を頼まれたとみこが家に戻っている間、のぼるは一人で描いていた。「りすのしっぽは金色でぬりたいなあ」。そう思ったのぼるは、とみこの金色のクレヨンを黙って借りる。力を入れてぬったそのとき、とみこの金色のクレヨンを折ってしまった。のぼるはじっと考えていたが、戻ってきたとみこに正直に謝る。とみこは「いいわ。わざと折ったんじゃないんだもの」と明るい声で言った。

〔教育画劇（1978）『きんいろのクレヨン』〕

Key word ▶ 244

『しょうじきなきこり（金のおの）』

　ある日、きこりが手を滑らせおのを池に落としてしまう。すると、金のおのをもった神様が現れて「おまえのなくしたおのはこれか」と尋ねた。きこりが自分のものではないと正直に答えると、次は銀のおのをもって現れた。また正直に答えると、三度目にきこりの落としたおのをもって現れた。「それが私のおのです」と答えると、神様はおのを三つともくださった。その話を聞いた仲間のきこりが、わざとおのを池に投げ込んだ。すると神様は同じように尋ねたが、金のおのが自分のものであるという言葉を聞くと、神様は池の中に戻って出てこなかった。

〔文部省（1964）小学校道徳の指導資料第1集　第1学年〕

Key word ▶ 245

『お月さまとコロ』

　コロは思い通りにならないと、すぐに怒ったり文句を言ったりしてしまう。そのため、友達がいなくなり、ギロ一人になってしまった。ある日、ギロが「東の畑に行かないか」「麦わらの山に寝そべると気持ちがいいよ」などと誘ってくれたが、コロはひどい言葉を言ってギロを怒らせてしまう。謝ろうと思いながらも、なかなか言えないコロ。そんなときお月さまが出てきて、コロに話しかける。お月さまとのやりとりを通して、素直で明るい心を取り戻したコロは、「明日はギロくんに、謝ろう。そして、友達と元気よく遊ぼう」と、心に決めるのだった。

〔文部省（1977）小学校道徳の指導資料とその利用2〕

Key word ▶ 246

『わりきれない気持ち』

　放送委員の仕事のため早く登校した私は、静まりかえった教室の窓を開けたり本棚を整理したりと有意義な時間の過ごし方をする。朝礼の放送も無事終わりいい気持ちで教室に戻る。しかし、気分がいいのも長くは続かなかった。授業の前、先生が朝に教室の窓を開けたり教室をきれいにしたりしたことは日直がやったことだと誤解し、称賛したからだ。それに対して、日直も誤解を解くことをしない。家に帰った後も、そのことを考えては、自分が日直の立場であったら、誤解を解くようなことを言わないかもしれないと考えるが、割り切れない気持ちで過ごす。

〔文部省（1976）小学校道徳の指導資料とその利用1〕

小　A　正直誠実
『まどがらすと魚』

　野球をして、よその家の窓ガラスを割ってしまった隼人。すぐに謝ることができず、逃げ出してしまう。しかし、割れた窓ガラスのことが気になって仕方がなかった。ある日の夜、近所の山田さんのお姉さんがアジの干物を持って訪ねてきた。飼いねこが魚をくわえてきたので、一軒一軒聞いて回っていたというのだ。それを見た隼人は、次の日、窓ガラスを割ってしまったことを正直に母に話し、一緒にお詫びに行く。ガラスを割られた家のおじいさんは、「正直な子供が来るのを、楽しみに待っていたんですよ」と言ってボールを返してくれたのだった。

〔文部省（1966）小学校道徳の指導資料第3集　第3学年〕

小　A　正直誠実
『なしの実―アンリ・ファーブル―』

　フランスの小さな村の貧しい農家に生まれたアンリは、ある日弟から、家の裏にある隣の家のなしの実をおなかがすいているから取ってと頼まれる。困ったアンリは誰もいないことを確かめ、網を使ってなしの実を取って食べる。その夜、お父さんから裏のごみ捨て場になしの食べかすが転がっていた話をされ、アンリははっとする。うつむきだまっているだけのアンリにお父さんが素直で明るく堂々と生きてほしいという話を受け、アンリは涙を浮かべ隣の家に謝りに行くことを決心する。

〔文部省（1991）小学校読み物資料とその利用「主として自分自身に関すること」〕

小　A　正直誠実
『手品師』

　腕はいいが売れない手品師の夢は、大劇場で華やかに手品をすること。ある日、街中で小さな男の子に出会う。声をかけると、男の子は父が死に、母は働き家に戻らないと事情を話す。それを聞いた手品師は、次々と手品を見せ、男の子を元気づけ、明日も来ると約束をする。その夜、友人から「明日大劇場に出られる代わりの人を探している」という電話が来る。手品師は男の子との約束と夢の大劇場に迷いに迷う。そして、手品師は大切な約束があると友人に伝え、大劇場を断る。翌日、手品師はたった一人の男の子の目の前で手品を次々と披露する。

〔文部省（1976）小学校道徳の指導資料とその利用1〕

1　道徳教育改訂の概要

2　道徳教育と道徳科の目標

3　道徳科の内容

4　道徳教育の全体計画

5　道徳科の年間指導計画

6　道徳科の指導

7　指導上の配慮事項

8　道徳科の評価

9　道徳科の教材

小 A 節度節制
『かぼちゃのつる』

　かぼちゃ畑のかぼちゃのつるは、自分の畑の外につるをのばしていく。それを見ていたみつばちやちょうちょはかぼちゃのつるに注意をするが、それでもかぼちゃのつるをどんどんのばしていき、道を越えて、すいか畑までのびていく。すいかや犬に、迷惑だと言われてもかまわずつるをのばしていると、そこに一台のトラックが通りかかり、のばしたつるはぶつりと切られてしまう。かぼちゃのつるは、「いたいよう、いたいよう」とぽろぽろ涙をこぼして泣いてしまう。

〔文部省（1966）小学校道徳の指導資料第3集　第1学年〕

小 A 節度節制
『どんどん橋のできごと』

　友達と一緒の帰り道、ぼくはどんどん橋のかかる川に、水の勢いによって渦ができ、その渦に流れてきたものが吸い込まれ、流れていく様子を見付けた。みんなで棒や草を流して誰が一番早く橋の下をくぐりぬけるのか競争した。まことが周りの心配をよそに自分の傘を流し遊び始める。正は断るが「勇気がないんだなあ」と言われ、ぼくは迷いに迷い自分の傘を流すことを決心する。いざ流してみるも、傘はなかなか流れてこず、流れ出てきたらボロボロになっていた。その傘を見つめ、涙があふれ、何とも言えない気持ちになってしまう。

〔文部省（1976）小学校道徳の指導資料とその利用1〕

小 A 節度節制
『目覚まし時計』

　進級祝いに目覚まし時計をもらったわたしは、自分のことは自分でしようと、起きる時間など「わたしのきまり」を決め、取り掛かった。その頑張りをお母さんに褒められると、友達にも自慢していた。しかし、少しずつ守れなくなってしまい、自分に言い訳をするようになる。ある朝目覚ましが鳴っても二度寝をしてしまい、お母さんの声で慌てて飛び起きる。お母さんに返事もせずぷんぷんしながら学校に行くが、朝のことが気になり、全校朝会の話も集中できず、体調も悪くなり保健室で横になる。朝のお母さんの悲しそうな顔を思い出し、じっと考える。

〔文部省（1991）小学校読み物資料とその利用「主として自分自身に関すること」〕

1　道徳教育
改訂の概要

2　道徳教育と
道徳科の目標

3　道徳科の内容

4　道徳教育の
全体計画

5　道徳科の
年間指導計画

6　道徳科の指導

7　指導上の
配慮事項

8　道徳科の評価

9　道徳科の教材

Key word▶253

小　A　節度節制

『るっぺ　どうしたの』

　るっぺは朝、目覚まし時計の音もお母さんの起こす声も遠くに聞こえてしまう。毎朝同じことを言われてもなかなかるっぺの目はあかない。今度は、学校に遅れてしまいそうになる。遅れてしまうこと、靴のかかとをふんでいることを友達に言われても、「だってえ」と言い、靴を直そうとするとランドセルの中のものが飛び出してしまう。学校の砂場では、友達に「やめて」と言われても砂を投げ続け、「目に入ったらどうするの」とみんなに怖い顔で言われても「いやだね」と返す。すると、友達が目をおさえてしゃがみこんでしまう。

〔文部省（1991）小学校読み物資料とその利用「主として自分自身に関すること」〕

Key word▶254

小　A　節度節制

『ロバを売りにいく親子』

　親子がロバを売りに町へ出かける。ロバを連れて歩いていると、どちらか一人が乗っていけばと言われ、息子が乗ることにする。すると、今度は親を歩かせるなんてと言われ、息子はロバから降り、親が乗ることにする。すると、今度はなんて親なんだと言われ、二人でロバに乗る。すると、今度は小さなロバに二人で乗るなんてと言われ親子はロバから降り、ロバを棒にぶら下げて担ぐことにする。しかし、橋を渡っていると周りの人たちが寄ってきて笑い出し、担いでいたロバが暴れ、ロバは川に落ちてしまう。

〔文部省（1964）小学校道徳の指導資料第1集　第3学年〕

Key word▶255

小　A　節度節制

『金色の魚』

　まずしい漁師のおじいさんが金色の魚をつかまえた。魚は、好きなものをあげるから逃がしてほしいとおじいさんに頼むと、おじいさんは何も頼まず逃がす。しかし、家に帰っておばあさんに話すと、おけがほしいと言われ、海に戻って魚に頼み、受け取る。おばあさんは家、お金持ち、女王様と次々と頼みごとをして叶えてもらう。そして、ついに海の王様になりたいというおばあさんの頼みを伝えられた金色の魚はだまって海の底へかくれてしまう。家に戻ると、元のそまつな姿になったおばあさんが座っていた。

〔文部省（1964）小学校道徳の指導資料第1集　第3学年〕

小　A　節度節制
Key word ▶ 256
『流行おくれ』

　まゆみの周りではファッションが話題になる。今度の社会科見学の服装を友達に尋ねると、新しい服を着ると言われる。家に帰り、まゆみは母に新しい服が欲しい、今欲しい服を着ないと流行おくれになると伝えるが、たくさんある服を大切に着ているのかと言い返されてしまう。ある日、弟が自分の部屋の机で前にまゆみが借りた本を探していた。勝手にかき回さないでときつく伝えると、弟は買いたいのを我慢して友達に借りた大切な本だったと話した。弟が部屋を出た後、周りを見ると積まれた雑誌や散らかった服が目につき、母や弟の言葉が気になる。

〔文部省（1991）小学校読み物資料とその利用「主として自分自身に関すること」〕

小　A　節度節制
Key word ▶ 257
『明の長所』

　絵美子の学級では、友達の特徴の作文を書くことになった。絵美子の隣の明は、暴れん坊でふざけることも多いが、絵美子は「暴れん坊の明」として書く気にはなれなかった。暴れてもふざけても、どこかにくめない明を書くことにした。授業中に明と話していて先生に注意された際、「一人でしゃべりました」とかばってくれたことを思い返した。絵美子は、「明君は、弱い立場の人や困っている人に対しては、自分の強さをもってかばおうとしているのではないか」と考え、「明君にも、このすてきな長所を気付いてもらいたい」と思い作文を書き始めた。

〔文部省（1981）小学校道徳の指導資料とその利用4〕

小　A　個性伸長
Key word ▶ 258
『おふろばそうじ』

　お風呂掃除を担当しているあきら。「あきらのおかげで、毎日きれいなお風呂に入れて幸せだな」とおじいちゃんからほめられて、あきらはとても喜ぶ。また、そばにいた家族からもほめられ、上機嫌になる。するとあきらは、「ぼく、寒くなっても続けるよ」とこれからも頑張って自分の仕事をしていくことを宣言する。お姉さんから心配されても「ぼく、やるもん」と大きな声で言う。「とても上手になったもの。あきらなら、できるよね」とお母さんから言われ、「お風呂掃除も、勉強もぼくの大事な仕事だもの。みんなやっちゃうよ」と自分の仕事に取り組みたいと考えていく。

〔文部省（1991）小学校読み物資料とその利用「主として自分自身に関すること」〕

小 **A** **希望勇気**

Key word ▶ **259**

『ヘレンとともに（アニー・サリバン）』

　ヘレン・ケラーの家庭教師となり、希望と信念をもって教育し続けたアニー・サリバン。アニーは幼い頃から目の不自由な人のために役立ちたいと考えていた。アニーが教えることになったヘレンは、目と耳と口が不自由な女の子。音も光もない世界に住んでいるヘレンは、この世に言葉や文字があることさえも知らなかった。ヘレンが暴れても、指導法が厳しいと周囲に悪く言われても、アニーはヘレンに寄り添い、強い信念をもって指導を続けた。やがて、「WATER」を認識したヘレンは飛躍的な成長を遂げ、「光の天使」と呼ばれるようになっていく。

〔文部省（1991）小学校読み物資料とその利用「主として自分自身に関すること」〕

小 **A** **希望勇気**

Key word ▶ **260**

『小川笙船』

　笙船は、町で倒れていた定吉に治療を施す。金の心配をする定吉に「金の心配なら、しなくていい。ゆっくり休め」と声を掛ける。笙船は、貧しく医者にかかる金もない者に手厚く診療を施した。しかし、死んでいく者も多く、胸を痛めていた。貧しい病人は、笙船の診療所では受け入れられないほどの数になっていた。この現状を殿様に伝えたことから、小石川養生所がつくられた。笙船は、たくさんの貧しい患者を診察した。また、若い医者たちへ細やかな指導も行った。金を払えなかった者が大根を持って満面の笑顔で笙船を訪ねてくると笙船もうれしそうであった。

〔文部科学省（2011）小学校道徳読み物資料集〕

小 **A** **希望勇気**

Key word ▶ **261**

『鑑真和上』

　唐の揚州に生まれた鑑真は14歳で出家し、厳しい修行の末、唐で名僧となった。その頃、日本では仏の教えを正しく導いてくれる僧を探していて、日本から来た僧が鑑真と弟子たちを前にして「力を貸してください」と一心に頼んだ。「誰も行く者がいないのであれば、私が日本へ行こう」と鑑真は言い、20名近くの弟子と日本へ行くことにした。しかし、渡航を妨害する者が現れたり、嵐によって船が大破したりと困難が続いた。鑑真は失明してしまうが、日本へ行くことを諦めなかった。6回目の試みで、ついに日本の土を踏むことができ、仏教の布教に力を尽くした。

〔光文書院（2019）ゆたかな心6年〕

2 道徳教育と道徳科の目標

3 道徳科の内容

4 道徳教育の全体計画

5 道徳科の年間指導計画

6 道徳科の指導

7 指導上の配慮事項

8 道徳科の評価

9 道徳科の教材

小　A　真理探究

Key word ▶ 262

『天から送られた手紙』

　雪の研究で有名な科学者である中谷宇吉郎は、雪の結晶が掲載されている写真集を見て、その美しさに驚き、雪の研究を始める。研究を通して雪の謎を解明していくことで、雪の害を抑えるだけではなく、雪を利用することができるかもしれないと期待していた。研究を進め、結晶の形と天候との関係が少しずつ分かってきた。宇吉郎は、雪の結晶の形から上空の気象の様子が推測できると考え、雪の結晶をつくる装置を考えるが、あと一歩のところで結晶をつくることができない。試行錯誤する中、解決策を見いだし、結晶ができると仲間と肩をたたき合って喜んだ。

〔文部省（1991）小学校読み物資料とその利用「主として自分自身に関すること」〕

小　B　親切

Key word ▶ 263

『はしのうえのおおかみ』

　一人しか渡れない一本橋をうさぎが渡ると反対からおおかみがやってきた。おおかみは「こらこら、戻れ、戻れ」とうさぎを追い返す。おおかみは、この意地悪がおもしろく、きつねが来ても、たぬきが来ても意地悪をしていた。ある日、いつものように追い返そうとすると、目の前に大きなくまが現れる。自分より大きな者に怖気付き、慌てて進路を譲ろうとすると、くまはおおかみを抱き上げて互いに渡れるようにする。おおかみはくまの親切な心に触れ、温かい気持ちになる。それからは意地悪をやめ、優しく接するようになる。おおかみは以前よりもずっとよい気持ちになった。

〔文部省（1964）小学校道徳の指導資料第1集　第1学年〕

小　B　親切

Key word ▶ 264

『くりのみ』

　ある日、きつねとうさぎが食べ物を探していた。うさぎと挨拶を交わし、一人で食べ物を探していたきつねは、森の中にどんぐりがたくさん落ちているのを見付ける。きつねは、「しめた」と喜んでお腹いっぱいにどんぐりを食べ、残りは誰にも見付からないように落ち葉で隠した。帰る途中にうさぎと会ったきつねは、「何も見付かりませんでした」と嘘を付く。きつねのことを気の毒に思ったうさぎは、やっとのことで見付けた二つの栗の実のうち、一つをきつねにあげる。きつねは、栗の実を見つめながら涙を流す。

〔鶴書房（1957）「うつくしい童話1年生」〕

Key word ▶ **265**

小　B　親切

『ぐみの木とことり』

　1羽の小鳥がぐみの木に止まり、熟したぐみの実をもらった。小鳥は、ぐみの木が最近姿を見せないりすのことを心配していると知り、りすの様子を見に行く。すると、りすは病気で寝込んでいた。小鳥はぐみの実を渡し、ぐみの木が心配していることを伝える。翌日も小鳥は、ぐみの実をもって様子を見に行った。その次の日もりすの様子を見に行こうとするが、ひどい嵐だった。ぐみの木に嵐が止んでから行くよう言われるが、小鳥はじっと考えた結果、嵐の中を飛び立ち、やっとの思いでたどり着く。ぐみの木もりすも、小鳥の親切に感謝する。

〔文部省（1982）小学校道徳の指導資料とその利用5〕

Key word ▶ **266**

小　B　親切

『心と心のあくしゅ』

　学校から急いで帰る「ぼく」は、荷物を持ったおばあさんに出会う。「荷物、持ちます」と声を掛けるが、家まですぐだからと断られてしまう。よく見ると、おばあさんは片足が少し不自由だった。家に帰ってから母に話すと、おばあさんが歩く練習をしていることを聞く。数日後の暑い日、ぼくはまたおばあさんを見かけた。ぼくは自分にできることは何かを考え、おばあさんが家に着くまでそっと見守ることにした。家に着いてうれしそうな顔をしたおばあさんを見て、ぼくの心はぱっと明るくなり、おばあさんと「心と心のあくしゅ」をしたような気がした。

〔文部科学省（2013）「私たちの道徳」小学校3・4年〕

Key word ▶ **267**

小　B　親切

『くずれ落ちた段ボール箱』

　店裏の狭い通路で、幼い男の子が段ボール箱を倒してしまう。一緒にいたおばあさんは慌てて整理をするが、男の子は売り場の方へ行ってしまう。それを見ていた「わたし」と友子は、整理するので男の子を追うよう伝える。おばあさんが男の子を追って行くと、やって来た店員に自分たちがやったと誤解され注意されてしまう。2週間後、学校に一通の手紙が届いたことを校長先生が話された。それは、あのときの店員からで、わけも聞かずに注意したことへの謝罪と、困っている人に手を貸した二人の温かい気持ちに心を打たれたことがつづられていた。

〔文部省（1981）小学校道徳の指導資料とその利用4〕

Key word ▶ 268

小　B　感謝

『最後のおくり物』

　俳優を目指す貧しいロベーヌは、窓越しに養成所の練習を見ては、熱心にメモを取っていた。守衛のジョルジュじいさんは、そんなロベーヌを見守っていた。ある朝、ロベーヌに無名の手紙とお金が届く。ロベーヌは、そのお金で養成所に通い練習に励むが、毎月届いていたお金が届かなくなる。ある夜、ロベーヌはジョルジュじいさんが自分の家に包みを置き、倒れる姿を見る。急いで病院に向かうが、息を引き取る。包みにはロベーヌの活躍を願う手紙とお金が入っていた。ジョルジュじいさんの優しい笑顔を思い返し、ロベーヌは最後のおくり物に涙した。

〔文部省（1992）小学校読み物資料とその利用「主として他の人とのかかわりに関すること」〕

Key word ▶ 269

小　B　感謝

『きつねとぶどう』

　空腹の子ぎつねのために、母ぎつねは山をいくつも越えて村までやって来た。ぶどうを一房取った母ぎつねが、巣の近くまで戻って来たとき、犬を連れた猟師に出くわす。母ぎつねは子ぎつねを守ろうと大声を上げ、子ぎつねを山奥へ逃がす。それから子ぎつねは、何年も母ぎつねを探したが出会うことはなかった。すっかり大きくなった子ぎつねは、母ぎつねと昔住んでいた巣の近くにやって来て、見事なぶどうの木を見付ける。ぶどうを食べた子ぎつねは、ぶどうが実っているわけに気付き、母ぎつねを思い返し「おかあさん、ありがとう」と言うのだった。

〔文部省（1964）小学校道徳の指導資料第1集　第2学年〕

Key word ▶ 270

小　B　礼儀

『たびに出て』

　「あいさつじま」のさるたちは元気に挨拶をするが、さるのけいたは挨拶を面倒だと感じていた。そこで、けいたは「あいさつじま」を離れ、旅に出る。けいたがやってきたのは、「あいさつのないしま」だった。けいたは、この静かな島が気に入り、ここで過ごすことにした。しかし、水飲み場を探してさるたちに話しかけると、みんな黙って行ってしまう。その夜、けいたは「あいさつじま」を思い返し、じっと考える。次の日から、けいたは思い切って自分から挨拶をした。やがて、島に挨拶が溢れ、けいたも大きな声で挨拶をするのだった。

〔文部科学省（2011）小学校道徳読み物資料集〕

Key word ▶ 271

小 B 礼儀
『生きたれいぎ』

　ある国の女王様が、外国のお客様を招いてパーティーを行った。緊張した様子のお客様に、女王様は優しく声を掛けた。パーティーも終わりに近付き、果物と汚れた手を洗うフィンガーボールが運ばれてきた。ところがお客様は、うっかりその水を飲んでしまった。するとフィンガーボールのことを知っているはずの女王様は、知らん顔をして自分もその水を飲んだのだった。もし、女王様がフィンガーボールで手を洗ったら、お客様は恥ずかしい思いをしてしまう。お客様が後で自分の間違いに気付いたとき、女王様のこの態度をありがたく思うだろう。

〔文部省（1965）小学校道徳の指導資料第2集　第4学年〕

Key word ▶ 272

小 B 友情
『二わのことり』

　今日は、やまがらの誕生日である。みそさざいや他の小鳥は、やまがらの誕生日会に誘われたが、その日はうぐいすの家でも音楽会の練習がある。やまがらの家は遠く寂しい所にあり、みんなは行こうとせず、梅の木のある明るいうぐいすの家へ行こうと言う。みそさざいは、迷いながらもみんなと一緒にうぐいすの家へ行く。練習中、みそさざいはやまがらが気になり、練習を抜け出してやまがらの家へ向かう。みそさざいが誕生日を祝うと、やまがらは涙をこぼして喜んだ。その姿を見て、みそさざいは「ああ、やっぱり来てよかった」と思うのだった。

〔文部省（1965）小学校道徳の指導資料第2集　第1学年〕

Key word ▶ 273

小 B 友情
『ゆっきとやっち』

　みつばちのゆっきとやっちは、仲よしである。二人はみつばちたちの競争で一位になろうと意気込んでいる。競争が始まると、やっちは先頭をぐんぐん飛んでいき、ゆっきは少し遅れてしまう。ところが、途中、やっちのスピードが遅くなり、どんどんみんなに追い抜かれていく。追いついたゆっきが声を掛けると、やっちは苦しそうにおなかを押さえていた。やっちはゆっきが遅れてしまうことを心配し、自分のことはいいから先に行くように言う。迷ったゆっきだったが、「友達だもん」と、やっちの手を取り並んでゴールに向かって飛んでいくのだった。

〔文部省（1992）小学校読み物資料とその利用「主として他の人とのかかわりに関すること」〕

小 B 友情 『たっきゅうは四人まで』

Key word ▶ 274

　しゅんは、人気の卓球コーナーの予約が取れたため、仲のよい三人を誘う。そこに卓球好きのとおるが、仲間に入れてほしいと声を掛けてきた。しかし、しゅんは、ダブルスは四人でないとだめだからと断る。うつむいたとおるを見て、悪いことをしたと思ったしゅんは、帰りに謝り卓球に誘うが、とおるは「卓球は四人までなんだろ」と言って帰ってしまった。その後、四人で卓球をしたが、しゅんはとおるのことが気になり楽しめない。四人はとおるに謝り、次は五人で遊ぶことになった。次の日、四人は早めに登校し、校門でとおるが来るのを待った。

〔文部科学省（2011）小学校道徳読み物資料集〕

小 B 友情 『貝がら』

Key word ▶ 275

　3年生に進級した「ぼく」の隣の席は中山くんだった。何を話しても全然しゃべらない。図工の時間に中山くんが描いた海の絵がとても上手だったので、「うまいなあ」と言った。すると、「前に住んでいたところ。きれいな貝がらがいっぱいあるんじゃ」と答える。それを聞いて前の席の女の子が笑った。ぼくは中山くんが黙っていた理由が分かった。中山君は、自分の言葉のなまりを気にしていたのだ。その後、病気で学校を休んだ「ぼく」に、中山くんは貝がらのお見舞いを持ってきてくれる。そして、今度こそ仲よしになれると考えるのであった。

〔光村図書（2003）光村ライブラリー　小学校編　中学年第6巻〕

小 B 友情 『ないた赤おに』

Key word ▶ 276

　ある山奥に住んでいる赤鬼は、ふもとの人間と仲よくなりたくて立札を立てて人間を誘うが、人間は怖がって誰も訪ねてこない。心配した青鬼は、赤鬼が人間と仲よくなれるように作戦を立てる。それは、青鬼が村で暴れ、赤鬼が青鬼を取り押さえる。人間は、赤鬼のことをよい鬼だと考え、それから後は、安心して遊びに来るようになる。しかし、それ以降青鬼が訪ねてこなくなり、心配になり、青鬼を訪ねるが、置き手紙を残して旅に出てしまう。赤鬼は、青鬼の自分を思う心を知ってしくしくと涙を流して泣いてしまう。

〔文部省（1965）小学校道徳の指導資料第2集　第2学年〕

Key word ▶ **277**

小　B　友情

『絵葉書と切手』

主人公の広子は、仲よしの正子から届いた定形外郵便の料金不足に気付き、本人にそのことを知らせるべきかどうかを迷う。「友達だからこそ間違いを言ってあげたほうがいい」という兄の意見と、「せっかくきれいな絵はがきを送ってくれたのに相手に悪い。教えないほうがいいのではないか」という母の考えとに揺れながらも、広子は教えることを決心する。友達だからこそ、どうすればよいのか思い悩む広子だったが、最終的には正子のためを思い伝えることにする。

〔文部省（1980）小学校道徳の指導資料とその利用3〕

Key word ▶ **278**

小　B　友情

『友の肖像画』

「ぼくたち、大きくなっても、ずっと友達でいるんだ」。そう信じていた友情がいつの間にか薄らいだように感じてしまう。難病治療のため九州の療養所へ行った正一と文通によって友情をつないでいた和也は、正一からの音信が途絶えたことで疎遠になる。気になりながらも自分の生活を過ごしていた和也は、ある日、正一の学校の作品展が自分の町で開かれることを知り、正一の作品を見に行く。作品には「友の肖像画」という題名とともに短い解説が付けられ、和也が描かれていた。音信不通の中での正一の思いに触れ、和也は涙を流す。

〔文部省（1980）小学校道徳の指導資料とその利用3〕

Key word ▶ **279**

小　B　友情

『ロレンゾの友達』

20年ぶりの友との再会。しかし、アンドレ、サバイユ、ニコライの三人は浮かない顔をしている。親友のロレンゾが警察に追われるような事件を起こしたという話を聞いたからだ。「友達だから相手がいけないことをしていても目をつぶる」「友達だから常に自分の考えよりも相手の考えを優先させる」「友達だから言いづらくても正しいことを言うべきである」。友が苦しんでいるときに自分はどう寄り添うことができるのだろうか。本当の友情について考え続ける三人であった。

〔文部省（1992）小学校読み物資料とその利用「主として他の人とのかかわりに関すること」〕

Key word ▶ 280

小　B　友情
『言葉のおくり物』

　一郎は、すみ子と仲のよいところをたかしに見られ、からかわれたり、周りに言いふらされたりするのを嫌がり、すみ子をわざと避けようとする。小さなことにこだわらない明るい性格のすみ子は、たかしのリレーでの失敗を許す。また一郎の誕生日には、すみ子の思いを伝える「言葉のおくり物」をすると教室のあちこちから、拍手が起こる。すみ子の異性を気にせず、誰にでも優しく接する姿を見て、一郎は、自分の友情の在り方を見つめ直す。

〔文部省（1983）小学校道徳の指導資料とその利用 6〕

Key word ▶ 281

小　B　友情
『すれちがい』

　よし子とえり子は、一緒にピアノの習い事に行く約束をした。しかし、えり子は母親に買い物を頼まれてしまい、時間どおりに行くことができなくなってしまう。「よし子」と「えり子」、二人のちょっとしたすれ違いが起きてしまい、よし子は約束を守らなかったえり子に腹を立て、えり子も話を聞いてくれないよし子に腹を立ててしまう。「約束を破っておいて、いまさら」「私の言うことも聞いてくれたっていいのに…」と日記に記し、お互いに付き合いたくないと仲違いをしてしまう。

〔文部省（1977）小学校道徳の指導資料とその利用 2〕

Key word ▶ 282

小　B　相互理解
『ブランコ乗りとピエロ』

　サーカス団の花形、空中ブランコ乗りのサムはリーダーのピエロの言うことも聞かず、大王の前で披露する大切な舞台を独り占めにし、団員の反感をかっていた。「私はこのサーカスのために、夢中になって演技をしたんだ。その私の何が悪いというんだ」と言うサムに対して、ピエロはサムの行動に対する自分の気持ちの変化と、互いに認め合うことの大切さについて語る。「お互いに、自分だけがスターだという気持ちは捨てなければならないんだ」。この後、サムとピエロは、夜が明けるまで気持ちよく語り合うのだった。

〔文部省（1992）小学校読み物資料とその利用「主として他の人とのかかわりに関すること」〕

Key word ▶ 283

小 B 寛容
『銀のしょく台』

　19年間の刑務所暮らしで世間にも受け入れてもらえず、傷付き、荒んだジャン・バルジャン。そんな刑務所から出て泊まる宿もないジャン・バルジャンを、銀の食器でもてなし泊めたミリエル司教。翌朝、ジャンが銀の食器を盗んで逃げたことに気付く。憲兵につかまり司教の前に引き出されたジャンに、司教は「食器だけでなく銀の燭台も差し上げたのに、なぜ持っていかなかったのか」と燭台も差し出した。体中がふるえてどうしていいか分からないまま燭台を受け取り、今にも気を失いそうな様子でジャンは立ち尽くした。

〔中央公論社（1919）『中央公論』1月号「恩讐の彼方に」〕

Key word ▶ 284

小 C 規則尊重
『おじさんの手紙』

　電車に多くの子供が乗り込んでくる。遠足へ行く途中なのであろう。電車に乗っていたおじさんは考え事をしていたこともあり、「うるさくなる」ことを予測し、憂鬱な気持ちになる。大はしゃぎをする子供たちの姿をイメージし、目をつむる。しかし、車内はたくさんの子供たちが乗車したにもかかわらず、静かなのだ。子供たちはにこにこと明るい顔で口をむすんでいる。それにつられて、周りの乗車している人たちも笑顔になっている。公共の場に適した態度をとる子供たちの姿を見て、おじさんは1日ゆかいな気持ちで過ごすことができた。

〔文部省（1977）小学校道徳の指導資料とその利用2〕

Key word ▶ 285

小 C 規則尊重
『きいろいベンチ』

　雨あがりの公園で紙飛行機を飛ばして遊ぶ二人の男の子。遊びに夢中になり、靴の裏側が汚れていることにも構わず、紙飛行機をより遠くまで飛ばそうと、黄色いベンチの上にのぼり、ベンチを泥だらけにしてしまう。そこに、小さな女の子がおばあちゃんとやってくる。女の子が、うっかりその泥だらけのベンチに腰掛けてスカートを汚してしまう。おばあちゃんが、女の子のスカートの汚れを落としている様子を見ていた男の子たちは、今までの自分たちの行動を振り返る。

〔文部省（1976）小学校道徳の指導資料とその利用1〕

1　道徳教育・改訂の概要

2　道徳教育と道徳科の目標

3　道徳科の内容

4　道徳教育の全体計画

5　年間指導計画の

6　道徳科の指導

7　指導上の配慮事項

8　道徳科の評価

9　道徳科の教材

Key word ▶ 286

小 C 規則尊重
『あめ玉』

　おじさんは、電車の改札口に向かう途中、道に吐き捨てられたガムを踏んでしまう。靴の裏にへばりついたガムが何とも気持ち悪く不愉快である。腹立たしい気持ちを抱えて電車に乗り込む。その電車には３年生くらいの姉と、まだ小さい妹がきちんと座って乗っていた。やがて妹がお菓子をねだり始めた。姉が妹をなだめるが、妹は聞き入れない。仕方なく姉は妹にあめ玉の入ったつつを渡すが、つつを開けると同時にたくさんのあめ玉が転がり落ちる。そのあめ玉を、姉はきれいに拾い、下車した駅のゴミ箱に捨てる。それを見ていたおじさんは、それまでの嫌な気分が一気に晴れる。　〔文部省（1976）小学校道徳の指導資料とその利用１〕

Key word ▶ 287

小 C 規則尊重
『雨のバスていりゅう所で』

　雨の降るバスの停留所では、何人かが軒下で雨宿りをしながら、バスを待っている。バスが見えたとき、よし子は雨の中停留所で一番前に立つ。よし子がかさをつぼめてバスに乗ろうとしたとき、お母さんに引き戻され、六番目にバスに乗り込むことになる。案の定、座る座席はなく、立っていることになった。席に座れず母親のとった行動に対してじりじりした気持ちで母を伺う。しかし、いつもは優しく話しかけてくれるお母さんはだまったままじっと窓の外を見ているのだ。いつもと様子が違うお母さんの姿を見て、よし子は自分のしたことを考え始める。
〔文部省（1977）小学校道徳の指導資料とその利用２〕

Key word ▶ 288

小 C 規則尊重
『お客様』

　大好きなキャラクターが出てくるショーに期待で胸をはずませながら遊園地へ行く。ショーを見物するにあたり、係りの人が「ショーの間は、お子さんを肩車したりビデオやカメラを頭より上に持ち上げないようにしたりしてください」と何回も大きな声で呼びかける。ショーが始まる。すると、前の人が子どもを肩車した。これで全くショーが見えなくなってしまった。肩車をしている人に、係りの人がやめるよう促した。それに対して肩車をしている人が、係りの人に不満をぶつける。主人公は、それらの出来事について晴れない気持ちで考える。
〔文部科学省（2011）小学校道徳読み物資料集〕

小 **C** 規則尊重
『星野君の二塁打』
Key word ▶ **289**

　選手権大会の出場を決める大切な試合。バントの指示が出ていたが、監督の指示に従わず、星野君は自分の判断でバットを振り二塁打を打つ。この二塁打がチームを勝利に導いた。次の日、監督は星野君を次の試合はベンチで応援するよう宣告する。その理由とし、監督はチーム内で相談して決めたルール「試合のときはチームのことを第一に考えて作戦どおりにプレーする」が破られたからだと述べる。結果がよくても、ルールを破ったことに変わりはないことをメンバーに話しながら、「チームのルールを無視すればどんなチームになっていくかを考えてほしい」と話す。　　　　　〔文部省（1964）小学校道徳の指導資料第1集　第5学年〕

小 **C** 公正公平
『およげないりすさん』
Key word ▶ **290**

　かめ・あひる・白鳥が、池の中の島へ行って遊ぶ相談をしている。池の中の島は、面白い遊び道具がたくさんあるのだ。そこにりすがやって来て一緒に連れていってと頼む。しかし3匹は、泳げないからだめと断る。りすは一人ぼっちになってしまったので家に帰る。その後、3匹は島で遊ぶが、楽しいはずの遊びが少しも楽しめない。「やっぱり、りすさんがいたほうがいいね」と話し、泳げないりすも一緒に島へ行けるよう考える。次の日、3匹はりすに昨日のことを謝り、一緒に島へ行くことを誘う。かめの背中にりすを乗せ、みんなで島へ出かける。
　　　　　〔文部省（1980）小学校道徳の指導資料とその利用3〕

小 **C** 社会正義
『同じ仲間だから』
Key word ▶ **291**

　運動会では、「台風の目」をする。一緒に走るひろし、とも子、光夫。光夫は、運動が苦手である。練習をする日、光夫が指に怪我をして登校する。それを見て、ひろしは「台風の目」の練習から光夫を外そうとする。光夫の怪我は練習に支障はないが、光夫が入れば負けてしまう。そのとき、とも子は転校したよし子の手紙を思い出す。よし子が、言葉の違いで仲間外れにされているという内容だ。言葉の違いで仲間を外されるなんてあってはいけない。そのときの気持ちを思い出し、とも子は「同じ仲間だから、はずすのは間違っている」とひろしに伝え、三人一緒に走る。　　　　　〔文部省（1983）小学校道徳の指導資料とその利用6〕

小　C　勤労

『母の仕事』

　主人公の母は看護師で、市役所の移動入浴サービスの仕事をしている。毎日仕事で大変そうな母に「やめればいいのに」と言った私が、母から仕事の話を聞く。母は、寝たきりの人たちを入浴させることができる車で、各家庭に出向き、部屋に浴槽の準備をしたり、入浴をする人の健康状態を確認したりしていることを知る。そして、お年寄りや体が不自由な人たちが喜んでくれることが母の仕事への活力になっていることを知る。

〔文部省（1982）小学校道徳の指導資料とその利用5〕

小　C　公共精神

『牛乳配り』

　孤独死を未然に防ぐために、一人暮らしの高齢者の家にボランティアで牛乳を配達することになった。明は、牛乳配りの手伝いを父から頼まれる。見ず知らずの老人のためになぜ自分が届けなくてはならないのかと、いやいやながらも牛乳配りを始める。何度も牛乳配りをやめたくなったが、母に励まされ、続けることができた。ある朝、明は、おばあさんの家の牛乳箱に自分あての手紙があることに気付く。おばあさんの感謝の気持ちを受け取った明は、自分のしていることがおばあさんの役に立っていたのだと気付く。

〔文部省（1980）小学校道徳の指導資料とその利用3〕

小　C　家族愛

『アンデルスのぼうし（おかあさんのつくったぼうし）』

　アンデルスは、母に新しい帽子を編んでもらう。アンデルスはうれしくて、帽子をかぶって出かける。立ち寄った御殿で、王女様に帽子を脱ぐようにとお菓子を山ほど出されたり、王様に帽子と金の王冠を取り換えてほしいと言われたりした。しかし、アンデルスは、帽子を両手でおさえて渡さなかった。慌てて家に帰り、出来事を家族に話す。兄は交換すればよかったと言うが、アンデスは母が作ってくれたものがいいと話し、母に強く抱きしめられる。

〔文部省（1964）小学校道徳の指導資料第1集　第2学年〕

小 **C** **家族愛**

『ブラッドレーの請求書』

　ブラッドレーは、お手伝いの見返りとしてお小遣いを得るために、母に請求書を作って渡す。請求書を見た母は、にっこり笑っただけで何も言わなかった。その後、ブラッドレーは母から４ドル貰い、喜んだ。しかし、４ドルに添えられていた「ブラッドレーへの請求書」には、「０ドル」と書かれていた。それを見たブラッドレーは泣きながら、母に謝罪するとともにお金を返し、これからは自ら進んで手伝うことを伝えた。

〔文部省（1964）小学校道徳の指導資料第１集　第４学年〕

小 **C** **家族愛**

『ぼくの名をよんで』

　太郎の両親は、聴覚と言語に障がいがある。太郎は、学校で軽い脳性麻痺で思うように台詞が言えない渋谷君をからかった者と大げんかをする。その際、相手から、両親から名前を呼んでもらえないことをからかわれる。太郎は、名前を呼んでもらえない事実を前に、今までに感じたことのなかったさびしさ、言いようのない切なさに襲われる。帰宅後、太郎は、父に泣き叫びながら手話で胸の内をぶつける。父は太郎の気持ちを受け止め、両親の太郎への思いや願いを伝える。太郎は、父の涙とともに心の底からほとばしり出るような手話を、まばたきもせずに見つめていた。　　　〔光村図書（2019）「道徳６　きみがいちばんひかるとき」〕

小 **C** **愛校心**

『もうすぐ二ねんせい』

　１年生を迎えるために、２年生が合奏をすることになった。しかし、うまく合奏できなかったため、家で練習することになる。次の日の朝、みちえが「練習しよう」とはるひこに提案する。すると、クラスのみんなも練習に入れてほしいと集まってくる。子供たちだけで練習を進めるために、ともこが担任の先生の真似をして指揮をする。練習に取り組む子供たちの姿に、担任の先生が笑顔で大きな拍手を送る。

〔東京書籍（2020）「新訂　あたらしいどうとく１」〕

1　道徳教育改訂の概要
2　道徳教育と道徳科の目標
3　道徳科の内容
4　道徳教育の全体計画
5　道徳科の年間指導計画
6　道徳科の指導
7　指導上の配慮事項
8　道徳科の評価
9　道徳科の教材

小 C 愛校心

Key word ▶ 298

『みんなまってるよ』

　病気で入院したえみは、クラスの友達と離れるのが嫌で、院内学級に通うのに抵抗があったが、母の勧めで通うことになる。院内学級の先生や子供たちは笑顔で迎えてくれるが、えみは自分のクラスのことを思い浮かべる。その様子を見ていたあさみが、えみと一緒に遊び、「みんな友達だよ」と伝える。えみは、手術の前の日「みんなと勉強できるかなあ…」と思い、みんなとは誰か考える。そこに、院内学級やクラスのみんなから励ましのメッセージをもらう。えみはメッセージを読み、手術を頑張り、早く院内学級に行き、早く退院してクラスに戻ることを決めた。

〔文部科学省（2011）小学校道徳読み物資料集〕

小 C 郷土愛

Key word ▶ 299

『ぎおんまつり』

　主人公は、京都の「祇園祭」に参加し、山鉾の上に乗っておはやしを打ち鳴らしている。主人公はその場所で、鉾が角で曲がる緊張とみんなの心が一つになる瞬間を経験する。そして、祭りの熱気の中で、おはやしの稽古のつらさを思い出す。稽古では、お囃子が上手くできず、父に叱られて辞めたくなる。しかし、主人公は、父も同じ経験をしたことや、1000年も続けられている祇園の伝統や、受け継いできた人々の思いを聞き、励まされる。主人公は、山鉾の上で、気持ちよく鐘を鳴らすことができ、練習を続けてきて本当によかったと思った。

〔文部省（1999）小学校 文化や伝統を大切にする心を育てる〕

小 C 愛国心

Key word ▶ 300

『ふろしき』

　主人公は箪笥の中から、ふろしきを見付け、興味をもつ。母からふろしきは日本で昔から使われてきたものだと聞く。主人公は、ふろしきで実際に本を包んでみる。その様子を見た母は、重箱や大きな瓶、丸いものを包んでみせる。主人公は、この体験を通し、日本の人々が大事にしてきた知恵や心について気付く。ふろしきのよさにふれたことで、自分もふろしきのよさを教え、広げていきたいという思いをもつ。

〔文部省（1994）小学校読み物資料とその利用「主として集団や社会とのかかわりに関すること」〕

小　C　伝統と文化の尊重、国や郷土を愛する態度

Key word ▶ **301**

『まつりだいこ』

　夕食後、2か月後に迫った夏祭りの話題に花が咲いた。父から、3年生からお囃子に参加できること、我が家は三代続いたお囃子一家であることを聞く。わたしは、親友の山田さんに話を持ち掛け、参加を決意する。私と山田さんは、小だいこを叩くことになる。演奏は難しかったが、係の青木さんや先輩が親切に教えてくれるので、調子が出てきた。祭りの日、威勢のいい音を村中に響かせた。どの人の顔も明るく楽しそうだ。人波は、山車の動きに従って、大きなうねりとなって動いていく。この村に、これだけ大勢の人が楽しめる祭りのあることを誇りに思った。
〔文部省（1981）小学校道徳の指導資料とその利用4〕

小　C　伝統と文化の尊重、国や郷土を愛する態度

Key word ▶ **302**

『米百俵』

　明治維新で、長岡藩は官軍と戦って敗れた。ろく高は減らされ、その日の食べ物にも困るほどになった。明治3年（1870）の春、三根山藩から米百俵が送られてきた。藩士たちは喜び、その米が分配されるのを待っていた。ところが、藩の大参事、小林虎三郎が、この米をお金にかえて、そのお金で学校を建てると言った。詰め寄る藩士を前に、虎三郎は人材育成による郷土の復興への思いを語る。固い決意を感じた藩士は、虎三郎の言葉を受け入れ、長岡の町に学校が建てられた。このことにより、長岡は教育の盛んな町となり、優れた人材が数多く送り出された。
〔文部省（1964）小学校道徳の指導資料第1集　第6学年〕

小　C　国際理解、国際親善

Key word ▶ **303**

『ブータンに日本の農業を』

　ブータンに、日本から農業の技術指導に西岡京治さんがやって来た。西岡さんは、パロ谷で実習生と小さな畑を耕し、日本の大根やキャベツの種を蒔いた。すくすくと育った日本の野菜は評判となり、国王の計らいで農場用の土地が用意され、パロ農場を開いた。ブータンの各地からやってくる研修生に農業を教えるほか、なえ木の供給を始める。ブータンの人の立場に立って、誰もが無理なくできる方法を取り入れた。西岡さんに対し、ブータン国王は、「ダジョー（最高の人）」の称号を贈り、功労を称えた。ブータンには、今も日本の農業がしっかりと根付いている。
〔文部省（1999）小学校 文化や伝統を大切にする心を育てる〕

小 C 国際理解、国際親善

『ペルーは泣いている』

　加藤明（アキラ）は、ペルー女子バレーボールチームの監督になった。厳しい練習が繰り返され、何人かの選手はやめていった。アキラは、選手たちの素直さや快活さを練習の中に取り入れようと考えた。昭和42年、東京で世界女子バレーボール選手権大会が開かれた。結果は4位だったが、ペルーの選手たちが、『上を向いて歩こう』を歌った。帰国後、猛練習に励み、南米選手権では1位を獲得した。昭和57年、アキラは亡くなった。葬儀は数千人のペルーの人々に見送られた。アキラのまいた国際親善の種は、今もしっかりとペルーの地に根付いている。
〔文部省（1994）小学校読み物資料とその利用「主として集団や社会とのかかわりに関すること」〕

小 D 生命の尊さ

『ハムスターのあかちゃん』

　生まれたてのハムスターは、とても小さく、毛も生えていなければ目もあいていない。お母さんハムスターは、大事な宝物を守るように赤ちゃんを口にくわえて、新しい巣に運んでいる。生まれてから10日がたつと、ハムスターの背中の毛が生えてきた。一匹一匹、違う模様である。母親のおなかにくるまって気持ちよさそうにしている。この小さい体にどんな力がつまっているのか。元気に動き回るのももうすぐだ。ハムスターが生まれたばかりの状況から、10日目までの成長の様子を、子供の観察を通した思いや願いを語り掛ける形で書かれている。
〔文部省(1993)小学校読み物資料とその利用「主として自然や崇高なものとのかかわりに関すること」〕

小 D 生命の尊さ

『ヒキガエルとロバ』

　アドルフたちは、雨上がりの畑道でヒキガエルを見付け、石をぶつけ始める。ヒキガエルは、少年たちに追われ、わだちの中に転がり込む。そのとき、年をとったロバが農夫にむち打たれながら、荷車を引いてやってくる。少年たちは、ヒキガエルが荷車に引かれると予想し、その様子を見ている。しかし、ロバはヒキガエルに気付き、優しい目で見続ける。農夫が何度もむち打つと、ロバは力を振り絞り、ヒキガエルをよけて荷車を進める。その様子を見ていたアドルフの手から、石が滑り落ちる。去っていくロバの姿を、少年たちはずっと眺めていた。
〔文部省(1993)小学校読み物資料とその利用「主として自然や崇高なものとのかかわりに関すること」〕

小 D 生命の尊さ Key word 307
『お母さん泣かないで』

　いつもわたしの誕生日には、幼稚園のときから一緒の明子さん、正子さん、たかし君の3人を呼んでいた。正子さんは、1年前、わたしのお誕生日会に来る途中、交通事故で亡くなってしまった。お通夜で正子さんのお母さんから最後の言葉を聞き、プレゼントを手渡された。さるのぬいぐるみ「モンちゃん」と一枚の紙が入っていた。お葬式では、一緒に食べようと用意していたケーキを届け、心の中でお礼を言った。モンちゃんが来てから、わたしは家族が外に出掛けるときなど、「気を付けてね」と言ったり、自分にも言い聞かせたりできるようになった。

〔文部省（1981）小学校道徳の指導資料とその利用4〕

小 D 生命の尊さ Key word 308
『その思いを受け継いで』

　大地は、小さい頃からかわいがってくれた祖父の余命が3か月だと母から知らされる。翌日から、大地は毎日、祖父の病院に通った。大地が見舞うことを楽しみにしていた祖父であったが、日に日に弱っていった。ある日、学校から帰ると、母が病院にいることを知る。急いで病院に行くと、祖父は酸素マスクを付けられていた。大地が祖父の手を握り話しかけると、祖父はそっと握り返した。その夜、祖父は他界した。看護師が酸素マスクを外そうとすると、枕の下に大地に宛てた誕生祝いののし袋があった。大地の胸に祖父の温かな、そして強い思いが押し寄せた。

〔文部科学省（2011）小学校道徳読み物資料集〕

小 D 自然愛護 Key word 309
『虫がだいすき―アンリ・ファーブル―』

　ジャン＝アンリ・ファーブル（1823〜1915）は、『ファーブル昆虫記』を著したフランスの生物学者である。ファーブルは、小さい頃から虫や自然が大好きであった。草むらで虫の鳴き声が聞こえると、その声の主を必死に探したり、アリの動きなどを見て不思議に思うと、いつまでも観察を続けたりして、昆虫に興味をもち続けた。大人になってからも、多くの昆虫について調べた。観察のために虫を採取しても、観察が終わると自然の中に虫を返すことがあった。ファーブルが数多くの虫をまとめた「昆虫記」という書物は、世界中の人々に読まれている。

〔文部科学省（2013）「わたしたちの道徳」小学校1・2年〕

小 D 自然愛護
『一ふみ十年』

　母と立山を訪れ草むらに座ろうとした勇は、自然解説員の松井さんから注意を受ける。そこには、クリーム色の花をつけた高山植物のチングルマが咲いていた。松井さんの案内で立山保護センターを訪れた勇は、草だと思ったチングルマが樹木であったことを知り、その年輪を見て思わず大声をあげた。そして、高山植物を踏みつけてしまうと、元通りになるのに10年以上かかることから、みんなで気を付けようという合言葉「一ふみ十年」を胸に刻む。

〔文部省（1983）小学校道徳の指導資料とその利用 6〕

小 D 畏敬の念
『ななつぼし』

　長い間雨が降らない日が続いた年のある晩、女の子は病気のお母さんに水を飲ませるため木のひしゃくを持って水を探しに家を出る。疲れた女の子は途中で倒れ、寝てしまうが、目覚めるとひしゃくの中には水がいっぱいになっていた。ひしゃくの水を犬に分けるとひしゃくは銀色に変わり、母親が女の子に先に水を飲ませようとするとひしゃくは金色に変わる。疲れた旅人に水を飲ませると、ひしゃくの中から大きな七つのダイヤモンドが飛び出して空へのぼり、やがて星になった。この七つの星は「ひしゃく星」（北斗七星）として今も美しく輝いている。

〔文部省（1965）小学校道徳の指導資料第 2 集　第 1 学年〕

小 D 畏敬の念
『しあわせの王子』

　ある町に、体が金に包まれ、目や刀が宝石で飾られた「しあわせの王子」と呼ばれる銅像があった。ある日、南国へ帰る一羽のつばめが銅像の足元で羽を休めていると、銅像である王子が町の人々の貧しい暮らしに涙していることに気付く。王子は身に付けている金や宝石を貧しい人々へ届けるようつばめに頼む。つばめは、王子の優しさに心を動かされ、王子の目となり足となり、人々を助けていく。つばめは、王子のそばに留まることを決意する。そして冬、何の飾りもない銅像となった王子と、命を失ったつばめを天使が包み、空へと上っていく。

〔新潮社（1968）新潮文庫『幸福な王子　ワイルド童話全集』〕

小 D 畏敬の念
『はなさき山』

　祭りのごちそうの山菜を取りに行った少女あやは、山の中で一面に咲く今まで見たこともない美しい花を目にする。そこで出会ったやまんばは、赤い花はあやが妹のそよのために祭り着を我慢した優しさが咲かせたのだと伝える。「つらいのを辛抱して、自分のやりたいことをやらないで、涙をいっぱいためて辛抱すると、その優しさと健気さが、こうして花になって咲き出す」と、花の咲く理由をあやに語った。山から帰ったあやの話を信じる村のものはいなかったが、あやは、優しいことをするたび、花さき山で自分の花が咲いていると思うのであった。

〔理論社（1967）『ベロ出しチョンマ』〕

小 D 畏敬の念
『百羽のつる』

　夜更けの広い空、真っ白な羽をはばたかせながら百羽のつるが飛んでくる。北の果てのこおりの国から目指してきたゴールの湖はもうすぐ。目前で力が入り、飛び方も少しだけ速くなる。しかし、一番後ろを飛んでいた子供のつるは、病気でここまでやっとついてきたため、みんなの速さについていけない。気を失って落ちていく子供のつるに気付いた99羽は、羽を組み、網を作って子供のつるを受け止める。百羽のつるは、真っ白な羽根を揃え、空の彼方へ飛んでいくのであった。

〔戸田デザイン研究室（1985）『百羽のツル』〕

小 D 畏敬の念
『十才のプレゼント』

　あやの十才の誕生日に、父はプレゼントをあげることを約束する。誕生日が一週間後になった休みの日、父は、あやを奥秩父の山登りに連れて行く。山小屋に泊まった次の日の朝４時、父に起こされたあやは山小屋の外に出る。暗闇の中、景色を見回していると次第に東の空が明るくなり、山々が様々な色に少しずつ変わり始め、その景色に心を惹き付けられた。きれいな色、素晴らしい景色などという言葉では表せないような景色だった。あやは、父からのこの壮大な景色をプレゼントされたのであった。

〔文部省(1993)小学校読み物資料とその利用「主として自然や崇高なものとのかかわりに関すること」〕

小　D　畏敬の念
Key word ▶ 316

『百一才の富士』

　現代日本画家である奥村土牛（1889〜1990）は、富士山に秘められた美しさを追い求めた。土牛は、百才のときに「平成の富士」を描くと決心し、周囲が驚くような精神力で、富士山の絵の制作に取り掛かっていた。途中、何回か体の調子を崩しながらも、平成2年（1990）の春、絵を完成させる。多くの人々は、その見事な出来栄えに心を打たれた。このとき土牛は百一才。「百一才の富士」として称えられる。土牛は、「芸術に完成はありません。大事なことは、どこまで大きく、未完成で終わるかです」という言葉を残している。その年の9月、自然の美しさを求め続けた土牛は、百一才と七か月の生涯を閉じる。

〔文部省(1993)小学校読み物資料とその利用「主として自然や崇高なものとのかかわりに関すること」〕

小　D　畏敬の念
Key word ▶ 317

『青の洞門』

　了海は、人を殺した罪を償うために僧となり、多くの人の役に立ちたいという思いから洞門を掘ろうと決意する。洞門を掘り始めて19年、了海に自分の父を殺されたという実之助に出会う。実之助は、洞門の完成までは仇を討つのを待ち、了海を手伝うことにする。実之助が掘り始めてから1年半、了海が掘り始めてから21年目、ついに洞門は貫通する。人々のために洞門を掘り抜き、念願を果たした了海は、実之助に自分を切れと覚悟を決める。しかし、実之助は、か弱い腕で成し遂げられた偉業に驚きと感激の心で胸がいっぱいとなる。二人は全てを忘れて、手を取り合って涙を流したのであった。

〔鎌倉文庫（1946）『恩讐の彼方に』〕

Key word ▶ **318**

中 **A** 自主、自律、自由と責任

『裏庭でのできごと』

　雄一と健二と大輔の三人は、体育館の「裏庭」でサッカーをしていた。猫に襲われかけているひな鳥を助けようと雄一が投げたボールで物置のガラスを割ってしまい、雄一は先生を呼びに職員室に向かった。その間もサッカーを続けた健二と大輔だったが、彼らはもう一枚ガラスを割ってしまった。雄一は二人が便乗してウソの報告をしたことに憤慨し、気まずい雰囲気になった。一晩悩んだ健二であったが、やはり正直に先生に伝えようと決め、一人職員室に向かった。

〔文部省（1991）中学校読み物資料とその利用「主として自分自身に関すること」〕

Key word ▶ **319**

中 **A** 自主、自律、自由と責任

『ネット将棋』

　同級生の敏夫が、ネット将棋で将棋の力を伸ばしていることを聞き、ネット将棋に挑戦した僕であったが、弱そうな相手を選んで勝負を挑んだり、自分が負けそうになるといきなりログアウトしたりと、不誠実な方法で取り組んでいた。そんな折、同級生の明子、智子と話す中で、敏夫が、ネット将棋を通して「目に見えない相手とどう向き合うかで、自分が試されている気がして、きちんと挨拶できるようになった」と言った。明子と智子はそれぞれ敏夫の言葉について考え、三人で笑い合うが、僕は一人、笑えなかった。

〔文部科学省（2012）中学校道徳読み物資料集〕

Key word ▶ **320**

中 **A** 自主、自律、自由と責任

『町内会デビュー』

　町内会で行う草刈りと掃除に、家族代表として参加するよう、母から頼まれた明。家の事情を思えば仕方がないとはいえ、しぶしぶ集合場所に向かう。戸惑う明に町内会の人々は次々と声をかけ、鎌の使い方を教える。作業が進むにつれ、明は自分の仕事に充実感を覚え、お年寄りには大変な力仕事に気付いて進んで取り組むようになる。町内会の人々に認められたことで、明は自分が少し大人になったように感じた。翌朝、いつものように登校する明は、いつもとは違い、昨日一緒に作業をした近所の吉田さんに、進んで声をかけ、言葉を交わすのであった。

〔文部科学省（2012）中学校道徳読み物資料集〕

中 A 節度、節制

Key word ▶ 321

『釣りざおの思い出』

　小学校5、6年生の頃、釣り好きだった私には、ずっと欲しかった釣りざおがあった。ある日、母は無理をして、そのさおを買ってくれた。日曜日、そのさおをどうしても使いたかった私は、いとこの正ちゃんの見舞いに行こうという父の誘いを断り、釣りに出た。正ちゃんは長いこと入院しており、容態もよくなかったのだ。出がけに母と帰る時間を約束した私は、夢中で釣りに興じた。気付くと、母との約束の時間はとっくに過ぎていたが、それでもあと一匹と釣りを続けた。母は家に帰った私の顔をじっと見つめ、釣りざをを取り上げ、固く握りしめた。

〔学研みらい（2019）「新・中学生の道徳　明日への扉1」〕

中 A 向上心、個性の伸長

Key word ▶ 322

『五万回切られた男　福本清三』

　福本清三は、「映画の役に立てるのだ」という喜びを支えに、過酷で危険な「スタントマン」の仕事を続け、「斬られ役」という役を得ていった。それは特別な脇役ではなかったが、自分が斬られることで主役が「立つ」ことに、嬉しさを感じていた。二万回斬られて死んだという統計があるほど体力に任せてやり続け、彼はハリウッド映画『ラスト・サムライ』の出演につなげた。大役を演じた今でも、字幕に名前の出ない脇役でいたい、それに生きがいを感じる人間がいるということを知ってもらいたいと語った。

〔正進社（2012）「中学生　キラリ道徳3」〕

中 A 希望と勇気、克己と強い意思

Key word ▶ 323

『木箱の中の鉛筆たち』

　芝居の勉強をする中で、脚本を書くことを志した私は、一生懸命に原稿の仕事に取り組んだ。しかし、何日も徹夜をして書いた原稿を、突き返されることが続くうちに、自分には才能がないのだと、気力を失っていく。ある日、作曲家である父に、父には音楽の才能があったのかと、たずねた。父は、ピアノの下からカステラの木箱を三つほど引っ張り出してきて、私に見せた。その箱には、ちびた鉛筆がびっしりとつまっていたのだ。父の努力を感じ、自分を恥じる私に、「才能がないと気付いたら、こうやって才能を作りなさい」と、父は静かに言った。

〔あかつき教育図書（2019）「中学生の道徳　自分を見つめる1」〕

1　道徳教育改訂の概要

2　道徳教育と道徳科の目標

3　道徳科の内容

4　道徳教育の全体計画

5　道徳科の年間指導計画

6　道徳科の指導

7　指導上の配慮事項

8　道徳科の評価

9　道徳科の教材

中　Ａ　希望と勇気、克己と強い意思　Key word ▶ **324**

『「落葉」―菱田春草―』

　今までの日本画と西洋画のよいところを取り上げ、新しい日本画を創り出そうとしていた菱田春草であったが、世の中の人から認めてもらえずにいた。『蘇李訣別』という作品で、師匠である岡倉天心に褒めたたえられても満足せず、海外に勉強に出かけた。目の病気による長い療養生活の後、再び目が使えるようになった菱田は、今までよりもいっそう自然の鮮やかさ、美しさに目をうばわれ、絵の中に自分も溶け込んでいるような気持ちで描き続けた。その絵に『落葉』を題して主品すると、見た人は皆、目をみはって驚き、その心を惹き付けた。

〔光村図書（2019）「中学道徳3　きみがいちばんひかるとき」〕

中　Ａ　真理の探究、創造　Key word ▶ **325**

『「どうせ無理」という言葉に負けない』

　「無理、無理」と考えることは、楽をするための言い訳に過ぎない。「どうせ無理だ」と感じたら、「だったら、こうしてみたら」と考え続けることが大切である。会社で宇宙開発をしているメンバーは、ほとんど大学を出た人間はいないが、試行錯誤を繰り返してロケットを完成させた。「やったことがないからできない」は、使ってはならない言葉である。人生は、いくらでも変わる。あこがれがなければ、努力はできない。だからこそ、「どうせ無理」という言葉に負けてはならない。これは、宇宙航空開発事業を行う植松努氏が著したエッセイである。

〔東京書籍（2019）「新訂　新しい道徳1」〕

中　Ａ　真理の探究、創造　Key word ▶ **326**

『ミスター・ヌードル―安藤百福―』

　事業に失敗し、手元に家とわずかな家具しか残らなかった安藤百福だったが、ここから新しいことを始めると決意した。安藤は、終戦後一杯のラーメンのために寒さに震えながらも並ぶ姿から、インスタントラーメンの開発を始めた。毎日朝5時から深夜まで、ガランとした小さな部屋で一人、思いついたアイデアをメモに書きとめては試していくが、納得いくものは作れなかった。数か月後、安藤は世界初のインスタントラーメンの開発に成功した。しかし、彼はこれに満足せず、「また新しいことを考えている」と話した。

〔あかつき教育図書（2019）「中学生の道徳　自分を見つめる1」〕

中 B 思いやり、感謝
『夜のくだもの屋』

　合唱コンクールの練習で、少女の帰り道はいつも真っ暗になっていた。暗い夜道を一人で帰る少女を心配し、くだもの屋の夫婦は少女が通り過ぎるまで灯りをともし、店を開けていた。少女はこの店の灯りがさしているだけで心が落ち着き、合唱曲を口ずさみながら毎日帰宅していた。ある日、少女は友達のお見舞いの品を買うため、そのくだもの屋に行った。そこで、少女はくだもの屋のおばさんから自分のために灯りをつけてくれたことを知った。この店の灯りがあんなにあたたかく感じたのも当然だった。少女は、もう一度頭を下げた。

〔偕成社（1982）『小さな町の風景』〕

中 B 思いやり、感謝
『地下鉄で』

　地下鉄が着くと、お年寄りの女性の後ろにいた少女の一人が、女性を押しのけるように前に出て、一つだけ空いていた席に座った。その姿を見た私は、その行儀の悪さに眉をひそめ、舌打ちした。すると、もう一人の少女が「席、ありますから」と、重い荷物を持ち、女性を抱きかかえるようにして一緒に歩き、座らせた。お年寄りがお礼を言っているのにかかわらず、少女たちは顔を真っ赤にして逃げるようにその場を離れた。私は、少女たちの中にある美しさを言葉でたたえることはできないと感じた。

〔あかつき教育図書（2019）「中学生の道徳　自分を見つめる 1」〕

中 B 思いやり、感謝
『旗』

　転校したばかりの少女は、交通事故でひと月近く学校を休んでいた。ふさぎ込む日々の中、窓から見えるレモンいろの旗に心ひかれ、様々な思いにふけるのが日課になっていた。ある日、一人の級友が訪ねてきて、クラス旗をつくると言った。少女はレモンいろの旗のことを話しながら、寂しい気持ちを伝えた。いよいよ、明日から登校という日。いつものように窓の外を見ると、そこにはクラス旗があった。もう一度見直すと、自分の布が真ん中にあることに少女は気付いた。

〔あかつき教育図書（2019）「中学生の道徳　自分を見つめる 1」〕

中 B 思いやり、感謝

『背番号10』

　野球部の新キャプテンになった主人公は、チームのやる気のなさに部員たちを注意し、とがめ続けた。そのため、部員たちの心が自分から離れていき、そのことに悩んでいた。ある日、彼は右肘を痛め、野球をやめようとした。しかし、父親から一喝され、自分ができることをやろうと決意し、チームのために力を尽くした。その甲斐あって、チームの雰囲気も変わっていった。大会出場選手発表の日。監督は一番に彼の名前を告げ、背番号10を渡した。部員全員の大きな拍手につられ、再度深く頭を下げた。

〔文部科学省（2012）中学校道徳読み物資料集〕

中 B 礼儀

『一枚のはがき』

　私は学生時代、友達と剣山登山旅行の途中、中津の叔父の家で3日間世話になった。毎日精一杯の御馳走をしてくれ、最後は叔父が村の峠まで三人分の荷物を一人で背負って送ってくれた。無事に登山を終え、大阪に戻って数週間経ってからのこと。世話になった叔父から、父にはがきが届いた。「催促するつもりはないが、この頃の若い者はのんきなものだ」と、三人からお礼の一枚のはがきも届いていないと書かれていた。そのはがきを見せられ、私は叔父家族の心を傷付けたことを深く悔やんだ。

〔教育出版（2017）「中学道徳2　とびだそう未来へ」〕

中 B 友情、信頼

『吾一と京造』

　ある朝、いつもの待ち合わせ場所に秋太郎がいつまでもたっても来ないために、全員が学校に遅刻しそうになった。どうせいつもの寝坊だろうと思っていた吾一は、これ以上は待てないと、一人学校に向かって走った。しかし、京造は他の仲間に学校に行くように言い、自分は一人秋太郎を迎えに行った。京造は秋太郎とともに遅刻したため、立たされ怒られていたが、その目はしっかりと前を見つめていた。吾一はそんな京造を見ることができず、じっと下を向いたままでいた。

〔学研みらい（2019）「新・中学生の道徳　明日への扉1」〕

中 B 友情、信頼

『違うんだよ、健司』

　主人公の僕と友達の耕平、そして転校してきた健司の話から友達の在り方について考える話である。僕が耕平に対して適当に合わせている姿に、健司が「そんなのが友達と言えるのか」と言った。最近の耕平の様子が少し変だと感じていた健司は僕らを誘い、健司の祖母の家に行った。楽しそうに話している祖母たちと晩ご飯を食べた後、庭に出た。「耕平、どうしたんだ」と僕が伝えると、祖母を心配していることを耕平が話し始めた。「ごめん。お節介だったんだ」の健司の言葉に、「違うんだよ、健司」と耕平が返し、三人が正直な思いを話していった。

〔文部科学省（2012）中学校道徳読み物資料集〕

中 B 友情、信頼

『嵐の後に』

　勇太と明夫は、何でも話し合える仲だった。しかし、次第に明夫は自分を避けるようになっていた。水産高校を出てから定職につかない明夫を心配した勇太の父親が、明夫を見習いとして船に乗せる。一緒に船に乗って仕事をすることになったが、明夫に正直な気持ちを伝えられずにいた。ある日、嵐に遭遇したとき、声を荒げる勇太の指示に従った明夫は、「お前が羨ましかったんよ。俺らは、ずっと一緒やったやろ…」と意外な言葉をつぶやいた。その言葉を聞いた僕は自分を悔やみ、素直な気持ちに変わった。二人は顔を見合わせ、がっちりと手を握り合った。

〔文部科学省（2012）中学校道徳読み物資料集〕

中 B 相互理解、寛容

『言葉の向こうに』

　加奈は、ヨーロッパのあるサッカーチームのファンで、特にＡ選手が大好きだった。現地での試合の後、パソコンでＡ選手のファンサイトにアクセスし、ファン仲間との交流を楽しんだ。次の日、学校から帰って、昨日の続きを見ようとパソコンに向かうと、Ａ選手への心ない書き込みがあり、怒りでいっぱいになった。加奈は自分も強い言葉を書き込み、ファン仲間に注意されてしまった。「匿名だからこそ、あなたが書いた言葉の向こうにいる人々の顔を思い浮かべてみて」という言葉に、加奈は大切なことを忘れていた自分に気付いたのだった。

〔文部科学省（2012）中学校道徳読み物資料集〕

Key word ▶ 336

中 B 相互理解、寛容
『まるごと好きです』

　転校してきた中学生の私は、まず「まるごと好きになる」と決めた。好きな部分を探して見付け、嫌いなところも含めて、まるごと好きになっていった。そうすることで、友達も自分の好きな部分を最大限に発揮してくれるのでありがたいし、いいものを見付けてトクをしたとうれしくもなった。人はよいところも、イヤなところももっているから、どっちで見るかで別人のように見えてしまうから、私はいろいろな見方の中から「まるごと好きになる」という方法を選んだ、というより、そうなっていったと感じた。

〔筑摩書房（1985）『まるごと好きです』〕

Key word ▶ 337

中 C 遵法精神、公徳心
『二通の手紙』

　入園係である元さんは、規則を破って幼い姉弟を入園させてしまい、退園時間になっても姿を見せない二人を全職員で捜索する事態を起こしてしまった。うっすらと辺りが暮れかかった頃、雑木林の中の池のほとりで遊んでいる姉弟を無事発見し、後日母親から感謝の手紙を受け取った。しかし、同時に上司から懲戒処分の通知も受け取ることになってしまった。二通の手紙を見比べながら、元さんは「万が一事故でもなっていたらと思うと…。この年になって初めて考えさせられることばかりです」と言い、はればれとした顔で身の回りを片付け始めた。

〔文部省(1994)中学校読み物資料とその利用「主として集団や社会とのかかわりに関すること」〕

Key word ▶ 338

中 C 遵法精神、公徳心
『傘の下』

　傘を持たずに病院に行った僕は、帰りに雨に降られ、傘立てにあった紺色の傘を勝手に取り、帰ろうとした。そのとき、後ろから傘も差さずに雨の中を駆けていく女性が僕を追い越していった。僕は、その彼女の姿がいつまでも頭から離れなかった。5日後、僕は病院に行き、傘を元の場所に戻した。治療を終え、受付に行くと、聞き覚えのある声がした。あの雨の日のあの人だった。彼女は傘立てに目を留めて立ち止まると、あの紺色の傘を手にし、外に出ていった。僕は目を疑った。ぬれながら駆けていった女性の姿が、通りの向こうで重なった。

〔文部省（1997）中学校「社会のルールを大切にする心を育てる」〕

中 C 遵法精神、公徳心

『仏の銀蔵』

　強引な取り立てをしていた銀蔵は、ある日、証文綴りをカラスに持っていかれてしまった。証文綴りが無いことを知った村人は、銀蔵の取り立てから逃げ始めた。そのため、生活に苦しくなった銀蔵は、食べ物を求めて農民の家をまわり始めた。哀れに思った村人は、しばらくすると証文綴りが無いのに、借金を返し始めた。不思議に思った銀蔵が村人に尋ねると、「貧しいが、盗人にはなりたくねえ」「お天道様が見てござる」と答えた。「そうか、お天道様か」と膝を打ち、銀蔵は手元に戻った金で商いを始め、以前のような金貸しをすることはなかった。

〔文部科学省（2012）中学校道徳読み物資料集〕

中 C 公正、公平、社会正義

『卒業文集最後の二行』

　先頭に立って恵まれない家庭のＴ子さんを貶していた私は、漢字テストで98点をとった彼女に「自分の答案を見たんだろう」と責めた。Ｔ子さんは「心はきたなぐねえです」「どこまでいじめれば、皆さんは気がすむの！」と、泣き叫びながら教室を出ていった。それでも、私は彼女を貶し続けた。やがて卒業式を迎え、私は卒業文集に「わたしが今一番欲しいのは母でもなく、本当のお友達です。そして、きれいなお洋服です」というＴ子さんの言葉を見付けた。私は果てもなく泣いた。30年余が過ぎた今も、この罪業を思い出す度に忍び泣く私であった。

〔文部科学省（2013）「私たちの道徳　中学校」〕

中 C 公正、公平、社会正義

『ある日のバッターボックス』

　幼児期に小児麻痺を患い、正常な歩行が困難なＯに対し、私は担任として配慮をしたつもりでいたが、彼はいつも生気が感じられなかった。夏休みも近くなった土曜日、クラスの子がソフトボールをしている中に、Ｏが気力をみなぎらせてバッターボックスに立っているのを見付けた。彼がヒットを打った瞬間、彼の背後から突然一人の子が走り出し、全力で一塁を駆け抜けていった。ＤＨ方式、そして代走ルールと、子供たちの発案したルールの中で遊ぶＯの晴々とした顔つきは、何の屈託もなくスポーツを楽しんでいる普通の少年だった。

〔あかつき教育図書（2019）「中学生の道徳　自分を見つめる１」〕

中 C 公正、公平、社会正義
『さかなのなみだ』

僕は中学校のとき、急に無視され、訳が分からなくなった。でも、それは魚の世界と似ていた。メジナは狭い水槽に入れると、いじめを繰り返した。広い海では、こんなことはなかった。僕は仲間外れにされた子とよく魚釣りに行った。一緒に糸を垂れているだけで、その子はほっとした表情になっていた。僕は変わり者だが、大自然の中、大好きな魚に夢中になっていたから、嫌なことも忘れることができた。外には楽しいことがたくさんあるのに、もったいないと、僕は思った。

〔リヨン社（2007）『さかなのなみだ』〕

中 C 社会参画、公共の精神
『加山さんの願い』

一人暮らしのお年寄りの死をきっかけに、加山さんは訪問ボランティアを始めた。最初の中井さんは「いらぬ世話はしないでくれ」と背を向けたが、次の田中さんは礼を言ってくれ、悪い気がしなかった。何度か中井さんを訪問して、加山さんが亡くなった父親のことを話す中で、「『してあげる』と言われても返事をする気にならなかっただけ…」と中井さんから教えられた。その言葉に加山さんは満たされた気持ちになったが、ふと田中さんの顔を思い出した。加山さんは、傘をもったまま考え続けた。そして、田中さんに謝らなければならないと思った。

〔文部省（1994）中学校読み物資料とその利用「主として集団や社会とのかかわりに関すること」〕

中 C 勤労
『ふきのとう』

医師がいない村で保健師として働いていた私は、強い孤独感を感じていた。あるとき、私は土手に頭を出していたふきのとうから、杉浦先生を思い起こした。杉浦先生は「病気を治すのが医者の務めだから、わしは行ってくる」と、昼夜を問わず自転車で往診していた。しかし、雨の激しい夜、肺炎が急変した子供に対応するため、自転車で往診したことが原因で先生自身も肺炎を起こし、死んでしまったのだった。私は歩き出した。孤独感も、後悔心も、きれいに消えていた。土手の見える青いものは、みんなふきのとうに見えてくるのだった。

〔講談社（1963）『青春を谷間に埋めて』〕

中 C 家族愛、家庭生活の充実　Key word ▶ 345

『一冊のノート』

　今でも何かと頼ることが多い祖母であったが、最近物忘れがひどくなっていた。僕は我慢していたが、祖母が伝言を忘れ、友達との約束を破ってしまったときは、激しく祖母をののしった。ある日、探し物をしていた僕は、引き出しの中の一冊のよごれたノートを見付けた。それは、祖母の思いが切々と書き込まれたものだった。最後のページにぽつんとにじんだインクのあとを見たとき、僕はいたたまれなくなって外に出た。庭にいる祖母を見付け、黙って祖母と並んで草取りを始めた。そして、「おばあちゃん、きれいになったね」と言った。

〔文部省（1994）中学校読み物資料とその利用「主として集団や社会とのかかわりに関すること」〕

中 C 家族愛、家庭生活の充実　Key word ▶ 346

『三百六十五×十四回分の「ありがとう」』

　心臓病を患っている14歳の彼女は、三度目の心臓病の手術の中、14歳の命を終えた。彼女は手術前日、母親への次の手紙を清書し、PHPへ出して欲しいと告げていた。「お母さん、必死に育ててくれてありがとう。今の私は幸せです（一部略）。私たちは親子で一心同体だよ。だから、私は『手術、がんばってくるからね』ではなく、『手術、がんばろうね』と言いたいです。最後にもう一度、三百六十五×十四回分の『ありがとう』を言いたい気分です。手術、がんばろうね」。母親への感謝の気持ちと、自分と同じく不安を抱える母親に対する気遣いの気持ちを綴っている。

〔光村図書（2019）「中学道徳1　きみがいちばんひかるとき」〕

中 C よりよい学校生活、集団生活の充実　Key word ▶ 347

『明かりの下の燭台』

　1964年の東京五輪で金メダルを獲得した女子バレーボールチームのマネージャーである鈴木美恵子。彼女がいなければ、強いチームはできなかった。選手15人の世話を、一手に4年間続けた。彼女は選手だったが、私の願いに泣いてマネージャーを引き受けたのだった。それから彼女は愚痴をこぼすことなく、ひたすら選手のサポートに心をくだいた。大役を果たし、彼女は「チームが勝つこと、ただそのことが喜びであり、それに集中した。やることが楽しかったから、苦労とは思わなかった」と言った。私はその言葉を聞いて、本当に頭が下がった。

〔文部省（1966）中学校道徳の指導資料第3集　第2学年〕

Key word ▶ 348

中 C 郷土の伝統と文化の尊重、郷土を愛する態度

『夢を諦めない「ねぶた師」』

ねぶた師になることを決意した北村麻子さんだったが、3年経っても仕事に加わることはできず、やっと作ることが許されたミニねぶたの制作も失敗した。それから彼女は一層制作にのめり込み、高い評価を受けるようになった。それがきっかけで、大型ねぶた制作の依頼があり、1年間苦労を重ね、素晴らしいねぶたを完成させた。麻子さんは、ねぶた祭りに参加すると、繋がりを感じ温かい気持ちになる。これがねぶたの力、だからこそ受け継がれてきたと思った。彼女は大切なふるさと青森の人たちのために、生涯をかけて「ねぶた」を一台でも多く残そうとしていた。

〔光村図書（2019）「中学道徳1　きみがいちばんひかるとき」〕

Key word ▶ 349

中 C 郷土の伝統と文化の尊重、郷土を愛する態度

『稲むらの火　余話』

安政元年（1854）12月、安政南海地震が起こった。醤油問屋の当主・濱口儀兵衛は波が沖に流れるのを見て大津波が来ると感じ、村人を救うために大切な稲束に火をつけ、多くの村人の命を救った。儀兵衛は「住民の幸せのために郷土を復興する」という信念で、将来再来するであろう津波に備え、巨額の私財を投じ、堤防を完成させた。「常日頃から非常の事態に備え、一生懸命に我が身を生かす心構えを養うべきである」という儀兵衛たち先人の精神は、現在も受け継がれていた。

〔日本文教出版（2019）「中学道徳　あすを生きる3」〕

Key word ▶ 350

中 C 我が国の伝統と文化の尊重、国を愛する態度

『国』

王貞治さんはホームラン世界新記録756号を出した2日後、第一回国民栄誉賞を受賞した。彼は中華民国の国籍だったが、ホームランの記録はファンの声援に後押しされて打たせてもらったと感じていた。また、国民栄誉賞の受賞によって国籍という垣根を取り除いてくれたのも、ファンの大声援のおかげだと信じていた。

王さんは祖国という言葉に美しさを感じ、国旗掲揚に対しては国に対する礼儀があると考えていた。そして、どこの国であれ、人間の国を愛する気持ちは変わらず、国の中でどう生きるかが大切だとした。

〔文部省（1982）中学校道徳の指導資料とその利用5〕

『さよなら、ホストファミリー』

中　C　我が国の伝統と文化の尊重、国を愛する態度　Key word ▶ 351

　ニュージーランドにホームステイしていた知子は、日本人のことをもっと知りたいソニアの質問を意地悪と感じていた。「自分の国のことを知らないって、恥ずかしいことだと思わない？」というソニアの言葉に苛立ちを感じながらも、知子は日本人としての意識が深まりつつあることを感じた。

　2週間のホームステイが終わり、帰りの飛行機の中で楽しかった思い出を語る麻紀を見て、知子は海外派遣生としての自覚が足りなかったことを感じ、「ありがとう、ソニア。さよなら、ホストファミリー」とつぶやいた。

〔文部省（1994）中学校読み物資料とその利用「主として集団や社会とのかかわりに関すること」〕

『運命の木　―姫路城の大柱―』

中　C　我が国の伝統と文化の尊重、国を愛する態度　Key word ▶ 352

　1965年に姫路城の天守閣の改修が始まった。西大柱を換えるため、総指揮者の加藤は瀬加村の神社の御神木を見付け、反対がある中、説得を続けた。やっと同意を得て調査するが、反りがあり、使うことはできなかった。加藤はその後も探し続け、巨大なひのきを見付け切り出すが、折れてしまった。動くこともできない加藤に棟梁の和田が二本をつなぎ合わせてはと言うと、彼は瀬加村に行き、事情を説明し、村人の総意を得て御神木を受け取った。こうして、多くの人の情熱によって木組みされた二本の木が西大柱になり、美しい姫路城が支えられた。

〔兵庫県教育委員会（2011）「心かがやく：心がつむぐ兵庫のきずな」〕

『海と空―樫野の人々―』

中　C　国際理解、国際貢献　Key word ▶ 353

　昭和60年（1985）、イラン・イラク戦争の中、テヘランに取り残された邦人を救出するため、トルコ政府が飛行機を出してくれた。その際に助け出された日本人の一人である私は、なぜトルコだったのか、なぜ危険な状況の中で日本人の救助に当たったのか、疑問をもった。それか20年近く経ったある日、トルコが親日的である理由の一つに、明治23年（1890）に樫野崎で座礁したエルトゥールル号の遭難者を救助した、樫野の人々の話があることを知った。危険にさらされた人々を誰かれの別なく助けたかったという樫野の人々の心から、私の長年の疑問は氷解した。

〔文部科学省（2012）中学校道徳読み物資料集〕

Key word ▶ 354

中 C 国際理解、国際貢献
『命のトランジットビザ』

　1940年7月のある朝、リトアニアの日本領事館に、ナチスの迫害を受け、ポーランドから逃れてきたユダヤ人たちが押し寄せてきた。彼らは、日本を通過して第三国へ出国するためのトランジットビザを求めていた。外交官である杉原千畝は必死に訴える人々の姿に、何度も本国にビザの発給を申請するが許可されず、苦悩した。彼は決意し、人道主義と博愛の精神をとるべきだという思いを妻に告げ、寝食も忘れてビザを書き続けた。領事館閉鎖後の日、さらにベルリン行きの列車が走り出す間際まで、彼はビザを書き続けた。

〔日本文教出版（2019「中学道徳　あすを生きる3」）〕

Key word ▶ 355

中 C 家族愛、家庭生活の充実
『語りかける目』

　1995年1月、兵庫県警長田署の警察官である「私」は阪神淡路大震災の救助活動、遺体捜索・管理に取り組んでいた。私は、焼け焦げた鍋に見入っていた少女に釘づけになった。声をかけると、少女は私の目を見て語り始めた。震災直後、身動きが取れなかった母親は、「ありがとう。もう逃げなさい」と言って少女の手を離し、火事に巻き込まれた。翌日、少女は一人で母を探し、母親の遺骨を拾い集め、「ナベ」に入れたのだった。少女は最後まで私の目を見続け、語り終えた。その目は、もっと多くのことを語りかけ、今も語り続けていた。

〔兵庫県教育委員会（2011）「心かがやく：心がつむぐ兵庫のきずな」〕

Key word ▶ 356

中 C 家族愛、家庭生活の充実
『誰かのために』

　余命3か月と宣告された女性が、私の病院にやってきた。「子どもの卒業式まで生きたい」という彼女の思いが何かを変え、1年8か月も生きて二人の子どもの卒業式に出席することができた。最後に家に外出したとき、彼女は最後の力を振り絞ってお弁当を作った。娘さんは久しぶりのお弁当が嬉しかったが、切なくて手にとることができなかった。お母さんは必死に生きて、大切なことをバトンタッチした。人間は「誰かのために」と思ったとき、生きる力が湧いてくるのでないかと思った。

〔文部科学省（2013）「私たちの道徳　中学校」〕

1　道徳教育の改訂の概要
2　道徳教育と道徳科の目標
3　道徳科の内容
4　道徳教育の全体計画
5　道徳科の年間指導計画
6　道徳科の指導
7　指導上の配慮事項
8　道徳科の評価
9　道徳科の教材

中 D 生命尊重
Key word ▶ 357

『たとえ僕にあすはなくとも』

　進行性筋萎縮症という難病ため小学校に通学できなくなった正一は、健康な弟と自分を比べ、「ぼくなんかどうして生まれてきたの？」と訴えた。自分の命がとても短いことを知った正一は、17歳のとき、耳も口も不自由な陶芸家の舘野さん夫婦に出会った。正一はこの夫婦の行為に涙が出るほどうれしくなり、粘土に何かを作ることに夢中になっていった。正一は、「舘野さんに負けずに、たとえぼくに明日という日がなくても、ぼくは生きよう！」と、心の中で決めた。彼は舘野さんに出会い、何かを見、そして人生の何かを知ったのだった。

〔文部省(1993)中学校読み物資料とその利用「主として自然や崇高なものとのかかわりに関すること」〕

中 D 生命の尊さ
Key word ▶ 358

『キミばあちゃんの椿』

　裕介の学校では学期に一回、独居老人を訪問し、裕介たちは元大学教授のキミばあちゃんを訪ねていた。ところが病弱な裕介は逆に心配されてしまう。「生きていても仕方がない」と病気で悩む裕介に、キミばあちゃんは広瀬淡窓の本を渡した。病弱で苦しんでいた広瀬が、倉重の言葉から気持ちが吹っ切れたことを裕介は知る。また、キミばあちゃんは、広瀬がよい行いをするために「万善簿」をつけ、病弱であっても塾生との接し方を大切にしていたことを教えた。裕介は、「甘かったんだね。キミばあちゃん、ありがとう」と言って、手を握り締めた。

〔文部科学省（2012）中学校道徳読み物資料集〕

中 D 生命の尊さ
Key word ▶ 359

『エルマおばあさんからの「最後の贈りもの」』

　取材の仕事でアメリカに行った私は、ボランティア青年の祖母、エルマおばあさんと知り合った。「十三人目の孫」と呼んでもらえるほど、親しくなった。やがて、エルマおばあさんは骨髄腫にかかってしまい、もう長くないことを知らされた。「私」はエルマおばあさんの最後の日々を写真で記録したいと思い立ち、彼女と家族から許しを得た。最後の2か月間、介護者の一人として彼女の部屋で寝泊まりして亡くなるまで付き添った。彼女は眠るたびに「人生を振り返る作業をしている」と語った。「私」はアメリカ流の在宅ホスピスを知ることができた。

〔小学館（2000）『さよなら エルマおばあさん』〕

中 D 自然愛護
『樹齢七千年の杉』

　屋久島に自然環境の取材に来ていた「私」は岩川貞次さんに樹齢七千年の縄文杉を見るように勧められた。七千年の命の縄文杉は、想像を絶する大木で、大人が十人で両手をひろげてかかえても、かかえきれない大きさだった。その大木が峰吹く風にごうと、音を立てている。七千年の老木なので、杉の葉も枯れ枯れとしているだろうと、予想していた。しかし予想とは違って、その葉は新鮮に光っていた。そして、「私」は縄文杉の枝という枝に、杉の実がびっしりとついているのを見て、生命力の素晴らしさに感動するのであった。

〔家の光協会（1987）『命ということ 心ということ』〕

中 D よりよく生きる喜び
『足袋の季節』

　主人公は厳しい冬が来ても、ゴム長どころか足袋を買う余裕もない苦しい生活を送っていた。ある日、足袋を買う金欲しさに、つり銭をごまかしてしまった。貧しいおばあさんから金をかすめとったという自責の念と、「ふんばりなさいよ」と40銭を握らせてくれたおばあさんの心を、自分を励ましてくれたと捉える甘い考えとの間で揺れ動く。後に、おばあさんを訪ねたが、おばあさんが亡くなったと知り、深い後悔の念を抱く。同時に、おばあさんの心に支えられてきた自分に気付き、その心を誰かに差し上げなければという気持ちを強くもつのだった。

〔文部省（1964）中学校道徳の指導資料第1集　第3学年〕

中 D よりよく生きる喜び
『撮れなかった一枚の写真』

　フォトジャーナリストの吉田ルイ子さんは、ベトナム戦争の戦火の中で、避難する人々の取材をしていた。あふれる避難民の中で、路上で二人の幼児と座り込んでいる母親の姿を見付けた。その親子の姿から戦火の中での静かな安らぎを感じた吉田さんがシャッターを押そうとすると、母親は子供たちの顔を隠し、自分もカメラから顔を背けた。吉田さんは、シャッターを押せなかった自分は、ジャーナリスト失格だと恥じた。しかし、やがて吉田さんは、「プロのフォトジャーナリストである前に、一人の普通の人間でありたい」と願うようになった。

〔岩波書店（1987）『フォト・ジャーナリストとは? ―撮れなかった1枚の写真―』〕

中 D よりよく生きる喜び
『銀色のシャープペンシル』

　掃除中に拾ったシャープペンシルをポケットに入れたぼくは、それが卓也の物だと理科の時間に知った。健二の「とったのか」の言葉に本当のことを言えなくなったぼくは、放課後、シャープペンシルを卓也のロッカーに突っ込み、帰宅した。夕食後、卓也から自分が疑ったことを詫びる電話がきた。いたたまれなくなったぼくは外に出て、長い時間歩き続けた。自分自身のこと、過去の出来事など、様々な思いが浮かんできた。頭上に輝く満天の星を見たぼくは深呼吸し、そして、ゆっくり向きを変え、卓也の家に向かって歩き出した。

〔文部省(1993)中学校読み物資料とその利用「主として自然や崇高なものとのかかわりに関すること」〕

中 D よりよく生きる喜び
『ネパールのビール』

　ライフラインもいっさい来ていないネパールの山村に撮影に来た私たちは、諦めたビールのことを思わず口にしてしまった。それを耳にしたチェトリは、張り切って峠の茶屋に買いに行ってくれた。次の日、1ダース以上が買えるお金を渡してビールを頼んだが、チェトリは行方不明になってしまった。私は彼の人生を狂わせてしまったと後悔したが、3日後チェトリは10本のビールと割れた破片、釣銭を持って帰って来た。私は彼の肩を抱き、泣いた。そして、深く反省した。

〔文藝春秋（1991）『ベスト・エッセイ集 1991年版―ネパールのビール―』〕

中 D よりよく生きる喜び
『二人の弟子』

　修行僧の智行は、道信と都に修行に出された。修行が続くある日、道信は「都の遊女のことが好きになってしまい、修行は無意味だ」と脱走してしまった。10年後、故郷の西山寺に戻り、修行に励む智行のもとに道信が訪れた。脱走後、遊女に捨てられ、冬山で自殺しようとしたが死にきれなかった道信は「再び上人のもとで修行したい」と言った。道信を温かく迎え入れた上人に対し、智行は厳しい言葉をぶつけたが、上人の考えは変わらない。いたたまれず庭に歩き出し、月夜に浮かぶ純白の百合を見付けた智行は、涙を流しながら立ちつくしていた。

〔文部科学省（2012）中学校道徳読み物資料集〕

監修者・編著者・執筆者紹介

［監修者］

赤堀博行　　　　帝京大学大学院教職研究科教授

［編著者］
▨ 日本道徳科教育学会　編集委員

長谷　徹　　　　元・東京家政学院大学

杉中康平　　　　四天王寺大学

福田富美雄　　　元・東京福祉大学

毛内嘉威　　　　秋田公立美術大学

朝倉喩美子　　　元・東京都練馬区立光和小学校

庭野優子　　　　新しい道徳教育を考える会

大原龍一　　　　明星大学、元・青山学院大学

山本　洋　　　　東京都荒川区立第四峡田小学校

吉本恒幸　　　　聖徳大学

高橋妃彩子　　　玉川大学

橋本ひろみ　　　東京都世田谷区教育委員会

磯部一雄　　　　北海道札幌市立北野台中学校

［執筆者］※執筆順（令和3年11月現在）
● 第1章 ─────────────────────────

杉中康平　　　　四天王寺大学（P.10〜15）

赤堀博行　　　　帝京大学大学院（P.16〜21）

田代敏博　　　　敬愛大学（P.22〜24）

根岸永福　　　　東京都小学校道徳教育研究会顧問（P.25〜27）

鈴村邦夫　　　　駒澤大学（P.28〜31）

● 第2章 ─────────────────────────

飯島英世　　　　帝京大学（P.34〜36）

小野勇一　　　　大分県教育委員会（P.37〜39）

長谷　徹　　　　元・東京家政学院大学（P.40〜45）

福田富美雄　　　元・東京福祉大学（P.46〜48）

道徳教育キーワード辞典
―用語理解と授業改善をつなげるために―

2021（令和3）年12月1日　初版第1刷発行

監修者　赤堀博行

編著者　日本道徳科教育学会

発行者　錦織 圭之介

発行所　株式会社　東洋館出版社

〒113-0021　東京都文京区本駒込5-16-7
営業部　TEL：03-3823-9206　FAX：03-3823-9208
編集部　TEL：03-3823-9207　FAX：03-3823-9209
振　替　00180-7-96823
URL　http://www.toyokan.co.jp

装　丁　　中濱 健治

組　版　　株式会社　明昌堂

印刷・製本　株式会社　シナノ

ISBN978-4-491-03724-0
Printed in Japan